AMERICAN JOURNEYS

冷观静思美利坚

〔澳〕唐·沃森 著
李景艳 译

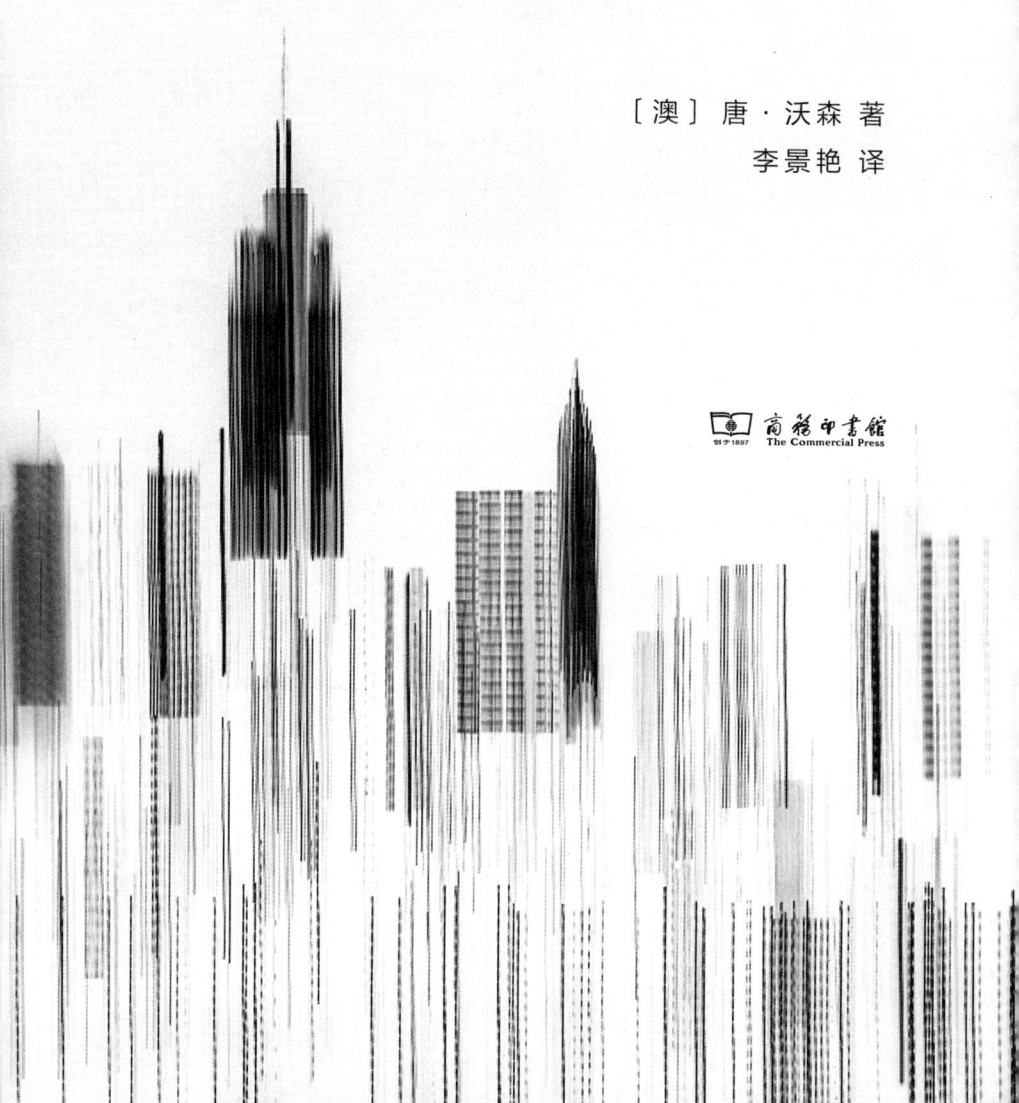

商务印书馆
The Commercial Press

AMERICAN JOURNEYS
©Don Watson, 2008
The copyright of the Chinese edition is granted by Don Watson.

致 *E. M. W.*

目　录

引言　　　　　　　　　　3
第一章　　　　　　　　　17
第二章　　　　　　　　　46
第三章　　　　　　　　　85
第四章　　　　　　　　　108
第五章　　　　　　　　　131
第六章　　　　　　　　　149
第七章　　　　　　　　　164
第八章　　　　　　　　　191
第九章　　　　　　　　　209
第十章　　　　　　　　　231
第十一章　　　　　　　　258
第十二章　　　　　　　　276
第十三章　　　　　　　　294
后记　　　　　　　　　　310
致谢　　　　　　　　　　318
译后记　　　　　　　　　325

美利坚,你是愈加美丽而富庶的新世界。

歌德(Goethe)

引 言

噢，这里有美丽的天空漫无际，
有成熟的麦田波浪起，
还有帝王般雄伟的山峰
耸立在那累累硕果的大地！

  凯瑟琳·李·贝茨（Katherine Lee Bates），
《美丽的亚美利加》（America the Beautiful）

  那是2005年5月阵亡将士纪念日（Memorial Day）前夕。在堪萨斯城联合车站（Kansas City Union Station）外的一处高地上，2.5万人聚集在昏暗的天空下，追思阵亡者，缅怀那些曾经的浴血奋战之士，并感恩所有仍在美国军队中奋勇当先之兵。

  晚风清爽柔和，空气中弥漫着爆米花的香味，小贩们兜售的爆米花每袋大得像周末购物袋一样。堪萨斯城交响乐团（Kansas City Symphony）在那里为一位优秀的男高音伴奏，他先是演唱了一首振奋人心的美国歌曲。人们手拿小旗，只要受到感召，他们就会挥舞旗子，然后边吃爆米花边喝可乐。而后男高音演唱了《美丽的亚美利加》。歌词是由凯瑟琳·李·贝茨于1893年填写的，她说，有一天当她站在科罗拉多州（Colorado）派克峰（Pikes Peak）时，灵光乍现，于是挥洒笔端。曲谱借鉴了17世纪的一首赞美诗，诗韵犹存，辅以新词，极具赞美诗的轰动效果，即便对矛盾的内心也同样具有震撼力。

这位男高音歌手还演唱了《上帝保佑美国》(*God Bless America*)，这首歌是由一位名叫欧文·伯林（Irving Berlin）的年轻犹太移民创作的，他知道如何让冷酷的男人痛哭流涕。然后是*Nessun Dorma*，意思是"今夜无人入睡"，由普契尼（Puccini）创作且内容与美国无关；但人们喜欢这部作品，于是他们挥舞着手中的小旗，好像该曲目是为他们创作的。最后，这位男高音说他将演唱一首"已故的伟大歌唱家弗兰克·西纳特拉（Frank Sinatra）"的成名曲。接着，他开始唱《我住的房子》(*The House I Live In*)（"美国对我来说意味着什么？一个名字，一幅地图，或是一面旗帜……"），一阵掌声在人群中响起。

堪萨斯城实际上是存在种族隔离的情况的。那天早些时候，在这个美丽的广场上，有几十名音乐家在街上演奏。这个广场是20世纪30年代仿照塞维利亚（Seville）建造的。我花了一段时间才意识到自己错过了什么：这座城市的名声很大程度上源自黑人音乐和黑人音乐家，包括查理·帕克（Charlie Parker），但在广场上一个美国黑人也没看到。堪萨斯城三分之一的人口是黑人，但那天我见到的黑人屈指可数，一个是我在高速公路下寻找密苏里河（Missouri River）时偶然遇到的，还有几个是纳尔逊-阿特金斯艺术博物馆（Nelson-Atkins Museum of Art）的接待员。此时此刻，在联合车站，观众也是清一色的白人。但他们似乎很高兴地哼唱着"所有的种族和宗教，这就是我的亚美利加"，一如哼唱"累累硕果的大地"。

引　言

　　接下来，管弦乐队演奏了各军兵种的歌曲，指挥要每个兵种的老兵在他们的歌声响起时起立。他们欣然遵从。这些在法国、太平洋、朝鲜和越南战场上战斗过的老兵，他们摇摇晃晃地站立着，转动僵硬、弯曲的脖颈，向在音乐中飘动的掌声和欢呼声致谢。海军陆战队赢得了最多的掌声，而当管弦乐队演奏《蒙特苏马大厅》(*The Halls of Montezuma*)时，星空下的人们不禁潸然泪下。

　　司仪呼吁观众向退伍军人致谢，他说，"是他们保卫了我们"。这种说辞似乎很怪异，就好像美国人参加的所有战争都是为了这个目的。"天定命运"(manifest destiny)[①]和满腔热血在哪里？士兵牺牲的意义安在？林肯(Lincoln)为美国子孙后代所做的不朽贡献的证据又在何处？那天晚上说的话可谓废话连篇，华而不实。事实上，尽管人们情绪激昂，但这种情绪与其说是高歌猛进、欢欣鼓舞，不如说是心虔志诚、感念怀想的。然而，"保卫我们"指的是一种无形的恐惧或无形的威胁。这句话更像是受乔治·奥威尔(George Orwell)的影响，而非华盛顿(Washington)和林肯。

　　晚会以《1812序曲》(*1812 Overture*)结束。很难理解为什么纪念拿破仑(Napoleon)进攻莫斯科(Moscow)失败的音乐会被列入堪萨斯城阵亡将士纪念日的节目，其却为密苏里内战重演协会(Missouri Civil War Re-enactment Society)提供了开火的良机，帮助人们感受战争。从后面靠近燃烧着永恒火焰的多立克圆柱的地方，传来了轰隆一声巨响，人群吓得惊魂失魄。协会的人重新装上

[①] 19世纪40年代美国为合理化领土扩张而生发出的一种思潮。——译者注，下同

弹药，又燃放了一炮。滚滚浓烟从高处飘下，飘向乐队，还有硝石夹杂着爆米花的味道，每个人都把椅子转过来，观看焰火表演。

精彩的晚会令司仪欣喜若狂——晚会确实精彩纷呈，他祝愿"一路顺风""上帝保佑美国"。人们纷纷鼓掌，然后把他们的帆布躺椅收拾好，把垃圾扔进由本活动雇来的黑人负责搬运的垃圾箱里。堪萨斯城的人们回家了，我也上了火车。我要去的火车站在宏伟的联合车站后面，是混凝土和铁制成的简陋建筑。我要乘坐的这个东西应该属于博物馆，就像美国铁路系统的很多东西一样，堪萨斯城火车站已经变成了博物馆。但是，在三辆马力强劲的柴油机车的牵引下，"西南酋长号"（Southwest Chief）①向西南方向出发了。火车吱吱嘎嘎地驶过每个站点，穿过郊区，出城后速度渐增地驶向漆黑的莽莽草原。

我对火车并不着迷，但我确实喜欢火车让人轻松进出城镇的方式；就像斯宾塞·屈赛（Spencer Tracy）的《黑岩喋血记》（*Bad Day at Black Rock*）的片头那样，疾足先得，挺进黑岩。我喜欢站在月台上伸展四肢，呼吸当地的空气。我喜欢它们的声音和摇摆。我喜欢它们与乡村交流的方式。我喜欢这样一个事实，那就是火车运行的轨道——或者至少是它们遵循的道路——基本上是在一个世纪或更早以前被勘测过的，而不是现代的道路，是沿着土地的轮廓行驶的。我喜欢火车根据这些轮廓变速的方式，喜欢听到车轮有节奏的声响是如何变化的。

---

① 该列车运行于芝加哥和洛杉矶之间。

引 言

我喜欢火车给予的亲近感，与其他乘客的近距离交流以及窥探别人生活的机会：人们的状态和他们的后院及门廊，他们的晾衣绳、宠物和菜地，他们的狗和烧烤。我不想自驾。我不想排在长长的值机队伍里，之后还须掏空我的口袋，脱掉我的靴子。我喜欢夜行火车，当黑暗的平原上空空如也，你忽然听到汽笛声，然后在一个转弯处，一道光束射入黑暗——来自火车的灯光，你的前路之光。

芝加哥（Chicago）的售书活动结束之后，我登上了西南酋长号。我认为，火车可能是窥视美国的一种方式，就像在共和国的树皮上钻出一个小凹槽的蛀虫。经过三天三夜的旅行，我到达了洛杉矶（Los Angeles），车厢外是美国的风景、美国的城镇和美国的历史，而车厢内则是三三两两美国人的窃窃私语。

在火车上，或者在美国的任何地方，你可以同时听到几个人的对话，并把它们记录下来，车厢里的乘客还以为你是在写明信片。这并非说美国人比其他国家的人说话声音大，而是他们把这些发言权视为商业和信仰的基本工具。马丁·路德·金（Martin Luther King）所言的"让自由之声响起吧"，正是美国人的做法。他们讲话的习惯似乎源于美国生活中政治、宗教和经济的激烈竞争，所有这些竞争的主要技巧都是说服。言论是自由的，是活跃整个社会的原始力量。整个平淡无奇的世界就像一个舞台或电影片场，大家都是演员，在任何时候都可能突然放声歌唱，或者发表演讲，或者激情相吻，然后翻身上马去和西班牙人（Spaniard）战斗。在美国旅行就是在语言中旅行。

我坐在一名年轻女士旁边，她正在读C. S. 刘易斯（C. S. Lewis）的《返璞归真》(*Mere Christianity*)。她告诉我，这是一本她觉得应该读而非她想读的书，这已经是她第三次尝试了。15

分钟过后，她放下这本书，拿起了一本《时尚》(Style)杂志。过道对面，一个身材矮小、60岁上下的妇人拉开绣花封套，拿出了一本家庭版《圣经》(Bible)。她先是翻到《启示录》(Book of Revelation)部分，然后又打开了一本学习指南，心无旁骛地读起来。差不多行驶了300英里，她一直埋头读书，甚至当我们在布卢明顿(Bloomington)、林肯或斯普林菲尔德(Springfield)停车的时候，她也没有抬头。我不知道她是否在求证，"一小时之内"巴比伦(Babylon)的毁灭指的是对世界贸易中心(World Trade Center)的袭击。一个身材高大的妇女在我面前教她的两个小侄子背诵但以理在狮子洞的故事。两个小孩依次讲完了故事。也不知走到了什么地方，她问其中一个孩子爷爷在哪里，另一个孩子抢着说："他和耶稣在一起。"坐在我旁边的年轻女子把包好的食物扔进垃圾桶，打电话给她的丈夫，穿上迷你裙，又开始读那本《返璞归真》。

当我们沿着宽阔的密苏里河河岸滑行时，一个年轻人调换了座位，坐在一个一路上大部分时间酣睡如泥，精瘦、苍白、不修边幅的小伙子旁边。小伙子透露，他是一名从伊拉克(Iraq)归来的预备役军人。

"K-9小队，"他解释说，"狗。嗅出炸弹。"

"你在哪儿服役？"年轻人问道。

"摩苏尔(Mosul)。那里的一个小镇。"

"你们喝酒喝得凶吗？"

"当然，"士兵小伙子说，"我们喝好多酒。"

"你见过枪战吗？"

"大多数情况是遭受迫击炮袭击。"士兵说。

引　言

车厢外，游玩的家庭乘坐平底汽艇在密苏里河上涌动。我们咣当咣当地走过几英里长的房车停车场，在火车驶离河道的地方，我们看见了新建成的一排监狱的闪闪发光的铁丝网和泛光灯。在下车前，年轻人去了自助餐厅，给士兵拿了瓶啤酒回来。但士兵拒绝了。

"喝吧。我想让你喝。你保卫了我们。"年轻人说。他只字未提自由，只提到了安全。"大多数人想要的是他们生存空间的安全，而不是自由。"门肯（H. L. Mencken）[①]曾带着他一贯的嘲笑如是说。

"我说过我现在不喝。"士兵说。

"那我给你放这儿了。"年轻人说着便把啤酒放在了士兵旁边的座位上。

"你保卫了我们。"

阵亡将士纪念日那天早上，我们乘船穿越了科罗拉多州。夜里下过雨。水波上，一辆辆房车在薄雾中若隐若现，三四辆一组地聚集在大坝和溪流边，就像牛群来饮水一样。贫穷小镇的后院到处湿漉漉的。棚屋、活动房屋和汽车残骸混杂在一起，形成了以母鸡和家犬为主角的一幕家庭场景。旗帜处处飘扬。它们会永远飘扬。但今天是阵亡将士纪念日，飘扬的旗帜因而具有了额外的意义。

那是2005年入夏前夕，就在我离开之前。尽管布什（George W. Bush）总统的支持率略有下滑，但仍超过百分之四十。任何关

[①] 美国文艺评论家。

冷观静思美利坚

注主流媒体的人都清楚,"9·11"事件让人们对他达成的共识正在瓦解,因此,全国的情绪都很紧张,而适度的恐慌会让他重新获得无可匹敌的影响力。到了10月,当我回来的时候,墨西哥湾沿岸地区(Gulf Coast)的飓风已经暴露了美国社会的裂痕,以及政府和总统的失职。卡特里娜飓风(Katrina)令现代共和党的理念受到诟病,给对手以鼓励和勇气。新的丑闻已经见诸报端。伊拉克看起来越来越像是唐纳德·拉姆斯菲尔德(Donald Rumsfeld)向全世界保证他没有"做"的那种泥潭。选票已经减少到三十几个州了。政治潮流似乎很有可能正在转向。但文化战争也同样激烈。新保守主义与自由主义、基督教原教旨主义与人文主义、红色州与蓝色州[①]之间的分歧同样巨大。美国仍旧是美国。

我原本打算回程尽可能地体验美国国家铁路客运公司(Amtrak,简称"美铁")的每一条线路。我把这一想法告诉了一些美国朋友,在他们看来,我还不如骑着骡子去看看这个国家呢。铁路已从他们的意识中消失了。美铁是一个残留的阴影,一个只有别无选择的穷人栖身的过时的阴暗世界,或者是一些毫无目的的怪人,在百无聊赖中乘坐这些濒临灭绝的老古董。然而,美铁列车仍然纵横驰骋于东、西、南、北、中和海岸线间的广袤地带。它们穿行于大部分最大的城市和最偏远的城镇,穿行距离长达2.2万英里。当然,乘坐火车你会错过很多景致,但不会像飞行时错过的那么多。公路旅行时你会错过很多东西,但乘火车你就可以看到很多这些错过的东西。乘木筏在密西西比河漂流会令你错失良多,然而众所周知的是,你也可以学到很多东西。

[①] 指美国共和党和民主党在各州的势力:红色代表共和党,蓝色代表民主党。

引 言

然而，事实是，在美国，汽车几乎是强制性的。与过去相比，美国列车今天能抵达的地方太少了，还不足从前的一半。它们甚至不去查塔努加（Chattanooga）。所以，当我在火车上几乎看到了我目之所及的一切时，我租了一辆汽车。虽然我很喜欢乘火车旅行，但我也喜欢在公路和小路上自驾游历。这是诱人新世界的乐趣之一；在美国，自从移民者驾着他们的马车向西开发疆域以来，自驾游就获得了神秘色彩。

我在2006年1月开车经过科罗拉多州时读到一项调查，调查发现，超过一半的美国人害怕"怪兽"。报道说，网球运动员塞雷娜·威廉姆斯（Serena Williams）害怕怪兽。她也害怕黑暗。2500万美国人害怕13号星期五。这只是告诉你一个旅行者会错过什么。我驾车旅行了8000英里，乘火车旅行的里程至少是汽车旅行的两倍。在整整5个月的旅行中，我没有遇见一个人表现出或以任何其他方式流露出对怪兽的恐惧。而对于恐怖分子，是的，绝对恐惧。墨西哥人、欧洲人、自由主义者、环保主义者、达尔文主义者、气候变化、狼、菲德尔·卡斯特罗（Fidel Castro）、乌戈·查韦斯（Hugo Chavez）、爱德华·肯尼迪（Edward Kennedy），以及国内其他地方的新保守主义者、乡巴佬、枪支说客、神创论者、迪克·切尼（Dick Cheney）——在广播中没有恐惧和厌恶的限度——但是，除非你算上奥萨马·本·拉登（Osama bin Laden）和启示兽（Beast of Revelation），否则，并没有我们通常理解的怪兽。

这种恐惧一定是深藏不露的，一般的旅行者是看不见的，当然我也未曾问询过。地球上最富有、最聪明、最强大的国家，在广袤无垠的边疆之火中锻造而成，自由的土地，怪兽的家园。有时，与其困惑不解，倒不如毫无疑问、毫无怨言地与悖论共存。

冷观静思美利坚

无论如何,调查的结果可能没有调查的事实本身重要。如果调查法国人或巴西人(Brazilian)是否惧怕怪兽,我们似乎并没有看过相关的报道。然而,美国人身上的一切古怪、野蛮或愚蠢的东西似乎总是向世界展示。我们了解他们的肥胖、他们的恋物癖、他们五花八门的宗教信仰、他们的原教旨主义倾向、他们的成瘾行为,他们在肉毒杆菌或隆胸上的花费超过了世界上最贫穷的50个国家的国内生产总值——或者凡此种种。我们知道他们中的大多数人不相信进化论,却笃信天堂、地狱、手枪和死刑。我们了解他们的一切陈腐和新潮:一半国人似乎致力于《圣经》的主张,即太阳之下没有新事物,而另一半人同样决心证明太阳之下新事物的存在——或者如果你相信自己,新事物就可能存在。

我们期待着来自美国的奇异,很多美国人也期待着。他们的生活很大程度上依赖于此。但对于一个人来说是奇怪的东西,对另一个人而言只是人类灵魂的一种表达。有时,从某种角度看,美国的确是一场畸形秀;但有时从另一个角度看,它又是一个强大的社会实验室,是世界历史上最勇敢的人类事业;而再换个角度看,它主要是一个郊区或小镇的宁静之地,是普通人的天堂。当然,诸如此类,皆为美国。

从这个社会实验室里诞生了一个拥有无与伦比的天才、成熟和财富的文明,一个拥有前所未有的多样性和创造性的国家,一个拥有超前轶后之力的帝国。与之相伴诞生的还有暴力、亵渎、不公和军国主义。作为人类自由和机会的捍卫者,美国是最无私的国家,但伟大的利他主义者同时也是一个唯我论者、一个恃强凌弱者、一个伪君子、一个根深蒂固的凡夫俗子——也就是说,它展示了人性的所有特征。美国保留了一种原始的、未成形的要素,随之而来的

引　言

是混乱及其起源和发展的宗教性。这是一片英雄的土地，但恶魔也参与其中，在传说中的善与无处不在的恶这两个极端之间，存在着怀疑与焦虑。这是一个自其诞生的大部分时间里都信奉天定命运的国家，此信仰意味着一种至少半神化的征服和占领权。一个多世纪前，美国国务卿曾宣称，美国是"能够掌控局势的主人，几乎不会受任何其他国家的威胁"；这个国家现在决心拥有所谓"全面优势"。奇怪的是，这些定义美国力量和身份的观念——有时被称为"美国例外论"（American exceptionalism）[①]——也同样是未断奶婴儿的特征。这些或许还有助于解释：这个占主导地位的大国为何长期以来一直容易对国家安全感到紧张不安；为什么它会因来自内部和外部的些许动静而战栗；为什么，就像最近的例子一样，它经常以一种既表现出理智的自信，又暴露出无知和恐惧的方式来展示自己的力量。

也许这就是美国永恒的内燃之源。读过有关怪兽的报道后不久，我看到小说家里克·穆迪（Rick Moody）写道，"卡卡圈坊（Krispy Kreme）最初的糖衣甜甜圈带来的巨大精神益处是虚无感。关于甜甜圈的顿悟是自我的毁灭，是对因受生活压迫而发声的压制"。只有美国人才能想出甜甜圈这样的东西；但同样值得注意并具有代表性的是，另一个美国人可以在美国功能主义的领域中确立美国的哲学地位。

对于美利坚合众国，我感觉它就像一扇没有门闩的门，被猛烈的阵风和难以察觉的微风吹动。热爱和厌恶循环往复，旗鼓相当。

[①] 美国文化中的核心理念之一，认为美国是个与众不同的国家。又译"美国卓异主义""美国例外主义"。

冷观静思美利坚

愤怒是常见的。但是，一个人时不时地对自己的兄弟姐妹和自己的国家大发雷霆，这基本上是不理性的。然而，曾几何时，反美主义披上了理智的外衣。作为20世纪60年代末真诚的学生激进分子，我们看到了连接南方邪恶的白人暴民和共和国根基的纽带——因为我们了解到，像华盛顿和杰斐逊（Jefferson）这样的美国民主的创建者拥有奴隶。我们了解了印第安战争（Indian Wars）、美墨战争（Mexican Wars）和门罗主义（Monroe Doctrine）[①]的真相，这让我们相信越南是一种模式的一部分，当你冷眼静观时，就会发现它是帝国主义。

但就在我们认为残暴、种族主义和帝国主义存在于美国的"本性"中时，一个悖论出现了。追求自由的游行者是美国人。马丁·路德·金是美国人。西德尼·佩雷尔曼（Sidney Perelman）是美国人。马克·吐温（Mark Twain）是美国人。波特诺伊（Portnoy）是美国人。路易斯·阿姆斯特朗（Louis Armstrong）[②]、鲍勃·迪伦（Bob Dylan）、威廉·艾普尔曼·威廉姆斯（William Appleman Williams）、赫伯特·马库塞（Herbert Marcuse）和罗伯特·克拉姆（Robert Crumb）都是美国人。我们的牛仔裤是美国制造的。美国最善于表达的批评家——地球上最善言辞的人和最自由的人——是美国人。于我而言，我最狂热的反美时期的美国，同时也是最初我作为理性的成年人崇拜的美国。这个悖论虽然经过了大幅修改，但仍然鼓舞着我。

我童年的情况也是如此。我在澳大利亚的景观、澳大利亚

[①] 美国外交政策，表明会采取行动维护其在南、北美洲的利益。
[②] 20世纪美国爵士乐演奏家。

引 言

的声音和澳大利亚的故事中长大，与此同时，美国的故事也伴我成长。我们这代孩子并不在桉树下玩耍，扮演内德·凯利（Ned Kelly）[1]；我们是戴维·克罗克特（Davy Crockett）[2]和丹尼尔·布恩（Daniel Boone），我们的对手是熊和印第安人。上学路上我们哼唱的并不是《跳华尔兹的玛蒂尔达》(*Waltzing Matilda*)，而是《俄克拉何马！》(*Oklahoma!*)中的歌曲；或者是猫王埃尔维斯·普雷斯利（Elvis Presley）、哈里·贝拉方特（Harry Belafonte）、佩姬·李（Peggy Lee）和佩里·科莫（Perry Como）的成名曲。我童年时代的英雄面孔不是澳大利亚人，而是加里·库珀（Gary Cooper）和格里高利·派克（Gregory Peck）；美丽属于玛丽莲·梦露（Marilyn Monroe）和奥黛丽·赫本（Audrey Hepburn）。善良之人是斯宾塞·屈赛和西德尼·波蒂埃（Sidney Poitier），丑恶之辈是《大内幕》(*The Big Heat*)中的李·马文（Lee Marvin），他把滚烫的咖啡泼在了格洛丽亚·格雷厄姆（Gloria Grahame）的脸上。格洛丽亚·格雷厄姆是个神秘人物。尽管有着亲英情结，但大多数澳大利亚人的成长方式已经美国化了，而如今，美国化程度更甚。由此可推，反美是一种自我厌恶的形式。

伊拉克战争突出了这种矛盾。入侵前，在墨尔本（Melbourne），有一个曾经生活在暴政下的索马里人（Somalian）告诉我，他多么希望美国人能把萨达姆（Saddam）赶出去。他的论点很难反驳。对他来说，美国仍然是被压迫者最后的一棵救命稻草，黑暗中的一丝

---

[1] 澳大利亚绿林英雄。
[2] 美国拓荒传奇英雄及国会议员。

微光，正如布什总统所言：这是一场争取自由的战争。"如果失去了自由，什么犁呀、帆呀、土地呀、生命呀，岂不都是悬疣附赘？"然后是"震慑与敬畏"和所有的军事装备，以及残忍、狂妄、疯狂的言辞，还有穿得像星外来客的美军的形象——然后门"砰"的一声关上了。它更猛烈地抨击了我自己国家那种置若罔闻的支持。

在基督圣血山脉（Sangre de Cristo Mountains）的南端，格洛列塔山口（Glorieta Pass）以西的老圣达菲小道（Santa Fe Trail）上——1862年，400名对新墨西哥州（New Mexico）虎视眈眈的南军被击溃，他们所有的马和骡子都被刺刀杀死——列车长宣布，我们感谢所有为美国服役的人。

他说："我们感谢他们保卫了我们。正是因为他们，我的家人和你们的家人今天才安全。"他告诉我们列车上有两名士兵，安娜贝勒·洛佩兹（Annabelle Lopez）和特洛伊·托马斯（Troy Thomas），他代表大家向他们致谢。然后他又说道，"再过一会儿，火车就要鸣笛向那些服役的人致敬"。

爬到8000英尺高的拉顿山口（Raton Pass）时，火车减速了，嘎吱一声停了下来。乘务员通知说是因为第三辆机车趴窝了，但他们会给它的电池充电，之后我们很快就能上路了。在小山坡上，一只郊狼正在觅食，马克·吐温称之为"代表了活生生的、会呼吸的欲望"。10分钟后，我们通过了山口。下山时，西南酋长号和全国各地的其他列车一起鸣起了阵亡将士纪念日的汽笛——三声长长的、渴望的呼唤回荡在人们的内心深处和想象之中，于我又何尝不是如此呢？

第一章

我们终于清理了新奥尔良的公共住房。
我们做不到,但上帝做到了。

共和党国会议员理查德·贝克(Richard Baker)

2005年8月29日,飓风卡特里娜呼啸着穿过新奥尔良(New Orleans)和墨西哥湾沿岸的其他城市。近2000人死亡,数十万人无家可归。卡特里娜是袭击美国的史上第六强风暴,造成的损失高达800亿美元,破坏力超越以往任何其他风暴。数周过后,一场更强的飓风丽塔(Rita)沿着新奥尔良西部海岸袭来。虽然此次造成的破坏无撼大局,生命损失较前一次也少得多,但丽塔到达之前混乱的撤离行动似乎印证了卡特里娜给人们内心留下的恐惧:反恐战争已经进行了四年,然而,对于像对付飓风这类本应熟门熟路之事,美国政府怎么就表现得如此束手无策呢?

对有些人来说,新奥尔良的凄惨景象证明了这个著名的城市其实不过是犯罪和骚乱的温床。而对另一些人而言——当然是大多数人——此番景象意味着他们所珍视之地被摧毁。路易斯·阿姆斯特朗在新奥尔良出生、成长并开启他的演奏生涯。金·奥利弗(King Oliver)、杰利·罗尔·莫顿(Jelly Roll Morton)、西德尼·贝切特（Sidney Bechet）、"长发教授"（Professor Longhair）、马萨利斯一家（the Marsalises）、法兹·多米诺（Fats Domino）等人认为：如若唯论音乐，纯一不杂，世界上鲜有城市可与新奥尔良媲美，至多超不过五六座。但新奥尔良也意味着一种不同于美国其他城市的生活方式、文化和历史。"自由而大胆"是马克·吐温在《密西西比河上的生活》（*Life on the Mississippi*）中评价新奥尔良这座城市时使用的词语。新奥尔良是密西西比河入海前的最后一站，与它在美国人情感中所占据的位置相匹配，这是一个独特而不可忽视的地理事实。对于那些不顾犯罪和暴力而钟爱新奥尔良的数百万美国人来说，卡特里娜飓风是一场私人灾难。小说家理查德·福特（Richard Ford）在墨西哥湾沿岸长大，并在新奥尔良居住多年。他在新奥尔良被毁时写道："我们渴望的是同理心。"

所谓同理心，不仅仅是美国人相互间的感同身受。我决定去那里的原因之一就是这种同理心的驱使：一方面是我自己的同理心，另一方面也是为了见证他人的同理心——同理心的显化。至少，这里似乎是可以窥探美国人之于其他美国人有何意义的绝佳地带。

火车夜间从芝加哥出发。开车送我去车站的那个人过去常常驾驶公共汽车往返于芝加哥和新奥尔良之间。当我告诉他我要去哪里时，他说："你继续向南走，但别指望我会同情你。"早上，我们刚刚到达密西西比，接着便赶往杰克逊（Jackson）。

杰克逊火车站外只有一辆出租车，司机睡着了。他的双腿伸出了副驾驶座侧门，巨大的身躯向后仰靠在前排座位上。车上的收音

第一章

机开着,一个女人哼唱着蓝调:

> 每流一滴血,换来一百万年永生;
> 每洒一颗泪,诞生一个灵魂长存。
> 他打开了束缚你我的枷锁;
> 他在加略山(Calvary)①用死亡买下了我的灵魂。

"您应该在您的家里、车里和您的办公室播放这首歌。"电台主持人的声音传来。

当我叫醒司机,要求他把我带到微型旅馆时,他二话没说,直了直腰,把我的手提箱拎到车上,使劲儿地塞了进去,最后气喘吁吁地坐到了方向盘后面。我们默默地行驶了几分钟,然后,当一辆丰田轿车在一个十字路口超他的车时,他加速了,差几英寸险些撞到轿车的后挡泥板。丰田车的司机似乎是亚洲人。

"我不明白为什么美国人要开日本车!"他气喘吁吁地说,"哪怕是像我的这辆破车呢。"

在长达40年的时间里,他只开福特和通用汽车,如果有人告诉他,日本人生产的汽车比美国人制造的好,他不明白人们为什么会这样讲。对于中国货也是如此。

他说:"我们用的所有东西都是从中国人那里买的。还有所有那些技术产品。等离子电视。你是说美国制造的不够好吗?"

"当然不是,"我说,"但我想,美国制造的可能要贵一些。"

他说,"我宁肯多花钱买美国车"。说完我们就冲进了汽车旅馆

---

① 位于耶路撒冷郊外,为耶稣受难地。也译作"髑髅地"。

的停车场。

我曾以为他对周围的环境几乎没有感知——他是个黑人，拥有大象般的体重，在杰克逊开出租车，很可能陷入了生存的绝望之中。然而，他却是一个超级爱国者，而且我毫不怀疑，他可以为了他的国家去杀人。

"这就是微型旅馆。"他说。

环视了一下公路、牛仔竞技圈、快餐连锁店和连锁汽车旅馆，我问："市中心在哪里？"

"这里就是市中心。"他喘着气说。他没有转身，手臂向后一挥，递给我一张皱皱巴巴、破烂不堪的卡片。"如果你想出去，就打这个电话。"

美国精神的核心不能容忍人类的渺小。无论是精神还是世俗，绝不言败。美国人惯于相信自己：如若不然，他们必须相信耶稣（Jesus）复活，或猫王重生，或总统，或体育明星、电影明星，或某个品牌的汽车或软饮，或美国本身，或不完美自我的任何其他化身。没有任何其他文化会如此不愿意相信存在的徒劳性。十字架、举手击掌和去皱整容都表达了同样的信念，即生活中有很多东西是可以争取到的。对于局外人而言，起初感觉这种想法超乎寻常地乐观积极——但随着时间的推移，同样激进的观念也开始占据头脑。他意识到自己在思忖，或许认为生命缺乏意义，而死亡总是占上风，这才意味着真正的反常。因此，他重拾自己的纯真，在精神上成为一个美国人。

两天后，火车缓慢地穿过贫瘠的湖区驶向新奥尔良，穿过大片

第一章

沼泽地，偶见早已枯萎的柏树，光秃秃的树枝上挂着亮晶晶的塑料碎片；后又驶过高架公路旁的河道。河堤上，人们把暴风雨后捡来的旧棚屋的碎片钉在一起。男人们坐在平底船旁抽烟。河面上有苍鹭和鹤，还有蛇鹈。在卡特里娜袭击前的几个小时，数百英里外的田纳西州（Tennessee）的超市停车场出现了来自大海和长沼的鸟类。第二天倦鸟便还巢了。现在，两个月后，人们也打道回府了。他们都是穷人，有白人也有黑人，而且大多数都是年轻人。途经那些用防水油布做屋顶的简陋房屋和一个挂着"耶稣是主"的拖车停车场时，一个十几岁的少年给他母亲打了个电话："干吗呢？看电视？你在看电视吗？我一到那儿就给你寄些钱。我说，很快我会给你寄钱的。我会的。很快。好吧。我爱你。"

随着火车加速驶过湖区，车轮发出微弱的节奏，乘客们开始交谈起来。距离新奥尔良越来越近了，他们的交谈声也随之愈加高亢，情绪也愈发强烈。谈话从车厢的一端扩散到另一端。无论是黑人还是白人，对每件事都有共识。他们认为小布什不适合领导这个国家。他们对市长雷·纳金（Ray Nagin）给予同情，但相信路易斯安那州（Louisiana）州长凯瑟琳·布兰科（Kathleen Blanco）是个混蛋。黑人和白人都听说建造栅栏是为了把黑人和白人、富人和穷人区分开。

在车厢的最后一个座位上，坐着一位中年女士，头戴一顶廉价但充满异国情调、红黄相间的宽边帽子，从杰克逊车站开始，她就没完没了地向任何愿意听的人倾吐。她的话题主要是关于她的姐姐，她姐姐从得克萨斯州（Texas）写信说，她每天遇到的不会讲英语的墨西哥人比会讲英语的得克萨斯人还要多。于是，这位女士说，无论是墨西哥人还是其他任何人，如果不会说英语，就不应该允许他们入境。她上火车时一直在喋喋不休，可当车轮刚一开始滚动，她就沉默不语了；现在，我们吱吱嘎嘎地向新奥尔良驶去，她的目光投向窗外的一片荒芜。

只见一排排被损毁的房子，成千上万辆生锈的、废弃的、无用的汽车，堆积如山的垃圾，损坏的广告牌，连根拔起的树，空荡荡的街道。只是从某种角度、在某种光线下，它看起来像是遭受了飓风袭击；但换个角度看，它更像是现代想象中的人为灾难。在卡特里娜飓风之前，新奥尔良有近50万人居住，现在只有7万人。

我们经过监狱，看到墙上用新油漆潦草地写着："耶和华的殿必须重建。"当经过超级圆顶体育馆（Superdome）[①]时，一个男人说，新奥尔良在卡特里娜之前就已被毁灭。这个地方已经准备发展旅游业了，而真正的城镇难以生存。一个年轻的白人男子说，他听说游客已然开始返回。港口已经有旅游客轮了，另一位年轻白人男子说，他们应该"撞它。就像那些人对马达加斯加（Madagascar）的班轮所做的那样。登上那个该死的东西，把他们扔到海里去"。

有人说："好吧，我在这里待五天，然后就走，再也不回来了。"一个拿着无线电收发报机的黑人说："我会待两个星期，然后就永远离开。"似乎没有人愿意留下来。

接着，那个戴帽子的女人拖着她的箱子从过道上走过来，说她一辈子都住在新奥尔良，而且永远也不打算离开。一位一路上几乎都在睡觉的黑人妇女从座位上站起来，说："嗯，你在这儿待着吧，亲爱的，但我会在星期六把我姐姐下葬之后马上就走。远离这些垃

---

① 世界上最大的体育场馆之一。

第一章

圾，彻底解脱。"

在新奥尔良车站外，一支白人乐队演奏着《圣徒进行曲》(*When the Saints Go Marching In*)，以示欢迎。观众似乎无动于衷。情绪茫然且冷淡。

我租了一辆车，动身前往比洛克西(Biloxi)，它是墨西哥湾沿岸被摧毁的赌场之都。我在那里的一个朋友认识一位志愿者医生，他同意让我们进里面看救援工作。穿过新奥尔良的跨越破旧屋顶的高速公路，超级圆顶体育馆在暮色中隐约可见，与其说它是飓风中的一座丰碑，不如说它是卡特里娜发生前后令人困惑的全面瘫痪的标志。媒体先于海军陆战队两天到达，海军陆战队比联邦紧急事务管理局(Federal Emergency Management Agency)的负责人提前两天到达，五天之后总统才从邻近的得克萨斯州的农场赶来。因为城市的大部分地区——最贫困的地区和最黑暗的部分——没有被疏散，而造成了大量死亡。加之救援来得太迟，死亡人数节节攀升。

当总统终于出现时，他特意对他的老朋友迈克·布朗(Mike Brown)——他任命的联邦紧急事务管理局局长，说其正在做"一项了不起的工作"。他说，我认为没有人能预料到堤坝会决口。然而，虽然不是每个人都有先见之明，但还是有人预料到了：飓风专家早已做出预测，并在风暴袭击前的一次视频会议上启奏总统。会议之后不久，迈克·布朗再次禀报了他。"我真的很喜欢这座城市。"总统说。然后他来到杰克逊广场(Jackson Square)，在当地政府和媒体的支持下，他宣布新奥尔良的重建工作将是"世界上有史以来最大的重建工作之一"。

冷观静思美利坚

在被飓风破坏的横跨庞恰特雷恩湖（Lake Pontchartrain）的新奥尔良大桥上，只有一条车道是开放的。车辆在黑暗中缓慢前行。一轮橙色的月亮爬上了夜空，并将十几个闪闪发光的影子丢入湖中。伴着弯弯月儿的悄悄升起，一股类似污水的气味也慢慢飘来，但含有机物较少，因此闻起来也就不那么恶臭了。当我驶过庞恰特雷恩湖来到斯莱德尔（Slidell）时，银白色的月亮挂上了天边——正如沃尔特·惠特曼（Walt Whitman）[①]所言，"柔和而丰盈"。

沿公路再走40分钟就是帕斯克里斯琴（Pass Christian），飓风之前该市人口是7000。150年来，新奥尔良的绅士们在帕斯克里斯琴保留了大量的房屋。其中一间房子现在被卡在壳牌（Shell）加油站的遮阳篷下。月光给整个场景一种先锋派歌剧布景的感觉。帕斯克里斯琴高出海平面10英尺。在卡特里娜飓风袭来的那个夜晚，它低于海平面几英尺，房屋在街道上漂荡，并撞毁其他房屋。海水冲上岸，冲走了混凝土板，冲走了柏油路，夷平了砖房，淹没了每一栋建筑。房屋和屋顶身首异处；建筑摇摇欲坠。卡特里娜飓风把大树从距离地面3英尺高的树干上撕扯下来，留下的残破树桩见证了它的残忍。它吞噬了房屋。然而，一簇簇较小的树木矗立在那里，而且每隔五六幢支离破碎的房屋，仿佛是出于任性的意志——或者是上帝的恩典——就有一幢脆弱的建筑在大风中幸存下来。但没有任何东西幸免于海浪。

路两旁排放着冰箱，都用胶带封着，因为冰箱的臭气不仅在室内让人无法忍受，在室外也污染空气。从房子里掏出来塞进塑料袋里的垃圾，躺在珍珠般的月光下，就像一堆堆内脏。墙上画着标

[①] 19世纪美国著名诗人、人文主义者。代表作为《草叶集》。

第一章

志,用圆圈和象限表示检查日期、检查机构、尸体数量(如果有的话),以及发现的猫、狗或其他死亡宠物的数量。

路边某个地方,一盏灯在雨篷下发出了亮光,雨篷遮挡着临时搭建的厨房和装满食品杂货的支架。在雨篷周围的帐篷和货车里,志愿者和难民都已入睡。货车上挂着从佛罗里达(Florida)到明尼苏达(Minnesota)的教堂的徽章。其中一个上写着:"牧师和大众,共同在精神上寻找一条最妙的道。"为安全起见,这盏灯一直亮着,而它也代表着美国基督教的光。

尽管赌场林立,但你很容易就会想起高速公路上的比洛克西,这里有快餐连锁店、沃尔玛(Wal-mart)、沃尔格林(Walgreens)、房地产公司、"免下车"银行、按揭房屋、信贷机构和教堂,所有这些建筑风格几乎相同,而且占用了大片的土地。这条狭长地带永远沿着墨西哥湾海岸延伸,这让你很想知道,为什么在卡特里娜飓风发生的夜晚,圣灵(Holy Comforter)没有利用这个机会做出一个更全面的城市规划声明。一些大的路标仍然弯曲有160度,但是美国的企业从未倒下,真正的大公司,像沃尔玛、温蒂快餐(Wendy's)和麦当劳(McDonald's)已经在两周内就更换了它们的破烂屋顶并修整了广告牌。

比洛克西距离帕斯克里斯琴只有几英里距离,曾经以虾、牡蛎和鱼罐头而闻名,直到1968年,飓风卡米尔(Hurricane Camille)摧毁了整个小镇。卡米尔是美国有史以来最强的飓风,比丽塔和卡特里娜都更加猛烈。20世纪90年代,赌博业开始兴起,并让比洛克西东山再起。为了表明他们不赞成赌博——但不反对赌博所带来的收入——密西西比州令赌场经营者在靠近海滨的驳船上建造他们的大型离岸赌场。但是卡特里娜飓风并不尊重法律:它把怪物们吹到了干燥的陆地上。在这种令人瞠目结舌的现象中，城市的元老们认识到城市的需要，或者可能是感觉到了神的旨意，于是将赌场的新陆上地点合法化。

自然而然，把比洛克西赌场逼上陆地的大海，也席卷了1.7万名赌场员工的住宅。它首先摧毁了海滨一带的豪华别墅。除了游泳池和碎石路幸存下来之外，其他全部荡然无存。巨大的橡树离它们曾经生长的地方有几百码远。在赌场附近，军队仍然封锁着一个区域，一艘绿色的渔船紧紧地靠在老城区的一堵墙上。船长显然未能逃生。回头望向水面，你可以看到汹涌的海浪把他卷起来冲向岸边时所经的路径：穿过赌场下面的一条双车道，经过硬石餐厅（Hard Rock Cafe）[1]五层楼高的吉他标志，向内陆四分之一英里，直到他的船撞上了可能是邮局的地方。在船和硬石餐厅之间的碎石中，一位来自附近华夫饼屋（Waffle House）的女服务员发现了一把约翰尼·卡什（Johnny Cash）[2]签名的芬达吉他。硬石餐厅在佛罗里达的总部承诺，如果她把吉他寄回，总部将支付运费。

一过砖房，潮水就畅通无阻地涌进其后黑人和越南人社区的风雨板平房。所有的房子都被淹没了。幸存下来的人们清理了大部分残垣断壁，将石膏板、地板衬里和家具堆在他们旁边。空气中充满了霉菌，早晨气温上升时，另一种极其难闻的气味也随之冲天。每三所房子中就有两辆被毁坏和遗弃的汽车，这些汽车由于盐和灰尘的作用而呈灰褐色——墨西哥湾沿岸有成千上万辆像这样的报废汽车。房子的外墙上有圆圈。偶尔出现的标记表明发现了一具尸体。

---

[1] 著名美式餐厅连锁店，以摇滚乐为主题，在中国也有分店。
[2] 美国传奇乡村音乐歌手。

第一章

这个故事没有结束——在上周又发现了八具尸体,其中包括两名儿童。没人知道他们还会发现多少,也无人知晓潮水退去时已有多少人被大海吞噬。

比洛克西的人们无家可归。超过100万人撤离了海岸,远超在20世纪30年代离开尘暴区(Dust Bowl)①的人数。他们和亲戚朋友一起住在旅馆、汽车旅馆、临时庇护所、拖车、州立公园里。伯明翰(Birmingham)为3000人安排了住宿。学校收留了孩子们。当地商会找到了3000个工作岗位。亚拉巴马州(Alabama)总共登记了22 600人撤离,但当局认为真实人数接近6万;他们还认为巴吞鲁日(Baton Rouge)的实际遇难人数应该超过了登记的2.6万,在休斯敦(Houston)有15万。

满载着瓶装水、护士和其他物资,我们像世界末日的冰激凌车一样在街上缓行,寻找幸存者。我们是红十字会(Red Cross)。我们的领队和司机是一位和蔼可亲的灰发越战老兵,来自纽约,他的父亲参加了1942年的瓜达尔卡纳尔岛(Guadalcanal)登陆。当一个形同骷髅的女人出现在门廊上时——我立刻想到了海洛因——他停下车,以军人生硬的礼貌对着车窗外说:"美国红十字会,女士。您需要什么,有什么我们能帮助您的吗,女士?"

"电池。"她说。

他告诉她,"我们有电池,女士"。

---

① 遭受巨大规模沙尘暴侵袭的美国西部大平原地区。

冷观静思美利坚

他的助手们下了车,把 Kix[①]早餐麦片、苹果、香蕉、饼干、巧克力、拖把、真空包装的阿拉斯加鲑鱼、厕纸、止泻药和电池装满了一个盒子。

整个街区都空无一人。数百万吨的残骸等待清理——数千万吨。可是,土堆只不过是土堆,一辆推土机就可以在一个下午把它们从房子里全部清除。救援工作的瘫痪清晰可感。另一个女人和一个年轻人出现了。"你们需要什么吗?"纽约人用入乡随俗的语气问道。

在接下来的几个小时里,我们红十字会的面包车发现大约有20个人在这个残存的黑人聚居区里过着令人不可思议的有尊严的生活。这是一次了不起的相聚。一名从康涅狄格州(Connecticut)开车过来的志愿者护士替一个年轻人受伤的脚换了敷料,一位来自南达科他州(South Dakota)的护士在一旁看着。正当一名曾在一个还是由比尔·克林顿(Bill Clinton)发起的国家青年项目中受训10个月的来自菲尼克斯(Phoenix)的年轻男子把食品杂货装进她的拖车时,一个照顾糖尿病多发截肢患者的黑人妇女向我们讲述了她对上帝的忠诚。

一个说话温和、衣着整洁的女人,看上去也就35岁左右,不情愿地接受了别人给她的东西。当有人问她是否有孩子时,她回答有,但当有人给她一堆毛绒玩具时,她拒绝了:原来她有两个孩子,一个30岁,另一个25岁。她的嫂子跳上红十字会的面包车来吻我们。到处都是微笑、拥抱和祝福,直到食品杂货发放一空,面包车才又开回了公路上的教堂。

---

① 美国著名麦片品牌。

第一章

不可思议的是，发放治疗腹泻的药物时，却不提供便携式厕所；当医生担心患坏血病时，会有人扔过来蜂蜜口味的麦片；当一台发电机、一个烧烤架和新鲜的肉类或许可以挽救几个街区的居民时，递过来的却是薄脆饼干。同样奇怪的是，这个国家的军队在两周内占领了巴格达（Baghdad），40年前还曾把两名男子送上了柔软而富饶的月球，现在却找不到推土机把垃圾从房子里推出去。但我们还是受到了欢迎，就像我们的领导说的，这是美好的一天——我们把车里的东西全部分发完毕。如果不去分享他的满足感，或者对那天下午任何人的——不管是我们的还是他们的——灵魂得到眷顾而产生怀疑，那就未免太无礼了。

美国福音派（Evangelical）和美国商界一样坚韧不拔，并且同样热切地寻求机会。正如亚当·斯密（Adam Smith）在竞争性经济运行中看见一只慈善的"隐藏之手"，约瑟夫·熊彼特（Joseph Schumpeter）将他所谓的"创造性破坏"视为美国资本主义的无形动力，美国福音派教徒在飓风中看到了上帝之手，并推断他曾在墨西哥湾海岸造访过他们，以缔造皈依者。卡特里娜飓风还没吹到海里，鸟儿们还未回到海岸，来自全国各地的各基督教派的志愿者便蜂拥而至，清理废墟。

晚上11点，路德教会（Lutheran）的65名志愿者中只有6人还未入睡。其余的人则睡在营地担架和充气床垫上，地板上到处摆放着医疗设备或捐赠杂货：早餐麦片、厕纸、电池、水果罐头、拖把。"这些东西是哪儿来的？"我对一名志愿者耳语道，我本以为她会说这是沃尔玛或美国南部各州的捐赠，但她却轻声回了我一句："上帝啊。上帝，我们的引路人。"我爬到一个牧师和一个睡在大厅前部舞台上打呼噜的教友之间，辗转反侧。

— *29* —

冷观静思美利坚

早上,上帝做了煎饼。"他是通过我们的手做事的。"那位女士一边说着,一边搅拌。她旁边的聚苯乙烯冷却器上写着:"上帝就是生活。"早餐时,牧师叫大家起立,领着我们祷告。

牧师的妻子说,当上帝派遣卡特里娜时,他也创造了奇迹。她还告诉我在路易斯安那州和密西西比州很流行的一种说法:如果你是路德会教徒,那你一定是从别的地方来的。但是卡特里娜飓风对路德会的影响远不止于此;或者,就像她坚持的那样,上帝通过卡特里娜做到了这一点。他本着基督教的仁爱精神,把来自全国各地的人们聚集在一起,他们分发食物和药品,打扫房屋,但他们也抓住了传教的机会。她想留下来谈谈,但不得不去参加跨信仰组织(Interfaith)的第一次会议。跨信仰组织是在灾区工作的所有教派的代表,该组织成立的目的是决定谁具备得到联邦政府资金补贴的资格。

一位来自新英格兰(New England)的退休女医生,在她的温尼巴格(Winnebago)房车中让给了我一张床。她和她的丈夫原计划开着房车走遍美国,但她的丈夫在放弃工作后不久便撒手人寰了。没等她想明白该如何处理这辆房车,卡特里娜便降临了。和世界上的其他人一样,她在新闻中看到了这一切。然后她收拾了房车。我不知道她是如何把房车停在比洛克西的拖车停车场的,更不知道她是怎么把车拖在后面,开着这个庞然大物跑了1500英里的。这是一所舒适的有轮子的郊区房子,还兼做小教堂。

在有些国家,宗教很久以前就退居幕后了,对于它们的国人而言,福音派教会冲在救灾工作的第一线令他们颇感惊讶。但在美国,宗教几乎是一切事物的重中之重。按照最高法院(Supreme Court)的提名,首先被咨询的人是宗教领袖,被提名者被问到的

第一章

第一个问题是关于政教分离。在这个国家，上帝无处不在，在风暴中，在煎饼面糊里。他出现在牛仔竞技表演和橄榄球场里，在那里，国家队和大学球队——违反了上帝要私下祈祷和不公开展示的禁令——他们跪下，手牵手一起祈祷。他在白宫。他在国会选举、州长选举和各种各样的选举中，很多候选人都三跪九叩。

新奥尔良市中心又开始运转了，但由于酒店里都是联邦紧急事务管理局的人和保险评估人员，所以很难订到房间。最终，我在一个部分仍然潮湿的地方找到了一个房间，那里的电梯散发着来自地下室的恶臭。每个街区都有两到三辆警车。军车在坚尼街（Canal Street）排成一排，士兵们全副武装，昂首阔步地走来走去。那天晚上，黑人们成群结队地闲逛，无处可去，而一帮帮的墨西哥工人——白天拖出房子里的灰泥和地毯——推推搡搡地去酒吧、餐馆和脱衣舞俱乐部，去享受波旁街（Bourbon Street）喧闹、震动的音乐。

毫无疑问，如此迅速地派遣军队是有充分理由的。新奥尔良因犯罪和暴力而臭名昭著，飓风刚过，抢劫的场景就出现在电视屏幕上。但是，士兵的到来意味着其他的含义：对黑人暴动的由来已久的恐惧的迹象；社交失败的迹象。随着越来越多的证据表明政府的无能和对苦难的冷漠，军队也成了一个象征——就好像派遣军队是政府所能做的一切。

证据的来源和方式不容忽视。不走寻常路的记者杰拉尔多·里韦拉（Geraldo Rivera）从一个母亲怀里抓起她那黑皮肤的婴儿，对福克斯新闻（Fox News）的主播们大喊，卡特里娜飓风过去六天来，政府所做的努力与飓风本身"一样糟糕，甚至一塌糊涂"。另一位记者谢泼德·史密斯（Shepard Smith）有一阵似乎对他的雇主失去了耐心，因为其既不了解犯罪的含义，也不了解犯罪的规模——人们仍然被锁在超级圆顶体育馆和会议中心（Convention Center），没有食物、水或婴儿配方奶粉，桥是开放的，但没有一辆公共汽车来把这些穷人接走。疯狂的发泄是福克斯新闻的惯用手法（modus operandi），而愤怒是最流行的情绪。愤怒，但不是暴动。这是福克斯新闻——一个爱国频道，布什-切尼频道——它的员工似乎在说这个国家和它的政府一败涂地。

一位评论员说，从政府的反应中，人们可以看到"一个失败国家的所有症状"。新奥尔良联邦紧急事务管理局的马蒂·巴哈蒙德（Marty Bahamonde）称其为"各级政府的系统性失败"。巴哈蒙德比大多数人都清楚。2005年8月31日，在超级圆顶体育馆避难时，他读到了一封电子邮件，来自联邦紧急事务管理局局长迈克·布朗的新闻秘书：

> 另外，给布朗先生留点时间就餐也很重要。鉴于巴吞鲁日已经恢复正常，餐馆也变得繁忙起来。他需要的时间远不止20或30分钟。我们现在要遇到来往于他"选折"（原文如此）之地的交通堵塞，然后要等待餐厅工作人员的服务，以及就餐，等等。谢谢你！

巴哈蒙德给他的副局长发邮件回复说："告诉她，我刚刚吃了点应急餐（MRE），在超级圆顶体育馆的走廊里和我的三万名好朋友挤在一起，我能理解她对忙不过来的担心。"

第一章

当人们溺死或从屋顶和阁楼上等待救援时,巴哈蒙德用他的黑莓手机(BlackBerry)发送电子邮件,告诉布朗,他们的食物和水快要用完了,很多人无法熬过一夜,情况已经"刻不容缓"。布朗回答说:"谢谢你提供的最新信息。有什么具体的需要我做或调整的吗?"

还有总统的朋友迈克尔·切尔托夫(Michael Chertoff),被总统任命为国土安全部部长。切尔托夫说,问题在于飓风发生时正处于灾害规划的"第二阶段评估"之中。因此,他说,联邦紧急事务管理局缺乏"准备"的"能力"。听起来好像飓风已经登陆了,他们还没有完成幻灯片演示文稿的设计。当然,这是21世纪的公务员说话的方式——就像私营企业的人一样。

早上,我翻开《皮卡尤恩时报》(*Times-Picayune*)[①],在一堆讣闻中读道:"跳舞吧,旁若无人地跳吧……把每一天都当作生命的最后一天来度过。"在坚尼街的尽头,一个看起来大约17岁的黑人男孩从一排移动厕所里走出来,等着我去找他。"你认为还会像以前一样吗?"他问道。我和他一起走上斜坡,向渡船停靠的码头走去。他来自亚拉巴马州,当卡特里娜飓风袭击新奥尔良时,他恰好在那里。现在他又回来找工作了。在前一天的工作结束后,承包商告诉他今天早上去接他,但他并没有来。男孩说,大多数日子里,他都会坐渡船过河,来回两到三次。那就是他现在要去的地方。他说,他只是喜欢待在水上。

卡特里娜飓风过后,生活在富裕地区的白人无奈撤离,蜗居在贫穷地区的黑人被迫逃脱,但如果你是黑人、穷人或租户,遭受严

[①] 新奥尔良的一家主流日报。

重破坏的概率要大得多。房屋被毁的人中有一半是租户,三分之一的人生活在贫困线以下。受害者中损失最为惨重的是那些拥有的资源最少、对自己的生活掌控能力最差和恢复能力最差的人。我在第七区(Seventh Ward)①看过的一所房子建在离地面4英尺高的地方,但是到达前门的水有4.2英尺深。在房子里打旋的2英寸水生成了2英尺高的霉菌,让人无法在里面住下去。后院的篱笆上横着一棵被连根拔起的树。房子的主人还在等待保险估价和承包商。没有人搬回街上,原因不言自明。

第七区情况如此不堪,第九区则更加糟糕。第九区百分之八十五的居民是黑人,百分之五十生活在贫困线以下。离堤坝最近的地区,比如比洛克西的滩头,已经被完全摧毁。五六个人在废墟中摸索着。工人们用手提钻拆毁旧堤坝,试图用机械完成卡特里娜飓风当晚大自然的鬼使神差。无法想象水是如何穿过如此庞然大物的,至于为什么有些人坚持说堤坝恐是被炸药炸开的,也就不难理解了。一艘大约50码长的驳船被冲到了墙上,船头倒在一辆黄色校车的车头上,把校车砸得粉碎。卡特里娜飓风来袭时,所有可能在飓风前或飓风后在超级圆顶体育馆用于疏散新奥尔良居民的校车都停在了院子里。它们全部被淹没了。如果是在芝加哥或纽约,这辆校车还会在驳船下面吗?在一个对国家经济更有意义的城市里,它还会是现在这个样子吗?新奥尔良是美国最大的港口,但它只是一个过境港。这个城市本身并不重要。运输玉米、钢铁和鸡肉的船只不会在新奥尔良停靠。

一份国会报告刚刚宣布"卡特里娜飓风是国家的失败,是对公

---

① 新奥尔良法国区(the French Quarter)北部的第七区。

第一章

共福利最庄严义务的放弃"。然而，旋即它便与官方无异：总统所标榜的世界历史上最伟大的复苏行动之一，将是由市场驱动的——它必须是由市场驱动的。至于教会、私营企业，也彼唱此和：卡特里娜飓风是一个"机会"。开发商约瑟夫·卡尼扎罗（Joseph Canizaro）说，"我们可以重新开始"。这就意味着我们可以有大把的机会。事实上，这座城市最后一座大型公共基础设施是20世纪70年代的超级圆顶体育馆，它正是民众在危难时刻挤靠于其中的超级圆顶体育馆。公司大楼是最不受风吹雨打的建筑物，却紧闭着它们的大门。没人有此奢望。如果有人从中吸取了教训，那他们也没吭声。

巴格达发生的一切，新奥尔良也如出一辙。尽管数千亿美元的资金已经注入伊拉克，但人们仍然抱怨电力没有恢复。在新奥尔良，距离法国区有三四个街区的地方，情况也是如此。在伊拉克，大部分战后重建工作都是由私人承包商完成的。在新奥尔良也相差无几：一些承包商和在伊拉克的是同一批。无独有偶，一些被派往新奥尔良的国民警卫队（National Guard）也是前不久从巴格达返回的。就像在巴格达一样，新奥尔良的重建工作取得了一些进展，但极不均衡。他们先是修整那些不会有争议的地方。没有商业就不会有新奥尔良，所以商业中心得以恢复。但在一些有问题的地方——地势低洼、贫穷、黑人集中的区域——似乎由于意见不统一而搁置了。这是意料之中的结果，因为这些地方提出了种族和贫穷的问题，对此，美国从来没有找到令人满意的答案——而且近年美国几乎已经停止了寻求任何答案。

传奇爵士音乐家西德尼·贝切特的侄孙是一位艺术家，家族中的几代人都生活在新奥尔良。这位艺术家性格羞怯，说话轻声细语,他告诉我,他一辈子都是新奥尔良人,他只会是新奥尔良人,所以他永远不会离开这里。

什么是新奥尔良人?

他说,这涉及一种特定的灵性。"他们自我创造。他们根据主题即兴创作。"

他说,保守派接管浸礼会教会(Baptist Church)对非裔美国人产生了非常恶劣的影响,与他们热情洋溢的精神背道而驰。他毫不怀疑,华盛顿在卡特里娜飓风中的失败源于更深层次的社会和经济政策的失败。卡特里娜飓风过后,我们在电视屏幕上看到的是它之前社会运转失常的迹象:低薪和种族分化的社会后果。此外还有公共领域的萎缩、管理主义的无能和私人利益的贪婪。卡特里娜飓风不能被当作一个灾难故事或者甚至是一个有关人情味的故事来描述:飓风过后的数日,街道上仍漂浮着尸体,黑人和贫困社区遭受了不成比例的损失;军队先于人道主义援助到来,而比前两者更早赶来的媒体口若悬河地讲述了一个现代美国故事。

我回到市中心的旅馆房间,打开电视,看到了纳金市长,他身着西装,配了一件鲜艳图案的衬衫,领口敞开着,只听他说道:"伙计,你知道规矩。别胡闹了。"这是他的一次市政厅会议。

一个妇女在哭泣,市长说:"放心吧,宝贝。我们会照顾你的,是的。"另一个女人走上前来,一只胳膊搂住她,递给她一块手帕擦眼泪,然后领她离开了讲台。那个哭泣的女人打扮得很漂亮,她的红十字会制服熨烫得平平整整。走的时候,她说她很抱歉这样讲话。"我很高兴。真的。上帝保佑我。我知道。"但她非常希望在圣

第一章

诞节前有个地方住,有基本的生活保障,因为她有三个孩子。卡特里娜飓风袭击过后,她和孩子们在屋顶上待了两天。她厌倦了颠沛流离,厌倦了被赶出家门。

然后另一个女人走上前来,说她已经找到了一个住的地方,每月450美元,付完房租她便身无分文了——但随后她又收到了电费账单,数额惊人。于是,能源公司的代表走上前说,他们的客服人员会照顾她;但在那之前,曾有人信誓旦旦承诺替她买单。我们没看到这个人是谁,但很可能是下一个发言者,一个健谈、穿着考究的承包商。他说他是土生土长的新奥尔良人:在这个城市,他拥有设备和400名当地工人,这意味着什么呢?但当前的工作将交给使用非法外国人的外部承包商,这又说明什么呢?如果他当地的工人去为外来的承包商工作,"他们就会受到像狗一样的待遇"。大厅里响起了欢呼声。

当人们开始一一列举哄抬物价的房东和拒绝赔付的保险公司时,大厅内再次响起了喝彩声。一位肩头抱着熟睡孩子的女士在会上说:"你知道和不想要你的人住在一起的感受吗?我坐在角落里。请给我一个我自己的地方,哪怕只有光秃秃的木板、水槽和做饭用的东西,然后把尿倒到窗外就可以了。"

一位名叫奥马尔(Omar)的穆斯林说,他拥有马里兰大学(University of Maryland)的硕士学位,但他来自第九区,那里的每个人都有"生活和爱的博士学位,他们不应该被忽视"。然后一个人对市长说:"你抓紧解决我们的问题,我会投票给你。但如果你不能解决任何问题,我会想尽一切办法阻止你当选,而且我是个大嘴巴。"人们默不作声。纳金并不担心:他知道人们不喜欢这个人的语气。

冷观静思美利坚

然后，另一个人建议应该设立一个全国哀悼日。纳金市长看起来很伤心。他说，我们仍有无法确认身份的尸体，我们仍在努力寻找尸体。忧郁情绪似乎笼罩着大厅，并穿越时空渗透了我入住的旅馆房间。

⁂

为了应对卡特里娜飓风，总统一直待在他的牧场上。几个星期后，当飓风威尔玛（Hurricane Wilma）袭击佛罗里达时，仅在数小时之内，总统便出现在他弟弟杰布（Jeb）所在的佛罗里达州。这仍无助于改善新奥尔良的气氛。然而，人们的愤怒被一种普遍信念冲淡了——这种普遍信念比现代自由市场概念要古老得多——即，理智的公民不应对政府抱有过高期望。一般来说，越是相信上帝，越是不相信政府，对政府的依赖也就越少；或者，正如亚历克西斯·德·托克维尔（Alexis de Tocqueville）在170年前表达的那样："人要是没有信仰，就必然受人奴役，而要想拥有自由，就必须信奉宗教。"如同托克维尔，沃尔特·惠特曼也曾表示：民主与宗教密不可分。惠特曼说，"民主的核心是宗教元素"。他指的是"所有的宗教，古老的和现代的宗教"。

这就是人们在海湾沿岸新、老宗教中所感受到的，也就是在比洛克西路德教会举行的社会正义和宗教狂欢会上所获得的领悟。在体验基督教的团契和使命的过程中，他们体验到，美国是一个满足超越自身需求的地方。在经历这一切的过程中，他们似乎觉得自己享受到了上帝赋予其国家的民主。

教会承担了如此多的责任，部分原因是以信仰为基础的组织职能的扩充，这是政府战略的一个决定性因素。但信徒们可能会说，

第一章

无论政府采取何种策略,责任"自然"是他们的;这是他们永远不能割让给任何人的东西。卡特里娜飓风仿佛重新为基督教创造了最初的基础:上帝对富人和穷人、好人和坏人一视同仁。当每个人都失去了一切,古老灵歌的歌词适用于所有上帝的子民:

> 我有鞋,你有鞋,上帝的孩子都有鞋。
> 当我升入天堂,我要穿上我的鞋……
> 游走四方……在天堂

有人说卡特里娜飓风的影响会比"9·11"事件更深远更持久;它暴露了美国社会的所有软肋:种族、不平等、能源和环境。这或许可以解释做出此类决定的地方——华盛顿特区(Washington DC)的看似瘫痪的状态。在目睹了最初几天总统愚蠢的漫不经心之后,一切都表明,卡特里娜造成的问题超出了政府的能力范围和理解。两个月后,没有人决定应该做什么:关于坍塌的堤坝,关于垃圾,关于撤离者,关于应该进行何种重建,以及——在新奥尔良的一些地区——是否应该进行任何重建。

没有领袖。那些了解灾难、了解新奥尔良和墨西哥湾沿岸环境的人无法理解,为什么没有任命一个"沙皇",就像赫伯特·胡佛(Herbert Hoover)[①]在1927年密西西比洪水发生后所做的那样。在迈克·布朗用于抵达新奥尔良的时间里,胡佛却能设法疏散30万居民。为什么纽约市长,布隆伯格(Bloomberg)或朱利安尼(Giuliani)没被召来?为什么没有人要求科学院与这样一个沙皇和

[①] 美国第31任总统。他有一句竞选口号"餐餐有鸡,户户有车"。

陆军工程兵团（Army Corps of Engineers）合作呢？为什么政府对每天在报纸的评论版和信件栏中提出的问题闭目塞听？

他们会利用这个机会从头开始重建该地区的生态系统，抑或只是重建堤坝——只不过这次挖得深一些？有人说，至少应该把整个第九区夷为平地，恢复到柏树沼泽的自然状态。它们会成为新奥尔良的威尼斯（Venice），还是佛罗里达式的度假胜地？或者，就像有人在给伯明翰一家报纸的信中说的那样，它会不会成为"未来的贫民窟……在沉陷的土地上匆忙而简陋地重建……准备好让受苦的灵魂度过他们的一生了吗？为了那点诱惑定期去投票？"在我下榻的那家新装修的精品酒店酒吧里的人们普遍认为，新奥尔良应该成为一座现代化的高科技城市。我想，这些人是"新一代"的新奥尔良人，是我的同乘美铁列车的乘客们想扔进河里的那种人。他们认为这座老城区永远不可能恢复，而且尝试也无济于事，因为没有一个明智的人愿意恢复贫民窟。

但说到底，当时也许有一个计划。我在电视上看到纽特·金里奇（Newt Gingrich）在一所商学院对年轻人说，政府在墨西哥湾沿岸的任何地方都将遭遇失败。在他看来，宪法决定了政府无法提供人们需要的服务。他让他的听众想象一下，如果联邦快递公司（FedEx）或麦当劳，或者是网络旅行社"旅游城"（Travelocity）——显而易见，纽特已经很久没有自己预订行程了——掌管了新奥尔良。墨西哥湾沿岸的许多人可能会说，金里奇露馅儿了：从一开始，政府和它的企业朋友就把卡特里娜飓风视为沿着自由市场路线重塑新奥尔良的一个机会。

毫无疑问，金里奇的学生听众们全神贯注地听着，其中没有一个人能想出任何支持政府的话，哪怕只有一句。他们怎么能有

第一章

不同的看法呢？多年来，几乎所有人都预见到了一场灾难，但政府却没能为此做好准备，而且政府还一再削减修复堤坝所需的资金。然而，看着他们都点头赞同纽特·金里奇的观点，有人不禁要问，如果有人告诉他们，政府在1906年地震后重建了旧金山（San Francisco），在1900年飓风后重建了加尔维斯顿（Galveston），他们会相信吗？如果他们听到一个声音说，公民"必须有效地控制他们自己创造出来的强大商业力量"，他们又会作何反应呢？或者，如果他们突然听到同样的声音，呼吁"政府更加积极地干预这个国家的社会和经济状况"，他们会把这种观念归因于什么出格的自由主义者吗？苏珊·萨兰登（Susan Sarandon）？事实上，这句话出自代表美国个人主义和帝国自信的西奥多·罗斯福（Theodore Roosevelt）之口。不管是否过时，如果泰迪·罗斯福（Teddy Roosevelt）[①]执掌政府，垃圾仍堆在街上、驳船仍压在校车上的状况，都是难以想象的。或者富兰克林·罗斯福（Franklin Delano Roosevelt），或者林登·约翰逊（Lyndon Baines Johnson），或者尼克松（Nixon）执政，情况又将如何？

这个国家无法决定：政府无能，究竟因为它是一个政府，还是因为它是一个无能的政府？又是什么原因致使政府无能，是因为它把重要的机构交到私营企业的亲信手中，还是因为它没有把足够的机构交到这些亲信手中？这些亲信之所以无能，是因为他们为政府工作，还是因为他们为其他私人利益工作？在一份海湾地区的报纸上，一位当地的承包商抱怨说，他无法为自己的推土机施工队

---

① 西奥多·罗斯福的昵称。

招标，但哈里伯顿公司（Halliburton）①却可以。有些人说，任人唯亲和无能反映了过去25年来政府地位和能力的普遍下降。他们说，卡特里娜飓风并不是政府本身的失败，而是政府在已经过时也因此而衰败的这个时代的失败。政府每天都被指责为没有主动性和进取心的"阿斗"，政府成了与私营企业不可同日而语的东西。首先削减其职责，变卖其职能，不予其尊重；劳其筋骨，空乏其身，然后宣布它不称职。

这也许就是事实。卡特里娜同样激起了宗教和商业的共鸣。教会和企业都把灾难看作是创造的机会，二者都有机会发挥各自的真实本性：教会行使主的权利，负责安抚工作及争取皈依者；企业则寻求利润，并通过这种自然本能从破坏中创造奇迹。正如商业的本质是利润和效率，教会的本质是慈善和拯救，而政府的本质则是无能和官僚主义。

但是请考虑一下这个命题的结论：私营企业是有效的，因为在本质上它们寻求利润的最大化，也就是说，满足它们自身的利益，那么追求公共利益则不符合它们的本性。如果这是真的，就意味着依赖企业重建一个人山人海的城市，无异于指望响尾蛇的善举。这是毫无意义的；因此，想象一个由私人利益原则统治的国家能够为公众利益解决问题也是毫无意义的——无论是地方性问题，比如新奥尔良；抑或国家性问题，就像贫穷；还是全球性问题，比如环境问题或和平问题。如果"本性"是一种规则，那么解决任何问题都不是美国的本性，除非其中有美元或灵魂。

当然，这种观点是荒谬的，但你每天在收音机或电视上听到

---

① 全球领先的为能源行业提供产品及服务的公司。

第一章

的论点都更加荒谬。然而，尽管美国教会和美国公司——以及美国国家——确于世上行善无私，但在当今文化战争的年代，政府作为这些工作的主要代理人的想法却也逐渐消失。新奥尔良的问题揭示了对于政府问题的理解：宗教有目的和原则；私人利益也有。二者都被赋予了想象高于现实的事物和使人们超越自我成为可能的能力。然而政府却没有这些，或者自愿放弃了这些。政府没有引导或激励自身的目标或信念。人们预料到了政府的失败，政府也不负众望。

在离开新奥尔良之前，我到街角的一家大型大通银行（Chase Bank）去提取一些现金。当我从自动取款机上取钱时，我听到了一阵喇叭声。一辆旧面包车以奇怪的角度晃到了路边，司机倒伏在方向盘上。我走上前去，他已经打开了车门。他坐在那里，脸色灰白，喘着粗气。我看到他的上衣口袋里有一个雾化器，就把它拿了出来，放到他手上。车里闻起来就像他肺里的味道。

他吸了一口气雾剂，我看到他手腕上缠着塑料手环，就问他是不是住过医院。他点了点头，说他正在去医院的路上，但他需要先去银行，而不是自动取款机。我提醒他，今天是星期六，银行都关门了。

大楼外有一个黑人警卫正在巡逻，他身穿制服，身材魁梧，腰间挂着左轮手枪。我走过去问他哪里有银行开门。他说，也许斯莱德尔有。

我回到车旁告诉了司机。他说他没油了。我给了他20美元。他用他那浑浊的灰色眼睛看着我，握了握我的手。

冷观静思美利坚

然后警卫走了过来。司机又吸了一口万托林（Ventolin）[①]，然后解释说联邦紧急事务管理局把一张支票存入了他的账户，但昨晚他去银行时并未能兑现。他需要和银行的人谈谈。他需要钱。警卫从钱包里掏出20美元交给他，然后一言不发地走了。

打算离开时，我又握了握那个人的手，但他双眼死死盯着我，紧紧地抓着我的手，求我听听他的故事。卡特里娜来袭当晚，他在一家老年慈善收容所。当时他望着窗外的暴风雨，一名护士走进来，给了他们每人一颗药丸，让他们入睡。他说，当他醒来时，收容所的全部工作人员都走了，床已浸在水中。

他大口喘着气，说道："有七个人淹死了。都是老人。他们把年轻人带走，留下老人等死。"

他死死地抓住我的胳膊。泪水滚落，流过他下巴上的胡茬。他的话音降为耳语。

"水涨了又涨。"他说。

他曾试图游到窗户前，但却沉了下去。他竖起三根手指。

"我试了三次。"他说。

第四次他又沉下去了，他知道这是最后一次努力了，但是——他把我抓得更紧了。

"我告诉你们，是上帝救了我。一个天使来了。我看见他了。他把我扶到窗边的栏杆上。我坚持住了。我看到很多尸体浮在水面上。还看到了直升机。"

然后，他说国民警卫队找到了他，但直升机没有来。他浑身颤抖着说，没有人会来。

---

① 缓解支气管痉挛或哮喘的气雾剂，亦译作喘乐宁。

第一章

当他们最终救出他时,他被飞机送到圣安东尼奥(San Antonio)的一所大学医院,在那里住了三个星期,直到他感觉自己脱胎换骨,俨然一个崭新的人。他卖掉手表和戒指,买了这辆面包车,然后开着车回到了新奥尔良,从此就一直住在车里。他曾经住了三年的收容所早已无影无踪。

我告诉他最好去医院。他气喘得厉害。我们握了握手,他就开走了。两个小时后,我的肺里仍然弥漫着那辆面包车的气味,隐约间,我有种感觉,警卫和我不是第一个为他的故事付20美元的人。

第 二 章

……在一片灰暗而空旷的土地上,女人和缩成一团的孩子们蹲在上了锁的门背后,男人们身披床单,头戴面罩,驶过寂静的马路;尸体当中有黑人也有白人,这些受害者与其说是仇恨所致,不如说是破釜沉舟和绝望使然。他们了无生气的四肢摆动着:男人们在投票站被枪杀,一只手仍然握着饱蘸墨汁的笔,另一只手中是字迹未干的选票……

威廉·福克纳(William Faulkner),
《去吧,摩西》(*Go Down, Moses*)

我们的火车非常缓慢地驶过庞恰特雷恩湖,又徐徐地穿过长沼,仿佛在参差不齐的树木和悬着的青苔间择路前行。一个年轻的黑人男子和他5岁的女儿一起旅行。她母亲在她6个月大的时候就离开了。他在斯莱德尔的房子被冲走了,他的全部家当都放在上面的行李架上,装在一个他在海军服役时留下的行李袋里。他要去马里兰州(Maryland),几个老朋友告诉他,他也许能在那里找到一份工作。在前排的座位上,一个贫穷的白人八口之家举家出行,他们叽叽嘎嘎,笑呀,哼唱呀,哭呀,训诫呀,似乎像原子一样存在

第二章

着,处于一种永恒的运动状态之中。卡特里娜飓风掀起的7英尺高的洪水淹没了他们在新奥尔良的房子。他们打算在纽约或者新泽西(New Jersey)重新开始——但还不确定。一对黑人老夫妇告诉他们,新泽西更适合抚养孩子。

奴隶解放100年后,约翰·斯坦贝克(John Steinbeck)①驱车穿越南方,访问了他熟悉并热爱的新奥尔良。他亲眼见证了举世闻名的拉拉队(Cheerleaders)②。每天早上和下午,拉拉队队员们都聚集在一所废除种族隔离的学校外面,对着在警察护送下进进出出的黑人孩子们大声辱骂。斯坦贝克听到她们在漫骂中使用了"野蛮的、肮脏的、堕落的"等字眼,措辞如此不堪入耳,于是他决定不在他的书中再次提及。比她们辱骂黑人孩子更恶毒的是,她们冲着一个送孩子来这所学校上学的白人男子也大喊大叫。人群聚集在一起围观拉拉队,为她们助威。

斯坦贝克称之为"疯狂的残忍"。为此,他倍感震惊,觉得"疲惫不堪,胃液翻腾"。最糟糕的是,他知道拉拉队队员和她们的跟屁虫们会冲回家"看到自己上电视了,然后他们所看到的内容将传遍整个世界,不会受到那里的其他事物的质疑"。没有什么比这更使他不安的了:新奥尔良的好人在哪里?他立刻离开,赶回纽约的家。

在婴儿潮(baby boomer)③一代人的记忆中,亚拉巴马州的伯明翰就像斯坦贝克的南方一样,让我记忆犹新。它让人想起警犬和

---

① 美国著名小说家,诺贝尔文学奖获得者。
② 由美国兴起的在竞技比赛中为运动员加油助威的团队,做专业的团体性表演活动。现已成为一种文化现象。
③ (尤指第二次世界大战后)生育高峰期出生的人。

冷观静思美利坚

高压水枪、讥讽的白人至上主义者、三K党（Ku Klux Klan）和爆炸的画面。在我们实行激进主义的十年里，这座城市成了美国种族主义的代名词——同时，它又以民权游行的形式代表了美国英雄主义。在今天的南方——支持共和党、现代化的南方——昔日公共场所种族隔离的标志已经消失，私刑已经停止，三K党基本上是一个笑话，拉拉队的辱骂也不复存在。斯坦贝克那缺席的朋友，南方善良的天使，据说是现在的负责人。

一个星期六的下午，火车站没有出租车，所以我把手提箱拖到宽阔的街道上，沐浴着阳光，悠闲地走着。走到一家电影院时，看见一个男人在影院外扫地。当我走近他时，他抬头看了看，转身走进影院。人行道上刻满了亚拉巴马州最著名的名字。第一个是杜鲁门·卡波特（Truman Capote）①，隔了五六个之后是哈珀·李（Harper Lee）②。美国各地都在播放《卡波特》(*Capote*)这部电影，这家电影院却没有。

等候出租车花了我一个小时的时间。伯明翰看起来不像战场。就这一点而言，它不像南方。它看上去井然有序，繁荣而空寂。

出租车来了，我对司机说，伯明翰的情况看起来不错。但新的生物技术和医学研究机构，新办公大楼、银行和所有新奇的工作都没有给他留下深刻印象。他说这种繁荣是虚假的。他记得伯明翰当时还是一个工业城市、钢铁城市，被称为"南方的匹兹堡"（Pittsburgh of the South）。所有用于研究机构的资金都到位了，

---

① 美国作家。代表作为《蒂凡尼的早餐》《冷血》。
② 美国著名女小说家，普利策奖得主。著有《杀死一只知更鸟》。

— 48 —

第二章

但"真正的"产业正在崩溃;"实体"经济因为该研究和对黑人的公共开支而膨胀——伯明翰24万居民中有百分之七十是黑人——现在更多的资金流向了海湾沿岸的居民,他们的到来对原本已经生活在贫困线以下的百分之二十人口无异于雪上加霜。然后就是所有的犯罪。伯明翰的犯罪率在全国排名第七。

不管是什么构成了现代南方,这个出租车司机并不买账。似乎还有其他的记忆和原因造成他的不满,要是在以前,他或许会讲给我听。但现在不会了。

星期天早上当我醒来时,隔壁房间里有一男一女在对骂。"你这个狗娘养的。"女人喊道。男人也以其人之道还治其人之身。接着,女人又发出了一连串的诅咒,男人沉默了。砰的一声,接着,女人像啜泣一样深深地吸了一口气:"你这个混蛋!"又是砰的一声。他们好像撞到了墙上。

他们断断续续稀里哗啦地闹了一刻钟,我以为他们随时都有可能穿越水泥墙。然后,我觉着他们开始扭打起来:他们在我厕所旁边的房间里扑腾,只听见她大吼道:"你把该死的马桶弄坏了,你这个混蛋!总是拿马桶出气!"

又是砰的一声,我以为男人把女人杀了,于是第三次伸手去拿电话。这时女人的声音传来:"这是他妈的最后一次了!我要去报警!"门砰的一声关上了。透过窗户上泛黄的薄纱窗帘,我看了一会儿那个女人。她最后又大喊一声"你他妈的混蛋!"然后女人淡出了我的视线。

隔壁房间里鸦雀无声。大概过了5分钟,我听到了像是马桶的盖子被扯下来砸在前门上的声音。接着又是一种像是马桶座圈被扯下的声音，然后是水箱里的水管被扯下的声音。那个男人声音低沉地说："妈的，混蛋！"

酒店的前台告诉我，"他们"经常在周五和周六晚上入住汽车旅馆，"因为他们不想把自己家搞得一团糟"。我搬到了"五点区"（Five Points）的一家小旅馆。五点区是该市的一个老城区，其围绕四座教堂而建，这几座教堂坐落在大小不一的山丘上。一个教堂的钟声响起，我看到几个白人长老会教徒（Presbyterian）鱼贯而入。酒店向我推荐了牛排餐厅，但我选择了日本料理，那里的寿司是用金枪鱼片做的，其标准搭配一定是炸肉排。

1963年，马丁·路德·金在伯明翰，当时，该地是"美国种族隔离最彻底的城市"。他说，这个城市之所以臭名昭著，是因为警察对黑人的暴行、法庭对黑人的偏见、针对黑人的房屋和教堂的频繁的炸弹袭击，以及市政当局未能解决此类犯罪等事实。他是在一封来自伯明翰监狱的信中说这番话的，他当时因非暴力抵抗活动被捕入狱。这封信是他主张非暴力抵抗的明确事实。他的理由辛辣而无可争辩；间或是对美国黑人所遭受的痛苦、屈辱和愤怒的辛辣鞭挞，同时也是基督教对圣奥古斯丁（St Augustine）格言"不公正的法律根本不是法律"的审慎阐述。

1992年，伯明翰建立了一个民权区，并在老十六街教堂旁建立了一个民权研究所（Civil Rights Institute）。该教堂成立于1871年，1911年按照一位黑人建筑师的罗马式设计建成。1963年，白人恐怖分子在主日学校放置了一枚炸弹，杀死了四名黑人小女孩。我去伯明翰的前一天，康多莉扎·赖斯（Condoleezza Rice）和英国外交大臣杰克·斯特劳（Jack Straw）被拍到去了那里，并登上

第二章

了《伯明翰新闻》(*Birmingham News*)的头条。他们牵着四个小女孩的手；赖斯是土生土长的伯明翰人，她对遇难的女孩表示悼念，对民权运动致以敬意："因为我们没有被否认，伯明翰没有被否认，而正因为伯明翰没有被否认，美国终于接受了自己的先天缺陷……即当开国元勋们说'我们人民'的时候，他们指的并非我们全部。"国务卿或许已经接受了该先天缺陷，但她的态度无法代表整个国家。

研究所外矗立着罗莎·帕克斯（Rosa Parks）的雕像。1955年，这位42岁来自蒙哥马利市（Montgomery）的女裁缝公然违抗种族隔离法，在公交车上拒绝给一个白人乘客让座。此举跨越了风度、勇气和政治之间的此疆彼界，以至于产生了《新约》(New Testament)中某个瞬间的效果。这一举动引发了对蒙哥马利公交车长达一年的抵制，直到最高法院裁定废除公交车上的种族隔离制度。罗莎·帕克斯和她的丈夫受到暴力威胁，失去了工作。为了逃避这种迫害，他们于1957年搬迁到了底特律（Detroit）。那天在看到她的雕像之前，我已经忘记了罗莎·帕克斯。晚上回到旅馆，我在新闻上看到了她已经去世的消息。

民权研究所用文字和图片讲述了平权运动前南方的故事，这些文字和图片在很大程度上和大屠杀博物馆一样令人震惊。这不是清点死亡人数的问题，而是直面邪恶的问题。它超越了私刑，因一个对另一个人的仇恨而实施的随意杀戮（据说沼泽地里有成百上千具尸体），强者对弱者的鄙视，一个公认的基督徒对另一个的蔑视，程度如此之深，以至于偏见一旦被许可，我们就会堕落。各级政府和联邦调查局（FBI）正试图进行某种形式的赔偿。它们正在调查谋杀案，并对半个多世纪前犯下的罪行进行定罪。但它们无法控制

冷观静思美利坚

文字表达和信息浏览。它们无权操控房地产经纪人和房主,而正是这个群体,决定了谁的安身之处在何方。

※

1956年,在亚拉巴马州蒙哥马利市,马丁·路德·金坐在餐桌前,感到恐怖威胁,疲惫不堪,他惊呼道:"我已经到了无法独自面对他们的地步了。"话音刚落,他的恐惧"突然开始消失",一个"内心的声音"立刻开始指引他。从19世纪末的布克·华盛顿(Booker T. Washington)[①]到20世纪中期的马丁·路德·金,我们可以发现各种哲学上的差异,但是,在美国黑人和他们的领袖之间,宗教——活的宗教——一直是或接近事物的核心。

美国黑人小说家理查德·赖特(Richard Wright)在密西西比州的杰克逊度过了他的青年时代,伴随他的是饥饿和恐惧。他开始相信,"只有当一个人努力从无意义的痛苦中寻找意义时,生活的意义才会显现"。这种信念虽然导致赖特放弃了宗教,但解释了其他人笃信宗教的动机。他的恐惧部分来自白人,并根植在他的脑海中,"仿佛我是上千次私刑的受害者"。但恐惧也来自他的祖母,她自己的恐惧已经在基督复临安息日教会(Seventh-day Adventist Church)找到了解决方式,可她本能地恐吓孩子,以保护他免受魔鬼的伤害——也就是说,保护孩子不因那些天性被白人假以为借口而实施虐待。

一天晚上,在杰克逊的肖尼(Shoney's)餐馆里,人们站在热水炖锅旁,把盘子装满了鸡蛋、炸鸡、培根、香肠、火腿、豆类、

---

① 美国黑人教育家。

第二章

蛋黄酱、奶酪、油炸面包丁和土豆，我听到身后一个黑人长者告诉他的年轻男伴"就像大卫的故事里讲的，这是上帝给我们定制的计划"。他讲述这个故事时，其他人可能会谈论他们的养老金或假期。过了一会儿，一个年轻的女服务员坐了下来，也加入了讨论。

无论是在南方的牧师，还是在经常听他们布道的人中间，神的计划在起作用的观念在美国是一个强有力的主题。你会从政客、名人和体育明星那里听到，你也会从街上的行人那里耳闻。即使你和他们一样相信有一个活着的上帝，并且假设这样的上帝一定有各种各样的计划，但你可能仍然会想他为什么要关心橄榄球比赛的结果；或者为什么他会在肖尼餐馆里为穷人提供过量的劣质食物，而在世界其他地方的数亿人却什么都没有。毋庸置疑的是，对于那些扭转了境遇的人，以及那些在逆境中挣扎的人来说，宗教举足轻重。你也不能质疑有这种信仰的美国人有时在他们的生活中取得的成就，或者他们在他人身上激发出的爱，他们树立的榜样，或者他们的宗教给予他们的难得的恩典。

恩典和宽容，有人会说，还有顺从。杰克逊有500名穆斯林，其中200名是非裔美国人。我遇到的那位女士十分优雅，她带着令人难以抗拒的热情微笑，欢迎我来到这个朴素的国际穆斯林文化博物馆（International Museum of Muslim Cultures）。她说，南方仍然是种族主义者的天下，尽管现在没有一个南方白人接受这种指责。她知道他们是种族主义者，因为当她伸出手时，他们会退缩：她每天从他们的眼神中可以感受到，他们的眼睛向下转动，她从他们的对话中捕捉到了种族主义的阴魂。她说，每个美国黑人都有这种感觉，而基督教教导他们接受这种感觉。她描述的或许是一百年前，美国黑人领袖W. E. B.杜波伊斯（W. E. B. du Bois）所说的

-53-

"双重意识"："总是以别人的眼光来审视自己，用世人的滑稽的蔑视和怜悯态度来衡量自己的灵魂的这种感觉。"

在博物馆里，那位女士认为基督教几乎是发生在非裔美国人身上最糟糕的事情：他们可以摆脱奴隶制，但要摆脱一个以白人形象呈现的上帝就比较难了。伊斯兰教对种族一视同仁（她反对黑人穆斯林领袖路易斯·法拉汗［Louis Farrakhan］，因为他对种族区别对待）：伊斯兰教把每个人都视作亚当和夏娃的儿女。她是一个浸礼会家庭七个孩子中的一个，在一个小小的棉花农场长大，农场是她父亲和他的朋友们用几个小地块拼建起来的。即便在她还是个小女孩的时候，她也无法接受基督教的白色救世主和雕刻的形象。她是在30年前搬到杰克逊时成为一名穆斯林的，大约也是在那个时候，她的儿子出生了。她把儿子和两个女儿从小就当作穆斯林抚养——她说，这并非易事，因为时尚的导向是"不露不美"，并且给孩子穿符合先知教导的衣服成本也要高得多。

她的祖父出生在路易斯安那州的一个奴隶家庭，这就是她对祖先的全部了解；此外，她还知道她父亲是一个非常洁净的人，出生时接受了彻底的洗礼仪式，包括呛鼻，她不禁认为，他的习惯一定是从一个穆斯林祖先那里继承的。

杰克逊之于第一浸礼会教堂的地位仿佛罗马：它的建筑耸立在城市的两个街区之上。为该市服务的教堂还有数百座。该市人口不足20万，其中三分之二是黑人，四分之一生活在贫困线以下。除了教堂，当地的广播和电视上还有无数的布道者。《方舟热》（*Ark Fever*）的作者鲍勃·克努克（Bob Cornuke）就是其中之一。鲍勃在广播中说，有一项议程告诉我们，《圣经》从历史角度来看并不真实，全国媒体为此而"发疯"。但是一个在月球上行走过的宇

第二章

航员告诉他:"鲍勃,你去找方舟吧。"他照做了,而且他认为他已经找到了。不是像一般人认为的那样在亚拉腊山(Mount Ararat)上,而是在伊朗(Iran)。一些科学家说那只是一块石头,但鲍勃非常确定,那东西是石化的木头,或者是《圣经》告诉我们的"歌斐木"(gopher);并且,正如鲍勃所言,当上帝告诉挪亚(Noah)使用"歌斐木"时,没有哪个科学家能说出上帝指的是什么木种。

从杰克逊往北两小时就是格林伍德(Greenwood),再往前走10分钟就是马内小村(Money)。1955年8月,14岁的埃米特·蒂尔(Emmett Till)坐火车从芝加哥来到该村。时值学校放假,他是来叔祖父摩西·赖特(Moses Wright)家度假的。几天后,白人们把他从他和堂兄弟们睡的床上拖下来,用枪柄击打他,打断了他的胳膊和腿,又用枪射穿了他的头部,最后把75磅重的轧花机风扇用铁丝网缠在埃米特脖子上,将其沉入塔拉哈奇河(Tallahatchie River)。其中一名男子是据称被埃米特吹的一声挑逗性口哨冒犯了尊严的女子的丈夫。

在谋杀案审判的证人席上,摩西·赖特指着其中一名被告说:"就是他。"但这并没有给全是白人的陪审团留下深刻印象——仅仅一个多小时,他们就宣告这名愤怒妇女的丈夫和他同父异母的兄弟被无罪释放。这些人知道他们不会再受审了。4个月后,他们在一次杂志采访中讲述了他们杀死埃米特·蒂尔的过程。

也许正是与这些罪行的起源相一致,审判地点格林伍德拥有美国最大的《圣经》装订业务。在一个百分之九十的家庭至少拥有一本《圣经》的国家,这是一个具有一定文化意义的事实。据估计,平均每个家庭拥有4本《圣经》,每年售出2500万本新《圣经》。你可以在互联网上瞬间阅读、对照和下载所有版本的《圣经》,这使得《圣经》拥有量更加惊人，并可能表明，就像对于早期的清教徒一样，《圣经》本身就有力量。

在2500万本新《圣经》中，旧版的《钦定版圣经》（King James Version）仍然占据相当大的比例，尽管现在买一本《圣经》有点像在星巴克（Starbucks）买一杯咖啡。有些《圣经》里有食谱；有些可以告诉你如何去除衣服上的污渍。人们也可以买《个人应许圣经》（Personal Promise Bible），用所爱之人的名字代替"你"或"您"：比如"泰德去哪里，我就去哪里"。父母也可购买光碟，把其中的《圣经》段落"定制为他们孩子的名字"：比如"凡信我的人，科林……"，等等。根据美国法律，所有的《圣经》都免除销售税——美国公民自由联盟（American Civil Liberties Union）认为，这一规定应该延伸至任何涉及生命意义的出版物。几年来，最畅销的是《新国际版》（New International Version），现在又发行了《今日新国际版》（Today's New International Version）。"怀着对上帝神圣话语的最大虔敬和我们被召唤去传播这个话语的信念"，这两个版本和许多其他版本都是由宗德万（Zondervan）出版的。宗德万这个名字来自20世纪30年代创立这家公司的荷兰福音路德教徒。现在它归鲁珀特·默多克（Rupert Murdoch）的新闻集团所有。

杰克逊似乎是个悲伤之地。在我入住的汽车旅馆里，情况更糟。它看似存在，占有一席之地，却几乎名存实亡。它比防水油布更能遮风挡雨，但防水油布能更有效地抵御夜晚的幽灵。大约9点钟，我冒着风雨往外走的时候，看到酒店经理正跟两个看起来像杀手的男士窃窃私语。我在水泥和碎石路面上跋涉——经过肖尼、大力水手（Popeye's）、塔可钟（Taco Bell）、华夫饼屋和温蒂快

第二章

餐——来到了一家汉堡店。穿过被雨水席卷的高速公路，在德士古（Texaco）酒类商店旁边，紧挨着壳牌的是一家叫霍默的烧烤店（Homer's Barbecue），可这家店已经关门了。这条路是一条六车道的公路，为了给路上的人提供休息处，这里有假日酒店（Holiday Inn）、戴斯酒店（Days Inn）、红屋顶酒店（Red Roof Inn）、优质酒店（Quality Inn）、汉普顿酒店（Hampton Inn）和贝斯特韦斯特（Best Western）酒店。

我走进汉堡店点了一份鸡肉色拉带走。我是唯一的顾客。色拉还配了一塑料盒色拉调味汁、塑料袋装的饼干、六块面包丁、两张餐巾纸和装在纸盒里的一套塑料刀叉。回到旅馆后，我吃了三口，便把所有的东西都倒进了垃圾桶，美国生活中贫困的一面闯入我的脑海。一定是汽车的原因。这些城市没有人，马路没有人行道，鸡肉没有味道，硬纸板和塑料包装没有尽头——都是汽车惹的祸。但如何解释大众如此惊人的胃口呢？

不是汽车旅馆或食物，而是那个地方。是南方。我到达的那天早上，这座城市呈现出九分死亡的景象。就像许多其他城市一样，曾几何时，这座城市采用了现代方式，除了属于办公室的那一分匆忙，整座城市几乎"万径人踪灭"。公路旁毫无疑问有一个购物中心，那里有生命存在，但只有开车才能前往。然而，文明依然存在。我在街上遇到三个人，他们对我说："先生，你好吗？"另一个人赶上我的时候也这么说。当威廉·特库姆塞·谢尔曼（William Tecumseh Sherman）对南方说他所求的就是他们的屈服时，他把他们的体面、他们的黑人、他们的土地以及所有的一切都留给了他们，在某些区域还留下一种凝固的感伤。在旧国会大厦附近，与南部邦联纪念碑（Confederate Monument）一同矗立的还有另一座纪

-57-

冷观静思美利坚

念碑,上面写着:

> 英雄创造和平,可歌可泣,
> 当远征结束,英雄魂归故里,
> 与神同栖,上帝塑造的士兵之心
> 狂跳着无私的激情,战胜邪恶错逆。

如果不是那么虚伪,那可能就是叛国。你希望谢尔曼回来,直接告诉他们是谁脱离了国家,挑起了这场血腥的战争。杰克逊是谢尔曼在内战中烧毁的城镇之一。他做得如此彻底,以至于有一段时间该镇被称为"烟囱镇"(Chimneyville)——烟囱是唯一屹立不倒的东西。

作为将军,谢尔曼可与恺撒(Julius Caesar)齐名。在其他时候,他被称为20世纪极权主义和全面战争(Total War)的先驱。不管人们如何评价他,当他在亚特兰大(Atlanta)击败南军并将这座城市付之一炬之时,他很可能挽救了联邦:很可能在亚特兰大取得的胜利使亚伯拉罕·林肯(Abraham Lincoln)免于选举失败。在马修·布雷迪(Matthew Brady)于1864年拍摄的照片中,以及当林肯于1865年去世后,这位将军的身体像灰狗一样憔悴而瘦削,硕大的脑袋似乎不太适合他。他有一对粗眉,猛禽般的眼睛盯着角落里的一些无助的、无足轻重的猎物,一张下垂的嘴巴,一扇被毁容的右脸颊,头发看起来像是用刺刀梳理过的。谢尔曼的脸上书写着暴力。与格兰特、潘兴(Pershing)、巴顿(Patton)或麦克阿瑟

第二章

（Macarthur）的面庞相比，谢尔曼的脸是美国军事面孔的充分写照。他或许是"惊恐与畏惧"的滥觞。

19世纪40年代，在佛罗里达州塞米诺尔战争（Seminole Wars）的最后阶段，他获得了军事上的动力，围捕了仅存的几个藏在人迹难及的吊床和沼泽地里的印第安家庭，杀死了其中被士兵们认为是祸患的勇士，给剩下的人带上镣铐，运往西部。内战结束后，在领导反对平原印第安人的运动中，他宣称将要强制推行"印第安问题的最终解决"。他说，"战争就是要击败"，好像那时还有什么疑问似的。

坚定的实用主义者正是谢尔曼性格中所蕴含的典型美国特征之一：他也是失败的冒险家和一贯的输家，最终领略了成功和名利；他是边疆硬汉，生活的博学者；他是解放者，是耶利米（Jeremiah）[①]，是伟大的将军。他还是心理学大师。他不仅用行动恐吓敌人，还用言语威胁他们。为了击败南部邦联，他宣布，他的意图是"直捣他们的最深处"；他做到了这一点，使得一代又一代的南方人因此而憎恨他，尽管他们和他一样认为黑人不配得到选举权，也不配得到文明社会所提供的一切。

他离开亚特兰大时，亚特兰大已成为一片废墟，浓烟在空中滚滚升起，死亡的黑幕笼罩着这座被摧毁的城市。他的士兵们在向海上进军的过程中毁坏了种植园和铁路，烧毁了邦联作战所依靠的庄稼。行进中，人们唱着"荣耀，荣耀，哈利路亚"，乐队演奏着爱国乐曲。40天后，谢尔曼率领6.5万名"意气风发"的联邦士兵进入佐治亚州（Georgia）的萨凡纳（Savannah）。他立刻写信给林肯

---

① 希伯来先知。

总统说:"请允许我将萨凡纳市以及150台重炮和大量弹药,还有大约2.5万捆棉花,作为圣诞礼物送给总统先生。"

谢尔曼领导了一支既征服他人又解放他人的军队。他写道,"那些黑人获得自由后简直乐疯了"。然而,从士兵的角度考虑,他担心解放的欢庆过后,这些黑人会跟随他,他还要"背负赡养这些无用之人"的重担,但他承认自己无法免受情绪泛滥的影响:"每当他们听到我的名字时,就会聚集在我的马周围,以他们特有的方式大声欢呼和祈祷,这种真情的自然流露,即便是石头也会为之动容。"但是谢尔曼比大多数男人更像块石头,他没有多少时间关心黑人,关心他们的解放。即使他们的感激之情确令他感动,也不会延缓或干扰他的目标。

谢尔曼将军说:"战争是残酷的,你无法美化它。但分裂的国家不可能拥有和平。"基于这一坚定不移的信念和50万士兵的生命,合众国得以重建。同样基于此,南方也得以重新自建,像一颗肿瘤。谢尔曼不想接纳黑人,而南方人愿意接纳,因为他们需要这种廉价的劳动力,以及一类人在使另一类人卑躬屈膝、低人一等时所获得的快感。

1870年,宪法第十五修正案保证,投票权不会"由于种族、肤色或以前的奴役状况而被剥夺或缩减",但"黑人重建"(Black Reconstruction)的时代只持续了不到十年。谢尔曼要求南方各州服从美国的法律,南方各州愠怒地应允了,然后他们自己也起草了一些法律。南方出现了一种种族隔离、歧视和剥削的制度,其恶毒程度和羞辱性丝毫不亚于奴隶制。白人再也不能拥有和出售黑人男女了,但他们仍然保留着对黑人随心所欲的许可。南北战争把美国黑人从奴隶制度中解放出来,却又演变出了一种制度化的恐怖主义

第二章

和虐待形式，该形式被称为《吉姆·克劳法》（Jim Crow）。直到20世纪60年代，才有了下一次拯救。

~~~~~

离开伯明翰时，车站服务员通知我，他们已经卸载了卧铺车厢，所以那些预订了卧铺的人不得不像其他人一样坐硬座。他看上去闷闷不乐，但不是以接受过服务业培训的人的方式。这是来自内心的忧郁。他深感歉意。这可能是因为美铁的员工很文明，因为他们的顾客往往来自与他们相同的社会阶层。当每列火车晚点，全部车辆抛锚，大多数车站都很原始，政客和媒体总是不厌其烦地说贵公司影响了经济格局，应该停业。每每此时，礼貌或许是上策，也是防止过分焦虑的最好办法。应该有人告知他们，虽然美铁列车或许无法准时将你送达目的地，但你并非总是希望如此。

我在报纸上看到阿德里安·罗杰斯博士（Dr Adrian Rogers）在孟菲斯（Memphis）去世，他是国际福音传教士、"值得的爱"（Love Worth Finding）组织的创始人和贝尔维尤浸礼会（Bellevue Baptist Church）的名誉牧师；或者，正如罗杰斯博士在一封临终募捐信中所说的："上帝召唤我与他的荣耀同在，现在我与我们亲爱的主耶稣同在。"加尔文主义者（Calvinist）可能会认为这是一个离谱的假设，但罗杰斯博士并不支持加尔文主义，就像他并不支持同性恋、堕胎或巴勒斯坦人（Palestinian）的权利一样。他相信《圣经》无误，基督徒有责任参与政治、死刑和入侵伊拉克。"爱家协会"（Focus on the Family）的詹姆斯·多布森（James Dobson）对他说："当我和你在一起时，我觉得离主更近了。"正是由于罗杰斯博士领导原教旨主义者接管了南方浸礼会，才导致了前总统吉米·卡特（Jimmy Carter）离开南方浸礼会。虽然传统的加尔文派教堂正在消失，但罗杰斯博士的教堂却拥有1630万成员。

我们到达亚特兰大的时间比原计划晚了几乎一个半小时。亚特兰大是南部现代化的一颗明珠；这是一座不断扩张的城市，拥有500万人口，其中一半以上是非裔美国人。20号和75号国道在亚特兰大中心交会。它的机场是一个国际枢纽。市中心生机勃勃。而美铁车站却只有两部公用电话、两台百事可乐售卖机，停车场仅可停放十几辆汽车，且没有出租车停靠处。

马丁·路德·金出生在亚特兰大，并且葬在那里，就在金中心（King Center）旁边。你从超级现代化的亚特兰大中央商务区向前走，沿着奥本大街（Auburn Avenue）穿过"甜蜜的奥本"高速公路，这里曾经是"世界上最富有的黑人街道"。还有一个小博物馆，里面收藏着美国黑人的各种发明（包括高尔夫球座）和黑人商业企业的纪念品。但亚特兰大相当多的黑人中产阶级已经不再居住于此。在去金中心的路上，你会经过废弃的、破旧的商铺，用木板围封起来的商店和一群群茫然、无精打采的年轻人。在埃比尼泽浸礼会教堂（Ebenezer Baptist Church）所在的街对面，有几家巫毒商店在营业。埃比尼泽浸礼会是马丁·路德·金和他父亲布道及举行葬礼的地方。

一个盲人接待员对我们到访埃比尼泽教堂匆匆地表示了欢迎。他的狗在前排长凳下面睡觉。小讲坛旁传来了1965年马丁·路德·金在亚拉巴马州塞尔玛（Selma）演讲的录音，讲坛后面有一架管风琴和唱诗班的座位。1974年，金的母亲在用此管风琴演奏《主祷文》（Lord's Prayer）时被枪杀。教堂很朴素：白色的墙壁和天花板，红色的地毯和长椅坐垫，一扇彩色玻璃窗上画着耶稣在客

— *62* —

第二章

西马尼园（Jesus in the Garden of Gethsemane），窗下是一个白色、装饰古朴华美的十字架。我在小狗旁边坐了下来，聆听着金的演讲。

1968年，在马丁·路德·金的葬礼上，800人设法挤进了这座教堂，6万人在奥本大街上等候。从这里出发，美国黑人领袖们与著名的白人自由主义者挽起手来，跟在由骡子拉着的灵车后面，走向墓地。马龙·白兰度（Marlon Brando）①、哈里·贝拉方特（Harry Belafonte）、副总统休伯特·汉弗莱（Hubert Humphrey）同爱德华（Edward）、埃塞尔（Ethel）和杰奎琳·肯尼迪（Jackie Kennedy）都出席了葬礼。现在教堂里空寂无人，只有金的声音令人震撼，就像狼的嚎叫一样，它能在人体内激发出某种力量。然后一家英国黑人游客走了进来，他们一边走下过道，一边用伦敦口音交谈着从讲坛前穿过，而后从另一个过道离开，这一切都发生在一分钟的时间内。

金的语录刻在教堂地下室——"终于自由了，终于自由了。感谢万能的上帝，我终于自由了"——但在金中心并没有解放的感觉。在人们以为会有一车又一车的黑人朝圣者的地方，只有几个日本人和一个英国家庭。关于民权运动如何将南方从《吉姆·克劳法》和种族隔离中拯救出来的故事一目了然，却无人问津。除了工作人员，大楼里没有一个非裔美国人。纪念品商店的电视屏幕上播放着金于1968年4月3日在孟菲斯发表的演讲。当时，民权运动已经支离破碎。当马丁·路德·金的非暴力补救措施失势时，黑人权力正在上升。他已宣布反对越南战争。他提议扩展改革阵线，开

---

① 著名美国影星。他在《教父》中饰演了一个不朽的角色。

展一场为美国所有穷人服务的运动。这就是他来孟菲斯的原因：为了支持该市的环卫工人，这是他在1966年下半年发起的穷人运动（Poor People's Campaign）的一部分。他自知凶多吉少，但他不在乎。他只是想按照神的旨意去做，神指引他登上山顶，俯瞰应许之地（Promised Land）。他说，我可能不会与你们一同到达了，但共同作为上帝的子民，我们终会到达那里。他很欣慰，"不惧怕任何人"。他的眼睛看到了那片壮丽。

第二天晚上，在阴冷的洛林汽车旅馆（Lorraine Motel）的一个房间里，马丁·路德·金为在孟菲斯神庙的演讲做着准备。他用魔术剃须粉（Magic Shave Powder）刮了脸。当他的朋友拉尔夫·阿伯内西（Ralph Abernathy）牧师去给他拿古龙水时，金走到阳台上。就在此时，躲在附近一间公寓里的詹姆斯·厄尔·雷（James Earl Ray）朝他开了枪，子弹从他的右脸射穿。

这是一个没有暴力犯罪史的人的全部杰作，当然，这不是一个能让所有人满意的事实——当时如此，现在也如此。众所周知，联邦调查局局长J.埃德加·胡佛（J. Edgar Hoover）厌恶马丁·路德·金，认为他即便不是共产主义者，也是其支持者——想在南方挑起事端。从国家最高级别的官员到最卑微的白人窝囊废，都有人有理由想要除掉他。美国各地爆发了骚乱。46人死亡；3.5万人受伤；2万人被监禁。5.5万名军人驻扎在全国110个城市。

金中心外门可罗雀：在绿色的公园、红色的砖瓦和大理石中间，无动于衷。据报道，马丁·路德·金的家人正在争论是否将中心移交给国家公园管理局（National Parks Service）；将他每况愈下的报纸以2000万美元的价格卖给私人收藏家；决定将由哪个儿

第二章

子接手管理中心的肥差。据《亚特兰大宪法报》报道，修缮所需资金为1100万美元，而自2005年以来，已向金的儿子德克斯特·金（Dexter King）拥有的一家公司支付了420万美元，他目前掌控着董事会。文章说，德克斯特去格雷斯兰（Graceland）是为了学习如何将父亲的遗产变现。记者伦纳德·皮茨（Leonard Pitts）写道，他为采访金的遗孀科蕾塔（Coretta）花费了5000美元。金的家族持有金的形象和声音权。他们起诉《今日美国》（*USA Today*）刊登了林肯纪念堂（Lincoln Memorial）演讲的文本，并要求支付在华盛顿修建纪念碑的费用。2006年，当科蕾塔·金去世时，上至总统，下至美国公民，都向这位有尊严、有勇气和有原则的女性致敬，同时，这条消息也发布在了金中心的网站上："为了最珍贵的记忆，请在线捐赠。"

这听起来像是最无耻的唯利是图，但他们并非第一批利用父亲或更遥远祖先的名望或成功的人。"唯利是图"只是种说法而已，你也可称之为"企业家精神"。

从某种程度上说，美国黑人能够从贫困和"贫民窟"中崛起，这样做并非总是百利而无一害：这是令人钦佩、公正且必要的，但也会造成裂痕。搬到更好的郊区、提高工资水平并不能证明没有偏见，成功之路仍道阻且长。与此如出一辙，美国黑人领袖享受着高薪待遇、舒适的生活方式并保持与政治和企业权势的联系，这不仅让他们远离大多数美国黑人的现实生活，也让他们将民权运动的前辈抛诸脑后。瑟古德·马歇尔（Thurgood Marshall）[①]从不知晓这样的至尊至贵。马丁·路德·金也从未梦想过这些奢华。虽然这些

[①] 首位担任美国最高法院大法官的非裔美国人。

冷观静思美利坚

继任者无可指责，因为他们确实谙熟此类佟靡，也确实梦寐以求拥有它们，但他们永远不会有前辈的变革之力。

※

杰夫支持达拉斯牛仔队（Dallas Cowboys）。

"你来自弗吉尼亚（Virginia），为什么要为达拉斯牛仔队加油？"我问他。

他用一种深沉而激动的语调说道："我理解你的疑问，先生，毕竟这里绝大多数人都是华盛顿红人队（Redskins）的支持者。我支持达拉斯牛仔队，因为他们是美国之队。他们一直被视为典型的美国球队"。

我问他为什么这样说。

"问得好，先生，"他答道，"这是因为他们一贯的打球方式。他们的傲慢。他们参加过七次超级碗，赢了四次。此纪录无人能敌。我的室友支持红人队，我们总是为此争吵，但我总是说没有比它更厉害的球队了。没有了，先生。"

杰夫体重不可能少于30英石（约190公斤）。这时候，一辆车经过，车窗上挂着两条横幅，他说："先生，篮球赛季开始了。"

他不支持篮球队。他喜欢的运动是职业橄榄球和纳斯卡赛车（Nascar）。关于橄榄球他支持达拉斯队，赛车他支持2001年去世的车手老戴尔·恩哈特（Dale Earnhardt Senior）。

"为什么是老戴尔·恩哈特？"我问。

其实，杰夫也支持老恩哈特的儿子小戴尔·恩哈特，但没那么热情。总的来说，他现在支持雪佛兰（Chevrolet）车队。

"是这样吗？"我问道。

- 66 -

第二章

他说:"是的,先生。老戴尔·恩哈特是最伟大的纳斯卡车手。"

"那是什么成就了他的伟大呢?"

"他的傲慢。他宁愿把你逼出赛道,也不愿意从你身边驶过。"

"他不太善良,是吗?"我问他。

"是的,先生。他不太善良,但很温和。他很温和,先生。"

我问他是否开雪佛兰。

"是的,先生,他开雪佛兰。"

好像我不知道似的。

那天晚上在亚特兰大,火车晚了3个小时,这在整个宏伟计划中只是一件不足挂齿之事。美铁和所有乘坐其旅行的人与美国其他地方的人们并不生活在同一维度:时间是存在的,但其运行方式异于其他地方。有一个小时的时间,我在小车站边等边收看休斯敦太空人队(Houston Astros)和芝加哥小熊队(Chicago Cubs)的比赛。墙上的时代海报把我们从自己的世界中拉出来,进入一个阳光灿烂、火车飞驰的世外桃源,在那里,见多识广的人们在欢声笑语中去赶火车。"魔法",他们说。那里没有储物柜,所以我拖着行李来到了边界书店(the Borders)。边界书店有无线网络和一个菜品丰富的咖啡馆。美铁所到之处,鲜有无线网络,有咖啡馆的地方也寥寥无几。

"新月号"(Crescent)[①]在晚上11点18分到达,这意味着餐车

[①] 该列车运行于纽约和新奥尔良之间。

停止服务了，但小吃店还在营业。我尝试了百吉饼。美铁百吉饼是用真空包装的。整道菜在微波炉里加热，和奶油芝士一起放在一种塑料的馄饨形状的东西里。加热会把百吉饼变成橡胶，把奶油芝士变成酸牛奶。他们把这些放在一个纸盒里，还配有一把塑料刀和餐巾纸。吃完之后，你必须安静地坐上一小时，就像一只吞下了鲑鱼的鸬鹚，让它在你体内溶解。我躺在铺位上，在黑暗中摇晃着，当新月号缓缓驶向弗吉尼亚时——我想象着穿过了茂密的森林。

夏洛茨维尔（Charlottesville）的出租车司机开着他那辆老旧的黑色福特银河（Ford Galaxy）从车站送我去戴斯酒店，他用一种睿智而令人信服的男中音开口了。他叫迈克尔，倾向于共和党，他承认这在美国黑人中并不常见。两党中没有人对他有多大的吸引力，但他认为比尔·弗里斯特（Bill Frist）给他留下了最深刻的印象。至于希拉里·克林顿（Hillary Clinton），只有当她"开始坚持自己的理念"，而非信手拈来他人观点时，他才会对她有信心。

他说，美国总统需要强大。"总统必须相信美国，并愿意不惜一切代价保卫这个国家。"这就是为什么布什是对的。"有人不断闯入你的家，迟早你都要收拾他们。"

但破门而入的并不是伊拉克，我说。也许布什应该打击沙特。

他说"沙特的事情太政治化了"。

我问他第二天是否能载我去蒙蒂塞洛（Monticello）——每个学习美国历史和帕拉第奥式（Palladian）建筑的学生都知道，那里是托马斯·杰斐逊（Thomas Jefferson）的家乡。

回到夏洛茨维尔的戴斯旅馆，电视正播放马特·奥斯汀（Matt Austin）致谢一整年都在"守护"他的上帝。"他一直在保护着

第二章

我。所以这一切应归功于他。"马特来自得克萨斯州。他戴着一副厚厚的无框眼镜，如果把那顶白色的得州大帽子摘下来，他看上去就像置身于20世纪20年代的柏林酒吧里一样。他在俄克拉何马城（Oklahoma City）刚参加完斗牛比赛，所以灰头土脸，气喘吁吁。那些公牛个头很大，是专门驯养的，它们能像魔鬼一样猛跳，任何骑在它们背上的人不过像布偶而已，根本无法与之对抗。大多数骑手能坚持三到四秒，但马特一直坚持到比赛铃响，大获全胜。马特在"世界排名"中名列前茅，有望在即将到来的"世界锦标赛"中获胜。今晚，他击败了霍迪·克劳德（Howdy Cloud）和泰特·斯特拉顿（Tate Stratton）等人；当然还有公牛：公牛的名字五花八门，比如天定命运和斑疹伤寒（Typhus）。险些命丧牛蹄——应该是名叫"胡刺"（Whisker Burn）的那头——之后，泰特在斗牛场上跪了下来，抬头望着黑暗的天空，在胸前画了个十字。

弗吉尼亚大学学生们散步的那条街上有一家星巴克，此时，里面正在演奏小号曲《秋叶》（*Autumn Leaves*）①。星巴克的创始人将《白鲸》（*Moby Dick*）中"裴廓德号"（Pequod）上大副的名字与他们所谓的"意大利咖啡馆的浪漫"相结合，创造出了一个巨大的美国变种。第一次进入星巴克，不要被各式各样的星冰乐（Frappucino）和大杯摩卡、拿铁吓倒，甚至也不要被四倍大杯的美式咖啡震慑。记住，这家公司宣布每季度利润超过20亿美元，所以，他们知道自己在做什么。至少，如果你能及时告诉他们不要在

---

① 爵士乐的标准曲目，20世纪40年代由法国流入美国，已成为传世之作。

纸杯里打过多的泡沫，它的基础咖啡还真的不错。用一根冰激凌棒当勺子吃满杯的泡沫要花很长时间，然后你还要把杯子扔掉。他们真该使用可食用的杯和棒。

但你可以在星巴克坐着，想坐多久就坐多久，查看电子邮件、上网、准备资产负债表或幻灯片。你可以把《白鲸》从头到尾通读一遍，也没有服务员会来打扰你，因为根本就没有服务员。他们真正拥有的是一种气氛，虽然不像意大利咖啡馆的味道，也不像捕鲸船的气息，但它仍然是该公司拥有的"最强大的非语言信号"。这就是星巴克首席执行官的说法。既然利润如此丰厚，谁会与他争辩呢？在美国，我对星巴克上瘾了，到处寻找这个标志。我成了星巴克的忠实顾客。

蒙蒂塞洛的导游告诉我们，杰斐逊协会认为托马斯和他的黑人女仆萨莉·海明斯（Sally Hemmings）关系亲密，萨莉的孩子是她和托马斯生的。然而，当有人建议把一条路命名为萨莉·海明斯大道时，杰斐逊的后代对此成功阻止。而海明斯的后代则赞成该提议。

旅行团里有个男人，壮年时一定有7英尺高；他身材瘦削，蓄着一撮上翘的灰色小胡子，看上去活像彼得大帝（Peter the Great）。虽然他年纪大了，背也驼了，但他的拐杖比他妻子还高。他对杰斐逊极为了解，如数家珍：导游用他那圆滑的南方方式提问，高个子男人一一作答。他知道黑人居住区有36平方英里；借助复写器，杰斐逊给后人留下了1.9万封信；他死于1826年7月4日，恰好是美国独立50年后，比他的朋友约翰·亚当斯（John Adams）早了4个小时。他能在我们还没来得及眨眼之际，就让这些陈年往事在他的大脑里复苏。他知道，杰斐逊相信，教会和国家

第二章

之间应筑一道"分离之墙";种族的"融合"是对人性的侮辱,然而他却有一个黑人情妇;他反对奴隶制,却仍保有奴隶。第四任总统、"宪法之父"詹姆斯·麦迪逊(James Madison)也是如此,他住在离杰斐逊40英里远的地方。麦迪逊有上百个情妇。

这是一个金色的日子。金色的叶子厚厚地铺落在杰斐逊的坟墓上。蒙蒂塞洛绚丽夺目。不难理解为什么杰斐逊喜欢它,为什么所有弗吉尼亚人都喜欢它,为什么麦迪逊说他活得像"从天堂跳下来的松鼠"。同样,也不难想象为什么杰斐逊会写出人人生而平等,即使当他从蒙蒂塞洛的书房向外望去,看到那些在田野里劳作的人是他的奴隶;或者他可以写"当一系列滥用职权和强取豪夺……将他们置于绝对专制统治之下,他们有权利,他们有责任,推翻这样的政府……"他毫不畏惧地把他的《独立宣言》(Declaration of Independence)变成奴隶起义的宣言。这是一个源自万物美丽与和谐的合理推论,正如"自然及自然之神的定律"所愿。这是不言而喻的。

在回来的路上,迈克尔说他对杰斐逊怀有一种"复杂的情感"。我问他是否认为美国黑人问题取得了进展。

"非常缓慢。"他说。他认为问题出在心理上。马丁·路德·金是一个伟大的人,但认识到这一点所需要的时间比金那一代人想象的要长。就像黑奴解放后的那些年:每个人都认为事情会马上好转,但在某些方面,《吉姆·克劳法》比奴隶制更糟糕。这与废除种族隔离是一样的:它使一些事情变得更加困难重重,造成了心理问题。他说,我们仍在努力废除种族隔离。他认为这尚需要几代人的时间。迈克尔认为,太多的美国黑人具有自卑情结。太多的人把一切都归咎于美国白人。他们只看到了自己的劣势。

冷观静思美利坚

"他们在学校表现不佳,也从不认为自己能在生活中做得更好。"年轻的黑人男性太过骄傲,太过自负。这会使他们在年轻的时候受伤,且难以愈合。迈克尔说,"百分之九十一的百万富翁都是白手起家的。我告诉他们,必须牢记这一点。他们必须认识到,要想成功,必须自信。他们自己才是阻碍他们前进的元凶。上帝把每个人安排在这里都是有目的的,每个人都要实现自己的目标"。

连接夏洛茨维尔和里士满(Richmond)的公共汽车,以及美国铁路公司的到帕尔梅托的新月号,在火车进站之前不能离开,而火车晚点了5个小时。到里士满又花了一小时,总共在路上花了6个小时。李将军骑着他那匹灰马都可能更早就到达了。我和一个金发女人同路去佛罗里达,她穿着一件T恤衫,上面写着没有人会嘲笑她那一代人或她的上帝。

李将军的马会直接把他送到他的营房;而我,又在里士满的美铁车站等了一个半小时的出租车。一同等候的还有一位女士,她在华盛顿工作,但从那里开出的火车被取消了;她居住在弗雷德里克斯堡(Fredericksburg),但她搭乘的那趟车在弗雷德里克斯堡不停。直到早晨才能有回弗雷德里克斯堡的火车。她在新奥尔良出生长大,她说在她加入海军并被派往缅因州(Maine)之前,从未意识到自己的肤色。她服役十年,大部分时间在关岛(Guam);"9·11"之后,这段经历为她在新成立的国土安全部(Department of Homeland Security)谋得了一份工作。在这个超级大国的中心地带,国土安全部的一名员工相信"问责制和通过团队合作实现效

第二章

率、效力和运营协同",但却不得不在火车站的长椅上睡上一晚,这看起来的确很奇怪。

我了解到,现在几乎没有乘客下了火车会走进联合车站,再从车站走到主街上的旅馆。一个人的到来不再像老电影里那样引人注目或充满意义。即便旧的联合车站今天还在使用,在大多数情况下,城市的中心肯定已经搬离它了。但它不至于像公路上成群的连锁汽车旅馆和快餐店那么远,或甚至在同一方向上,这些连锁店一般聚集在美国每个城市和重要城镇的边缘。它们是20世纪末的联合车站,但火车不在那里运行。乘火车旅行的人不在那里订旅馆。但我是例外。这家假日酒店被称为十字路口假日酒店——在当时的情况下,这是一个合理的名字。

当我早上打开窗帘时,我看到了两条六车道干道的交叉口。这是一个舒适、设备齐全、实用的地方,假日旅馆一般都是这个样子。在这样的地方,只要你不喝咖啡,你就可以很快乐。还有餐厅,如果你不在此用餐的话,你也会很快乐。或许不够快乐,但不会不快乐。或者如果不快乐,至少不会感到威胁。一个好的汽车旅馆会为旅途中的灵魂创造一种安宁。离开时不能像到达时那样糟糕:这是最低要求。

现在是10月,前厅里摆着南瓜。每年的这个时候到处都摆放着南瓜。美国人把南瓜放在他们房子的门廊上,如果他们没有门廊,就放在花园里或窗户上。许多人在南瓜里点灯,当美铁列车在夜间驶过或停靠某地时,旅客们可以看到南瓜灯在闪烁。令人惊讶的是,很少有人家不遵守这一风俗。万圣节前夜(Halloween)是美国社交生活中具有重要象征意义的仪式。这些南瓜看起来大小、颜色和品种都一样(都很大):橙色的,高度比

冷观静思美利坚

直径还大。

另一个习俗是农民允许人们从他们的菜地里采摘南瓜。所以，就像每个门廊上都有南瓜一样，在公路和铁路沿线，你也会看到大量的南瓜。前一年发生了一件丑闻，当时有媒体披露，在一些菜地里，南瓜并非是其赖以生存的藤蔓的自然产物。一些愤世嫉俗的农民开始把别处种植的南瓜挪到这里瞒天过海。说实话，当我第一次在半英亩的土地上看到大约500个南瓜时，我也满腹狐疑，月光下，它们均匀地栖身瓜田。

在高速公路另一侧的购物中心，到处都是南瓜，所有的孩子都打扮成女巫或巫师之类的角色，从一家商店跑到另一家寻找免费糖果。最后他们得到的糖果太多了，只好让父母帮他们拿着长柄扫帚[①]，使得父母无法用摄像机拍下孩子们兴奋的瞬间。尽管如此，场面还是相当愉快的，并且对经济发展有好处。现在才上午11点，但已经有几户人家悄悄来到柜台边，柜台上方有个条幅，上面写着："糖果不到手，小鸡塞烟囱！"

那天晚上，福克斯电视台的人似乎对特别检察官帕特里克·菲茨杰拉德（Patrick Fitzgerald）关于刘易斯·"滑板车"利比/瓦莱丽·普莱姆案的判决感到有点慌乱，但布什总统新提名的最高法院大法官塞缪尔·阿利托（Samuel Alito）则是爆出的一个更大猛料。然而，杰克·阿布拉莫夫（Jack Abramoff）拉拢腐蚀印第安人游说事件正在慢慢进入人们的视线，其影响可能会超过上述两个事件。参议员爱德华·肯尼迪（Edward Kennedy）站出来对阿利托的任命提出质疑，他看上去前所未有地像人畜无

[①] 传说中女巫用以飞行的工具。

第二章

害的森林生灵。在《纽约时报》(*The New York Times*)上，戴维·布鲁克斯（David Brooks）指责民主党人对布什最近的失败过于幸灾乐祸，这似乎有些不公平，鉴于不久前来自白宫——以及一艘航空母舰和一个高尔夫球场——的幸灾乐祸。福克斯新闻，连同默多克报业集团的新闻出版界朋友们，像往常一样，以自由和道德明确的名义狂热而声情并茂地怒斥，尽管后者在巴格达局势愈发复杂的情况下似乎已有偃旗息鼓的苗头。但保守派阵营的车轮似乎确实在摇晃。总统保持着微笑——但很多被逼入绝境的人也会如此——和他的神气。赫尔曼·布洛赫（Hermann Broch）曾这样评价他笔下的一个角色："任何一个有着严肃目的的人都不可能如此神气活现。"

撇开政治不谈，那天晚上的电视节目里，美国人看到的只有美国。我们知道，美国也是人口大国，形形色色，林林总总，但电视是伟大的厨房搅拌机。它制作的大多是无价值的节目，然而更重要的是，这些无聊的电视节目不可能帮助人们形成对世界其他地区的看法，哪怕该看法多有不实。那就是美国，与之比肩而立的地方是天堂和地狱。

托马斯·杰斐逊在1781年写道："理性和探寻的自由是对抗错误的唯一有效手段。它们是错误的天敌，仅仅是错误的天敌。"如果你细细品味，它已经具有了广告雏形的抑扬顿挫。但是杰斐逊对这些东西一窍不通，对品牌忠诚度、故事编造也一无所知。他的话被刻在了弗吉尼亚州立图书馆（Virginia State Library）的墙上，这座图书馆矗立在南部邦联旧首府的新古典主义建筑群之中。对于任何一个中等国家来说，国会大厦都是一个非常令人尊敬的政府所在地。在四年内战期间，它是杰斐逊·戴维斯（Jefferson Davis）

总统执政的所在地。内战中,南部邦联各州付出了25万人的生命,如今,国会大厦是弗吉尼亚州政府所在地。那里有罗伯特·李骑在马上的雕像——旅行者——一尊完美的雕像。没有人比美国人更擅长骑士雕塑:这可以理解,因为马对于美国功不可没。

简单地说,作为一个整体,里士满可谓悦目,但并非赏心,可以说它代表着一个错误。也许因为今天是星期六,街道上几乎空无一人——抑或是因为一个人可以拥有太多的新古典主义,太多的圆柱和穹顶、旗帜,甚至骑士雕像,但这座城市看起来像一座非理性博物馆,一座虚无的庙宇。它有点像肿胀的死尸。南部邦联博物馆,这座南部邦联之白宫,是一座埋葬了1.8万名南军的金字塔:所有这一切透着过于浓厚的南部邦联气息。

托克维尔看到了原因,他写道:"由奴隶制产生的过度不平等和从独立顺理成章发展而来的完全平等之间,没有一个走折中路线的政府能够持久。"南军对此不明所以。他们认为奴隶制可以永远存在下去。里士满介于中间。南部邦联的旗帜仍然飘扬在那里:这是一个生命的标志,它将这座城市与其他奴隶城邦的废墟——古希腊和罗马区分开来。

跨过旧城的边界,从詹姆斯河(James River)向外望去,景色壮丽。但再往远走一点,你就会发现自己面对的是巨大的高速公路,它穿过里士满市中心,切断了其与河的联系。在这一点上,它与许多美国城市无异,道路像寄生虫一样贴着大河和铁路修建而成。你可以哀叹它们的低俗,但当你站在一座桥上俯视雄伟、轰鸣的美国大道时,你仍然会体会到变幻莫测、令人心潮澎湃的快感。继续向前走,你会发现自己置身于贫穷的黑人之中——本能首先占据了你的脑海,一会儿之后,你的双腿就会感到逃跑的必要,在那

第二章

些年轻人阴沉的脸转向你之前消失。

在里士满的美铁车站，当我在等待南去萨凡纳的火车时，美国有线电视新闻网（Cable News Network, CNN）宣布，六名美国士兵前一天在伊拉克阵亡。10月共有90人阵亡。新闻网继续报道另一则新闻。候车室里的人们接着看报纸、杂志，有的人继续打电话。他们的脑海里是否默默暂存了某种情感？在那一刻，他们是否想过悼念仪式后来会宣布什么——这些人是为了捍卫自己的自由和家人的安全而牺牲的？为了保护他们吗？他们会认为这是为民主而牺牲吗？他们会感这些死去士兵所感吗？总统和副总统或许会在下一次鼓舞军队时声称，他们感觉到与这些死去的士兵唇齿相依？

有线电视新闻网继续为罗莎·帕克斯举行追悼会，她的遗体被安葬在华盛顿特区。40 000人来到国会大厦圆形大厅（Capitol Rotunda）瞻仰她。2500人涌入非洲卫理公会主教教堂（African Methodist Episcopal Church）参加追悼会，还有更多的人加入教堂外的颂唱。之后，她的遗体被空运到底特律，在天恩大教堂（Greater Grace Temple），艾瑞莎·富兰克林（Aretha Franklin）在为4000人演唱。葬礼将持续8个小时。

就隆重程度而言，它与戴安娜王妃的葬礼相差无几，正如戴安娜王妃的葬礼赋予她所生活的特殊世界非同寻常的意义，罗莎的葬礼代言了美国的灵魂。克林顿夫妇和年轻的黑人"总统热门人选"巴拉克·奥巴马（Barack Obama）都发表了讲话。每个演讲者都赞美了她的优雅、谦逊和勇气。但这也是一场非常政治化的葬礼，是为美国黑人而战的召唤。杰西·杰克逊（Jesse Jackson）牧

冷观静思美利坚

师称，布什总统提名一位"极端右翼法官"塞缪尔·阿利托担任最高法院大法官，而就在同一天，他还声称要向罗莎·帕克斯表示敬意，着实"虚伪"。帕克斯曾为其工作了很多年的国会议员约翰·科尼尔斯（John Conyers）告诉集会者，美国正处于一场"帝国命运"和"民主命运"之间的竞赛。他说罗莎教会他，"你无法在实行民主制度的同时却身为帝国"。

列车晚点一小时，在北卡罗来纳州（North Carolina）的树林里飞奔而过：朦胧的绿金树林，微风吹拂，树影婆娑。约翰·康斯特布尔（John Constable）说，自然界的影子从不静止。在我父亲为数不多的几本书中，有一本叫《林中的尼克》（Nick in the Woods），作者是罗伯特·蒙哥马利·伯德（Robert Montgomery Bird）。我记得，尼克在树林里捕猎印第安人和野生动物。而有时他也会遭到追捕。这是人类与野蛮或兽欲的对抗，与阴影的博弈。

基奥瓦（Kiowa）[①]诗人、艺术家N. 斯科特·莫马迪（N. Scott Momaday）写道："他们立刻就认出了他们在新大陆荒野中的《旧约》敌人。恶魔阴魂不散，脸上涂得乱七八糟，躲在树后偷窥，鬼鬼祟祟，在易碎的树叶上无声无息地走着。"这种对印第安人的看法是屠杀印第安人、无偿征用他们的土地、剥夺他们的自然和合法权利的道德基础。1637年英国殖民者消灭了佩科特人之后，科顿·马瑟（Cotton Mather）牧师说："今天我们把600个异教徒的灵魂送进了地狱。"

美国的森林美得无法用语言形容，它们也是想象的战场。恐惧、诱惑和"原罪的有益教义"（用莫马迪的话来说）跟踪着那些

[①] 美国俄克拉何马州的印第安部落。

第二章

遵循这种教义的人；所以带枪是明智的，或者至少带一把长刃猎刀和一本《圣经》。

树林尽头不是棕色的棉花田，就是一小片不知为何聚集起来的房屋：简单的、没有围墙的平房，四周都是修剪过的草坪，有时是一丛灌木，但没有蔬菜或花朵。夕阳洒在沼泽地、棉花田和拖车场上。农民的房子有两层，白色外观，比例精巧，阳台俯瞰着修剪整齐的草坪。美国的乡村住宅颇具美感：它们并不依偎在自然中，而是果断地与自然分离，或许也是为了看清靠近的敌人。每一处悬挂着旗帜的住宅——无论是南部邦联旗、州旗还是星条旗，都是一份爱国宣言、一个微型白宫，美国之化身。

火车在南卡罗来纳州的金斯特里（Kingstree）停了下来。它穿过整个城镇，汽车整齐地停在十字路口两侧。乘务员从他那黄色的小踏板走下来，六七个新乘客就用这种维多利亚时代的古怪方式上了车。一个破旧的小型二手车店门前挂着一块很大的牌子，做工粗糙，仿佛是某个市民一觉醒来时的突发奇想：相信耶稣。

与亚特兰大、杰克逊及南卡罗来纳州的哥伦比亚（Columbia）不同，谢尔曼在1864年占领萨凡纳时并没有烧毁它。因此，今天的萨凡纳与他在回忆录中描述的非常相似。树木的今昔并无二致。在占领前的一两年，谢尔曼曾入内观赏过位于优雅的广场上的一些摄政时期的住宅，他说这些住宅"虽然很舒适"，但"无法在第五大道或奥斯曼大道（Boulevard Haussmann）上炫耀"。但那些"壮观的常青橡树上……覆盖着灰色而阴郁的苔藓"，令他感到"崇高"。树木和青苔生长于此，依旧庄严肃穆——依旧可以想象，"在树下露营几天之后，会深感沮丧无望"。

我选择了雷鸟旅馆（Thunderbird Inn），它在互联网上被标榜为重新装修的20世纪50年代的经典复古杰作。霓虹灯招牌、在办公室修指甲的女孩,以及与之做伴的一台可乐机,整体看起来确实有那么点味道。在传统的汽车旅馆里,你可以从房间门口往马路上吐痰。但房间内有一股气味像竹签一样穿透鼻窦,而且越来越刺鼻。那个女孩给了我另一个房间的钥匙,那里的气味没有那么令人作呕,但后来发现,气味很隐蔽。这是我已经忘记的50年代的味道吗?还是蟑螂?当我走出浴室的时候,我遇到了一只像小老鼠一样大的蟑螂,它用后腿站立着,就像袋鼠在守卫自己的领地。我用手提箱打了它三下才把它干掉。那是一只美洲蟑螂,一种随运奴船从非洲来的物种,我怀疑它的祖先是否见过谢尔曼进军。有了这样一个背景故事,我可能会对结束它的生命感到内疚;但正如谢尔曼对亚特兰大市长所说,我的行为"并非为了迎合人文性"。

出租车司机15年前离开了她在密歇根州(Michigan)的家。她只是收拾好行李,把孩子们放到车里就开车离开了,留下了经常在醉酒后把她打得遍体鳞伤的丈夫。当时海湾战争正在进行,她有一个姐姐在萨凡纳服役,所以她来了萨凡纳,希望在姐姐去伊拉克之前能见上一面。她说,她离开的丈夫现在被关在监狱里,他会在那里待上"很长时间"。她和他离婚后又嫁给了另一个男人,但是他在39岁的时候带着一个18岁的女孩跑了。

她问我雷鸟旅馆的情况,当我告诉她那里的气味时,她并不感到惊讶。她说,多年来,那里是所有妓女嫖客的聚集地。然后廉价翻新:他们只是把蟑螂弄出来,然后涂了一层油漆而已。她想知道旅馆是否"有尿骚味"。

我说"比尿骚味还糟"。

第二章

她给了我一些治疗鼻窦的泰诺,还告诉我,此地对鼻窦来说可不是什么好地方。后来我在《脱敏最佳指南》(The Best Guide to Allergy)上读到:"当蟑螂死亡或被消灭时,它们会慢慢变干并呈粉末状,最终在空气中形成一种强烈的过敏原。它们的粪便也会引起过敏。这就解释了蟑螂霉菌滋生的有利条件。就像广告上说的,'它们登记入住,但不会退房'。"

我刚离开旅馆几分钟就被骗了。他甚至看上去就像个乞丐:打扮得很滑稽,以掩盖他睡在桥下的事实,但又有足够的南方风度,让人觉得他是在一个体面家庭长大的。我立刻想到他可能生活在一个专横的父亲的阴影下,但这不是他对我编的故事。他说他在佛罗里达的房子几乎被飓风威尔玛摧毁;萨凡纳的教会拒绝接纳他,因为他不是本地人;现在他正在寻找他的妹妹,他最后听说她住在佐治亚州的某个地方。我给了他5美元。他接过钱,轻微地点了点头,然后径直穿过马路向一个穿西装的人推销他的故事去了。我正站在17世纪克里克(Creek)印第安部落领袖托莫·吉奇(Tomo Chi-Chi)的坟墓和路德教会升天教堂(Lutheran Church of the Ascension)之间,一个留着长胡子的黑人用萨克斯管吹奏着美国国歌。他演奏得并不好,但效果很强烈。然后他又吹奏了《蒙娜丽莎》。我给了他几美元。他问我从哪里来,当我告诉他时,他向我伸出手说:"欢迎来到美国。"

艺术博物馆的年轻接待员告诉我,萨凡纳是一个很有音乐气息的城市。他喜欢所有的音乐,包括巴赫、德沃夏克和肖邦,并像巴赫一样,他为他的教会创作福音音乐。他的家人"一直"住在萨凡纳,这可能意味着他们是在1864年的那一天"由上帝的天使"送来的那批人。我们来到一个摆满马克斯菲尔德·帕里什(Maxfield

冷观静思美利坚

Parrish)画作的房间,画的是穿着希腊长袍或弹奏琉特琴,或在无拘束的大自然中翩翩起舞、美得令人难以置信的女子。接待员名叫安东尼,他喜欢她们在一个巨大的峡谷边上做游戏的那幅。他说:"我这辈子还从来没有像她们那么放松过。"

正如标语上说的,萨凡纳不仅在内战中"无偿地付出了它的儿子",在独立战争中,它曾被法国人包围。在第一次和第二次世界大战中,它再次无偿地给予。在常绿橡树中间有一座纪念碑,上面刻着130名在越战中做出"终极牺牲"的人的名字。萨凡纳的人口是13万。为了与萨凡纳在越南的牺牲相媲美,澳大利亚——美国最狂热的盟友——要损失的就不是500人,而是至少15 000人了。美国各地成千上万的城镇都有纪念无偿献出儿子的纪念碑。死亡人数令人震惊。在萨凡纳的橡树和灰色苔藓下读着这些名字,会引发一种恐惧。

火车离开萨凡纳的时候还不算太晚,当两列货运列车经过的时候,我们可以有时间读《纽约时报》。康多莉扎·赖斯在加拿大告诉那里的人们,他们和美国的关系是"广泛、深厚和牢不可破的"。加拿大人可不这么认为:一项民意调查显示,超过一半的加拿大人认为他们的邻居"粗鲁、贪婪、暴力"。

谢尔曼将军的南方计划功德圆满。这个国家完整统一,不再分裂。但是,南方在许多方面都是自行其是的,有其独属的忠诚、偏见和象征。1863年,南军的约翰·胡德(John Hood)将军在给谢尔曼的信中写道:"宁可死一千次,也不愿屈服于你或你的政府和你的黑人盟友的统治之下。"一个世纪后,同样的情绪仍在南方蔓

第二章

延。1956年，杀害埃米特·蒂尔的一个人这样说："'芝加哥小子'，我说，'我讨厌他们把你这种人派到这儿来惹麻烦。你这该死的，我要杀鸡给猴看——这样，每个人都能知道我们这些人的立场'。"随着民权运动的发展，市长、州长、警察和市民一遍又一遍地这样说。正如华盛顿公关人士 I. F. 斯通（I. F. Stone）在20世纪50年代所写的那样，南方是一种"疾病"；但是，同样如他所写，这个国家的其他地方也未能幸免。一代又一代的政治家、记者和教师为美国的自由引以为豪，而他们的数百万同胞却生活在一个警察国家里。

车厢里只有三个白人，我是其中之一。像往常一样，那些黑人妇女表现得处事不惊，泰然自若，幸福满满，她们喋喋不休地谈论着。而年长的黑人男性则看起来槁形灰心。而那些年轻人，从他们走路的姿势、眼神、紧张的面部表情以及他们不可思议的超大号服饰，即可看出他们似乎总是因为怨恨和自我厌恶而显得沮丧和压抑。黑人男性青少年一直是美国的一幅悲哀的景象。

自从约翰·斯坦贝克开车经过这里以来，新的投资和新的人口结构在很大程度上改变了南方的文化。弊病投下的阴影无形，其遗毒却不无威力。在20多岁的美国黑人男性中，有三分之一的人或者在监狱服刑，或者得到保释，或者受某种法律限制或监督。美国黑人男性只占总人口的八分之一，却挤满了一半的监狱。

在火车发明180年之后，它仍然有能力让我们感到兴奋，让我们觉得自己是征服者。机车隆隆作响，噼噼啪啪地沿着平原行进，穿过黑暗的树林，载着我们北上华盛顿特区。每一处住宅都飘扬着旗帜。过道对面，一位年轻女子醒来，望着窗外的夕阳。她戴上一副太阳镜，把毛衣披在背上。她的醒来似乎给车厢带来了一缕芬芳。火车每穿过一截半半拉拉的铁轨或途经一处凄凉的住宅都会鸣笛，无所畏惧地向黑暗驶去。

第三章

华盛顿有很多人
需要诽谤。

马克·吐温

最初的星条旗（Star-Spangled Banner），也就是1814年英国人在麦克亨利堡（Fort McHenry）轰炸美国时美国人悬挂的旗帜，如今在华盛顿特区美国国家历史博物馆的一间装有空调、玻璃墙的房间里展放。最初的星条旗在晨曦中飞舞的景象，激发了诗人弗朗西斯·斯科特·基（Francis Scott Key）的创作灵感，写下了如今为全世界所熟知的美国国歌，许多人把它设为手机铃声。几年来，一批又一批的红男绿女扮演着这个国家的集体母亲，修复这面大旗，而游客们则透过玻璃窗观感他们的赤胆忠心。170万针将旗帜固定在其原背衬上——修复者们一针针地拆开了。一天，透过玻璃，他们看见一个男人满含热泪向国旗行礼。还有一次，他们看到一群女学生在合唱《星条旗》。

在自然历史博物馆外，日本人用摄像机捕捉到松鼠的特写镜头。在博物馆内，我看到了一只被制成标本的旅鸽。最早在此的欧洲人，包括科顿·马瑟牧师，曾报告说看到宽达数英里的旅鸽群，浩浩荡荡以每小时60英里的速度飞行，要花几天时间才能飞过。在19世纪初，有超过40亿只旅鸽在此振翅翱翔。有人计算过，威斯康星州（Wisconsin）850平方英里的森林里有1.36亿只筑巢的鸽子。它们之于空中和森林，就像野牛之于平原，不过，虽然有一些野牛残存下来，旅鸽却无一幸免。最后一只是玛莎（Martha），以乔治·华盛顿妻子的名字命名，1914年死于辛辛那提（Cincinnati）的一家博物馆。森林减少了，数以百万计的鸽子被捕杀，然后用盐腌制，在东部城市的街道上以50美分一打的价格出售。

　　华盛顿秋日柔和的光线中，萦绕着缕缕雾气。两架飞机相隔3分钟到达；低空掠过林肯纪念堂，沿着波托马克河（Potomac）右转到罗纳德·里根机场（Ronald Reagan Airport）。它们飞得很低，可以看到机翼上的铆钉和机翼在水中的映象。透过海峡旅馆（Channel Inn）的窗户，我看着它们起降。每隔半小时左右，就有一架军用直升机穿过河的上空。海峡旅馆位于黑人社区：它有一个黑人酒吧，离它100码处有一个叫赞齐巴尔（Zanzibar）的黑人夜总会。停泊在河边的船屋和游艇华灯初上，你可以从房间和阳台上听到爵士乐。然后另一架直升机飞过，螺旋桨的轰鸣声提醒你，这里是美国帝国总部。

　　酒店不会在第一天就体现出自己的特色。没有多少是有个性的，但有一些确实会暂时隐藏在标准的文明礼仪背后。海峡旅馆则别具一格。这是一个神秘莫测的地方，住得越久，它就变得越难以捉摸。员工们开始流露真性情。一天晚上，餐厅的老领班微笑着迎接我，第二天晚上，我仿佛成了他的顽敌；第三天晚上，他完全不理我，第四天晚上，我仿佛又成了一个刚从战场上归来的同志。他肯定已经有75岁了，但他却像一个十几岁的孩子一样喜怒无常。

第三章

前台从来没有女性服务员,每次我经过时见到的人都不同;但他一定是白种人,年龄大约是现代酒店员工的两倍,面色蜡黄,神秘兮兮。他们都彬彬有礼,却冷淡且心不在焉,给人的印象是他们的生活中正在进行着比招待客人更重要的事情:就好像是背后正在进行一场大型纸牌游戏,或者是卡斯特罗在早上被推翻。和许多重要的场所一样,这个地方也有一丝法外之地的味道。总有一种感觉,仿佛西德尼·格林斯垂特(Sydney Greenstreet)[①]可能会出现在大厅,传唤走卒,让他帮女士拎包。否则,可以断定,恐怕没有什么能让此旅馆里的任何人帮助一位女士。

然而,这家旅馆也有许多优点。餐厅的食物是老式的,受法餐和南方的影响,正宗、丰富且美味。酒单不错。一两个白发银须、年纪很大的白人独自用餐。年轻的美国中产阶级黑人三三两两地聚餐。早晨,在早餐室里,一个愉快的黑人厨师备好了鸡蛋,配上脆熏肉和还过得去的咖啡。这是一个令人感到更复古的世界。如果你在海峡旅馆待上几天,你会发现自己在思索这是否就是马丁·路德·金想象的未来美国。

亚伯拉罕·林肯——先知、牧师、法老、救世主、偶像——从纪念碑的大理石宝座上俯视着,旁边墙上刻着他的葛底斯堡(Gettysburg)演说和第二次就职演说。在小书房的电视上,一名非常年轻的记者丹·拉瑟(Dan Rather)和另外两名记者在《面对全民》(*Face the Nation*)节目中对马丁·路·德金进行了采访。如今,人们对马丁·路德·金这个名字充满敬畏,但在金的有生之年,人们却普遍对他感到厌恶和恐惧。记者们询问金:J. 埃德

---

① 活跃于20世纪上半叶的英国演员。

加·胡佛说他"受到共产主义者的影响"是否正确,金毫不犹豫地否认了。他提到了其他一些"主义"。他像弹球机里的球一样迸发出音节。他说,是时候让胡佛先生承认"黑人"的爱国主义和忠诚了,即使他们经历着漫长的至暗时刻。更多的影片显示,1964年,当总统林登·约翰逊(Lyndon Johnson)签署《民权法案》(Civil Rights Bill)时,金就站在他身旁。该法案结束了种族隔离,民主党在南方失势。在美国,到处都有马丁·路德·金的名字:每一个城镇都有一条大道或一幢建筑以他的名字命名。这倒不是说所有人都会在林肯纪念堂的电视上看他:他还不如唱曲《蔓生蔷薇》(*Rambling Rose*),或许会赢得更多观众。

在越战纪念碑,人们把小小的美国(和加拿大)国旗附在6万名死者的名字上。还有埃尔克里德基督教学院(Elkred Christian Academy)五年级学生在老师们的帮助下向士兵致敬的来信。纪念馆闪亮的黑色墙壁清晰地映衬出感激涕零的人们:他们一边哭泣一边拥抱,并触摸着那些名字,他们站在纪念碑旁,就像守候在亲人的坟墓旁一样。纪念碑的倒影带来了一种发自心底的、难以名状的忧郁。如果你离开时发现自己身处由一排排栩栩如生的士兵雕像组成的朝鲜战争纪念碑时,你很可能会更加深陷忧郁的泥沼。

在广场的中央,新的第二次世界大战纪念碑不及林肯或越南的影响力。也许我们不可能纪念每一个战场上的牺牲,抑或无法参透这场战争令人麻木的程度。这座纪念碑规模巨大,气势恢宏,包罗万象,但它却欠缺某种认知,即这场战争还有其他国家的参与。它也不具有其他纪念碑的优雅,包括碑文,更不具备贯穿林肯演说词中的原创性和复杂性。这是广场上唯一一座让你觉得为之做个小小的修改是十分可取的纪念碑,只是为了代表另一种对自由的看法。

第三章

或许在树上钉一个布告栏,上写 E. E. 卡明斯的诗句(及他诗中的行距):

为什么于每个公园皆可见

某些"雕像"惺惺作态
证明英雄等同于混蛋
仅只因为后者没有对战争说"不"的气概?

在广场的另一端,尤利西斯·S. 格兰特(Ulysses S. Grant)守卫着国会大厦。他骑在马上,戴着他那顶著名的帽子:卡尔文·克莱恩(Calvin Klein)可能用养猪户的帽子改制的那种。在1968年的暴乱中,他身后的台阶上安装了机关枪。守护财政部大楼的则是谢尔曼将军,他的纪念雕像四周是北军士兵,离白宫只有约400米的距离。"在塞米诺尔战争、美墨战争、加州占领期、内战中服役,任美国陆军总司令直至1884年。"很难说他是否会同意提及他曾在塞米诺尔战争中服役。在他看来,整件事就是个错误。谢尔曼认为,政府应该把塞米诺尔人留在大沼泽地(Everglades)①,并让切罗基人(Cherokee)、奇克索人(Chickasaw)、克里克人和乔克托人(Choctaw)东移与之会合,而不是把他们赶到白人想要的西部土地上去。

满脑子被鲜血和牺牲充斥着,再加上尖酸刻薄和忧郁的言辞,我也不知在什么地方转错了弯,发现自己走错了路,来到了河的对

---

① 大沼泽地国家公园,位于佛罗里达州。

冷观静思美利坚

岸,不得不在黑蒙蒙而开阔的公园里,在暗藏着阴影的桥下,步履沉重地走了两英里。我一头扎进一个感觉像是无人区的地方,在那里我可能会被抢劫,或者在这帝国的首都里被误认为是间谍或恐怖分子。

当我穿过海峡时,华盛顿已让我兴味索然,民主在我的脑海里已经变了质。就在那时,我来到了鱼市,那里满是虾、蟹、对虾和牡蛎——来自切萨皮克湾(Chesapeake Bay)的牡蛎。1607年,当第一船英国人抵达这里时,这些牡蛎"散落在地上,像粗糙的石头"。有些小摊在卖秋葵汤、杂烩浓汤、蒸虾和清蒸玉米汤。人们络绎不绝,为家庭晚餐选购海鲜。市场十分活跃,却散发着旧经济的气息,因此注定要被遗忘。

白人搬到华盛顿郊区是上一代人的事情,他们把市中心留给了黑人。1968年,马丁·路德·金被暗杀后,黑人烧毁了市中心的大部分地区。如今,由于对拥堵的道路和不可靠的公共交通感到绝望,并感受到其他城市的白人中产阶级沉迷已久的不谋而合的冲动,白人开始回迁。乘船、步行10分钟即可到达鱼市场和赞齐巴尔夜总会的日子屈指可数了。海峡旅馆现已成了明日黄花。它将被取消连锁酒店的资格,这个地方对于独立酒店而言,仿佛旅鸽中的玛莎。

追求幸福是一项不可剥夺的权利,幸福在很大程度上又取决于你的地位,而你的地位则取决于你就读的学校和你在物质层面的成功——包括你邻居的品格和肤色——一个美国人的郊区几乎与生命和自由同样不可剥夺。不可避免的是,物质奖励的制度已经发展至使这个原则问题成为生活中无法逃避的事实。在华盛顿,我遇到一个英国记者,他在此地从事新闻报道已20年,并已安家于此。他

第三章

们居住的县每年的教育预算为23亿美元；相比之下，这大约是澳大利亚所有政府资助的小学和中学教育总开支的十分之一。他们搬到那里是因为生活在旁边的贫困县对他们的孩子不公平。美国的学校是由当地的财产税资助的，这很简单，县越穷，学校也就越穷。而在这对夫妇居住的县里，学校"应有尽有"。

这位英国记者认为，美国本质上是一个"选举产生的君主制国家"。这是一种激进的观点。如果美国人只知道一件事，那就是他们生活在一个共和国。只有生活在共和国里，那些他们认为是不证自明的真理才是不证自明的。但即便如此，似乎他们也会犯错。早在5月，丹佛（Denver）的一位早间脱口秀主持人告诉我和他的百万听众，许多美国人已经认为他们生活在一个民主国家了。但实际上他们并没有，他说。他们生活在一个共和国——一个拥有民主制度的共和国。他还说，许多民主党人不明白这一点。"那些对《爱国者法案》（Patriot Act）或关塔那摩湾（Guantanamo Bay）吹毛求疵的人不会明白的。"只有共和国是绝不妥协的。毕竟，这就是林肯在南北战争中的立场。共和国永远不会从地球上消失。

如果有些美国人不能区分这两种截然不同的情况，另一些人则很难理解美国何以同时既是共和国也是帝国——当然，是一个受人尊敬的共和国。在这些问题上，历史事实似乎很清楚：当亚历山大·汉密尔顿（Alexander Hamilton）在1787年的制宪会议上提议实行选举君主制度时，其他开国元勋都坚决地予以否定。但其时，美国领导人们基本上对帝国构想说了不。如果他们可以建立一个强大的帝国而又不相信它，则很可能他们可以生活在一个选举产生的君主制中，同时又相信自己生活在一个共和政体之中。当你驻足思忖或者去注视它的时候，你便会发现，他们对共和国越是欢欣鼓舞，越是极力捍卫，越是用象征和仪式来粉饰它，它就越像是一个君主制国家，也越像是汉密尔顿的愿景，而非杰斐逊的希冀。

但这位英国记者推荐的并不是汉密尔顿。当他遇到新来美国的人，或者不太了解华盛顿和白宫的人，他会指引他们去读由朝臣圣西蒙公爵（Duke of Saint-Simon）所著的《关于路易十四的统治及摄政时期的回忆录》。今天的华盛顿就像曾经的凡尔赛宫（Versailles），唯一重要的问题是："今天国王对谁笑了？"

这种观点认为，总统职位和政治文化与启蒙运动前的思想和制度有更多的共同之处，而这不是共和国愿意或能够允许的。这种观点得到了一些杰出人士的支持。托克维尔对当地人为了获得好处和优势而乐于奉承、卑躬屈膝的态度感到震惊，这种情况甚至在田纳西的边境城镇也是如此。前些时候，刘易斯·拉帕姆（Lewis Lapham）指出，民主政体和传统君主政体之间的区别已经变得模糊。他写道，在许多地方，朝臣精神"对一个民主国家来说比对君主制更必要"，而非白宫、国会或政党。对企业和媒体来说也是如此："根据免税、国防合同、出版、牛奶补贴、保有权等分配规则，民主将君主赠予的相对少数的好处（挂名、有俸圣职、皇家专利）转化为大量恩惠和利益。"

当然，这并不是说每一个细节都完完全全地体现这些相似之处：总统的高尔夫球车，只不过与法国末代国王在花园里闲逛时乘坐的小马拉的"盒子"大致相似，而他的警卫人员只是广义上的车夫而已。重点在于，美国首都就像旧时法国的首都一样，充斥着交易、阴谋和阴谋集团，把人格攻击和屈从艺术看得比其他一切都重要——这不单纯是共和国事务的表面现象，更是它们的真实本性。

接下来是现任者的问题：能谋善断的总统被力不从心的庸才

第三章

取代，在被大多数选民不信任或鄙视的情况下，他们还会继续执政很长时间。但总统办公室就像王座一样，仍然处尊居显。我们或许期望民主制度能够适应社会、技术和地缘政治的变化；然而，正如英国历史学家埃里克·霍布斯鲍姆（Eric Hobsbawm）所解释的那样，美国的民主制度生活在一种"18世纪宪法的桎梏中，该宪法被律师们长达两个世纪的对犹太教法典（Talmudic）的诠释所强化……（而且）比几乎所有其他国家都更加僵化"。至今还没有女人、犹太人、黑人、拉美裔或甚至意大利人当选国家元首。当然，一位女性可能很快会当选总统。如果她当选，并且任期两届总统，那么白宫将会被仅仅两个家庭的成员占据28年。

对这位英国记者来说，"9·11"事件为他的论点提供了证据。总统在8月11日那天还不怎么受待见，但在9月11日便被封王加冕。保守的专栏作家们纷纷提出措施，希望为他所执掌的共和国增添威力。他被授予所需的金钱和权力，包括偷听美国同胞谈话的权力，就像路易十四拆开他的仆从和臣民的信件一样。经验丰富和受人尊敬的记者成了朝臣——还有什么比"派遣"更恰当的说法吗？那些不那么受人尊敬的则像家仆那样排着长队听取指示，挑得篮里便是菜。这样的独立报纸仍然存在，整个媒体集团和他们的所有者实际上成了王室的仆人，而民主党领导人因对血淋淋的处决提心吊胆而一直在模仿公爵和公爵夫人。人们大声疾呼表示支持。

一位越战老兵在纪录片《我们为何而战》（*Why We Fight*）中说，"在我看来，总统在创造奇迹"。"总统不能有差池。但如果他撒谎——那又何妨？"他的儿子在世贸中心袭击中丧生，他复仇的欲望如此强烈，以至于请求军队把他儿子的名字写在一枚要投在伊拉克的炸弹上。"有人这样对我们，我们必须以血还血，以牙还牙。"他走火入魔般地说道。然后总统告知全国人民,"9·11"事件和伊拉克之间没有联系,而且他从来没有说过有联系。这让老兵伤心欲绝。人们可以与他感同身受,可是他的反应却有一种不可救药的稚气。没有人——无论是他的学校、军队还是他的国家——能够抑制他复仇的本能,或教会他矜持行事,更没有人教导他认知世界或他的领袖。他被误导了,但这就像误导一个孩子,或一个臣民。即使伊拉克对他儿子的死负责,一个成年的老兵怎么会想把他儿子的名字写到炸弹上呢?军队又怎么会同意呢?

国王的确改变了他的论调。事实证明,入侵伊拉克的借口与他当时给出的理由文不对题。这并不是说他或他身边的人编造谎言,胡说八道,甚至口误。只是理由消失了——噗!现在的理由是要改变伊斯兰教的面貌,使其现代化,并将其信徒从所谓压抑的信条中解放出来。正如他一贯主张的,这是打击恐怖主义的方法。这是一个微妙的转变,其前提是每个人都忘记萨达姆统治下的伊拉克是世俗的,而不像——比如说——沙特阿拉伯那样。他的策略显然是虚伪做作的,但其中有些东西听起来却比他的批评者所能想到的任何东西都更加真实。这在一定程度上因为他是国王,也因为他是一个政客,他准备好说虽然"批评者"在一个民主国家是可以接受的,但"失败主义者"是违背良心的。当然,他刚发出号令,一百名他最忠诚的号手就在全国发出了警报:"失败主义者去死吧!"

在弗吉尼亚州阿灵顿国家公墓(Arlington National Cemetery)的山上,有一座肯尼迪——可算是一位真正的王子——的纪念碑。这是一个气宇不凡之地,优雅多于庄严,他兄弟罗伯特的坟墓就在旁边,其上竖立的朴素的白色十字架提醒着我们整个肯尼迪家族的悲剧。这是纪念一个未实现的承诺。对比尔·克林顿来说,永远不

第三章

会有这样一座纪念碑：纪念碑有时为不曾实现的承诺而建，但不会为浪费的承诺而建。克林顿支持者可能会说，肯尼迪总统在椭圆形办公室"金屋藏娇"的人数比克林顿还多，而且其中至少有一位女性——不像莫妮卡·莱温斯基（Monica Lewinsky）——曾是严重的安全隐患。如果说克林顿是一个无赖和伪君子，肯尼迪也是，甚至有过之而无不及，但没有人因此对他穷追不舍。没有人在全国上下和国会对他进行严厉的制裁以弹劾他，即使任何人都清楚地看到总统的行为是粗鲁和危险的。正如人们所言，他是他那个时代的产物。把这句话告诉那些憎恨克林顿的人，他们也许会点头，但仅此而已。你不可能让他们做出对那个人有利的让步。

克林顿是一位无与伦比的演讲大师，但没有一个演讲能像肯尼迪的就职演说那样如雷贯耳，这篇演说被刻在了他在阿灵顿国家公墓纪念碑旁的墙上。虽然这是一次了不起的演讲，但似乎并不足以使他成为伟大的人物，而且很难找到其他实质性的理由来将肯尼迪置于比克林顿，或者比艾森豪威尔或约翰逊——他的前任和后任——高得多的地位之上。其原因与人类学相关。他看起来像个王子；他死于暗杀。只有当你不把形象——以及它们对我们的影响——视为物质时，物质才没有存在的理由。

历史选择肯尼迪的原因远不止这场暗杀：随着电视时代的来临，知道形象重要是一回事，拥有塑造形象的财富和外表则是另一回事。正如戈尔·维达尔（Gore Vidal）在1967年所说的，他很"酷"；也如维达尔所言，他更关注事物的外表，而不是实际作为——例如公民权利、健康或贫困。肯尼迪曾说，"如果一个自由社会不能帮助占多数的穷人，也就不能拯救占少数的富人"。今天来看，没有什么比这句话听起来更似春蛙秋蝉了。也许，正像他的一些仰慕者说的那样，如果他能连任，一切都会有所不同。但即使拥有更为辉煌的纪录，很可能，他的名字仍然不能像说明他的人设，像说明他在旁观者眼中形象的变化会引起的感受——就像一面旗帜、一个设计师品牌，或者一个圣母或王子的形象——那般显示他的人品。

美国自由主义人士在布什问题上团结一致，但在克林顿问题上却意见分歧。若有五六个人崇拜这位前总统敏锐的头脑和开阔的思想、挥洒自如的演讲和他的政治天赋，同时就会有一两个人怀着遭背叛者的激情鄙视他。在他们看来，他学院风的自我放纵和可悲的学生式谎言放弃了民主党的优势，把国家拱手让给了新保守派。共和党人所厌恶的他的一切，他们也不喜欢——并且恨透了那些从他的行为中获利的共和党人，令他们更加讨厌他。他们会告诉你，克林顿夫妇周围都是和他们年龄相仿的同样可怕的人，他们拒绝听取其他人的建议，而这些人的观点可能更明智。他们憎恨二人的失败，更因为他们从不承认失败，而宁愿把他们的每一个错误、每一次不检点的言行和所受的每一次惩罚都归咎于媒体。他们痛恨克林顿夫妇，因为他们在公众厌恶布什问题上所采取的推卸责任的态度。

如果还能记得的话，他们可能会憎恨克林顿夫妇，因为他们不是杰克或鲍比·肯尼迪——他们没有像杰克和鲍比那样给人们带来希望和鼓舞，尤其是1968年竞选总统的鲍比。他们仍在等待像鲍比这样的人重新点燃他们自由之心的乐观情绪，帮助他们从他的悲剧中恢复过来。

很难想象现在会有人兑现罗伯特·肯尼迪当年的承诺，正如很难想象全国各地为他欢呼的人群：在南方农村，在城市，在贫民

第三章

窟,甚至在堪萨斯州。他的墓碑上刻着他最喜爱的诗人埃斯库罗斯(Aeschylus)的诗句:"即使在我们的梦乡,无法忘却的痛苦也会一滴一滴地落在我们的心头,直到在我们自己的绝望中,违背我们的意愿,通过上帝可怕的恩典而获得智慧。"那天晚上,他在告知印第安纳波利斯(Indianapolis)的人们马丁·路德·金被暗杀的消息时引用了这段话。他说:"让我们努力践行希腊人古时写下的箴言,驯服人类的野蛮,使这个世界的生活变得温和。"两个月后,就在他赢得加州初选的那天晚上,他被一名刺客枪杀。

一天晚上,在一家汽车旅馆的房间里,我看到比尔·克林顿和老乔治·布什在《拉里·金现场》(*Larry King Live*)接受访谈。乔治看起来更像他当总统时的漫画形象了,比当年这些形象被创作时更像。岁月夸张地临摹了他的憔悴和名士茫然的微笑;他只担任了一届总统,可他愚蠢的儿子和罗纳德·里根(Ronald Reagan)的任期都为两届,而比尔·克林顿——长着生殖器般的鼻子和性爱后浮肿的眼睛,释放出欲望旺盛的信号——仿佛从贺加思(Hogarth)[①]或罗兰森(Rowlandson)[②]的插图中走出来的模样。若是生活在18世纪,他会更陶醉。

原来,乔治和比尔是密友。比尔说,他们是20年的老朋友了——他们的交情始于大选之前,结果比尔赢得了大选,乔治却铩羽而归。比尔和希拉里去肯纳邦克港(Kennebunkport)时与乔治和芭芭拉住在一起,他们共度了许多美好时光。让比尔无法理解的是,拥有如此美妙的宝地,乔治却总要四处奔波,去为美国人

---

① 威廉·贺加思,英国著名画家、艺术理论家。
② 托马斯·罗兰森,英国著名讽刺画画家。

服务。

对乔治来说,比尔的精力给他留下了深刻的印象。他说:"比尔就像劲量电池。他永远不会停歇。"

比尔说:"嗯,随着年龄的增长,我觉得我应该为人民做更多的事情。"

现在乔治和比尔正在竭尽全力为新奥尔良人民解决问题。他们联名设立了一个基金,并正在和路易斯安那州的人们交谈。他们没有谈到任何你可以称之为实质性的东西——至少在《拉里·金现场》那天晚上没有。比尔说,他们告诉新奥尔良的人们:"我们要重建你们的城市。我们要重建你们的城市——你知道,拉里,这就是我们要做的。"拉里听得眉开眼笑。看起来就好像他们三个都认为世界上就没有什么东西是对之咧嘴一笑解决不了的。

几个月后,我问一个在华盛顿当了大半辈子顾问的人那样的两个人在一起会谈论什么:乔治是"二战"时期英雄的飞行员,比尔则是战后婴儿潮中的一员;一个是新英格兰的圣公会教徒,另一个是南方浸礼会教徒;一个出身名门望族,另一个来自阿肯色州(Arkansas)乡下;一个是共和党人,另一个是民主党人。他毫不犹豫地回答:"谈论女人。"

他们会一起看霍华德·斯特恩(Howard Stern)的节目吗?坐在乔治的高尔夫球车上,他们真的会像比尔所说的那样交流"不道德和愚蠢的一面"吗?撒旦与他们同行吗?对于半数相信他存在的人来说,他当然是存在的。这也许就是为什么人们始终没有因为克林顿向裤子里的魔鬼屈服而拒绝对他的原谅,无论是那些惯于否认上帝的自由主义者的一贯同道,还是全国大多数人。撒旦诱惑;人类屈服。此乃命中注定。对于所有原教旨主义宗教的道德欺凌,相

第三章

信一个超自然的恶魔在主导诱惑，也许会让人们对那些屈服于诱惑的人更加宽容；对那些通过公开的苦难和忏悔，似乎使宗教戏剧性变得具体化的人更关爱有加。

我去了华盛顿的四季酒店的酒吧，会见了克林顿时代的一位重量级人物，他是民主党的知名运作人，杰出的公关人士，能言善辩，极富头脑。他递给我一支大雪茄，我接了过来——我一定在想，"入乡随俗吧"。他相信民主党会在2006年赢得至少是众议院的控制权，然后开始一系列的调查，这些调查将会使共和党人忧心忡忡，从而无法进行有效的总统竞选。他认为麦凯恩不可能赢得初选，而且无论如何也不会是一个好总统，但是希拉里·克林顿可以赢得初选和总统竞选，并且会成为一个好总统。他的雪茄已经比我的短了一英寸半。他对布什没一句好话。例如总统的"不让一个孩子掉队"（no child left behind）教育政策就是一场加剧不平等的灾难，而泰德·肯尼迪（Ted Kennedy）就是个傻瓜，竟然上当了。和西塞罗对话肯定与此大同小异。

没有什么能跟真正的政治能手做类比。有些人采取一种难以捉摸的，几乎是令人昏昏欲睡的举止，让你乞求他们的智慧，而另一些人则像旋风一样向你袭来。两种情况的影响是相同的：即使当你认为他们一定是从猜想中提取真相，或是从黄瓜中提取阳光①，你也会被折服，不仅为言语的艺术所折服，而且为当下的重压所折服，为你现在所了解的由历史进程决定的这些事情带来的感觉所折服。政治是另一种方式的内战，它的战场充斥着同样的烟雾、激情和残

---

① 出自《格列佛游记》，主人公格列佛在飞岛国看到科学家从黄瓜里提取阳光，讽刺英国社会的荒谬和无用功。

酷无情，它也留下了一些同样的精神创伤。所有的政治环境——民主的、共和的和君主的——都有这样的共同点：朝任何方向走几步，你都能找到与你刚刚交谈过的人的意见不同者，或者那些嫉妒、反对或想要挫败他的人，或者那些感到挫败、威胁或被他滥用的人。

当我们在四季酒店的谈话结束时，我的朋友捻熄了雪茄烟蒂。我还剩3英寸的烟没有抽完，只好把它带走了。那天夜里晚些时候，我又见了一位顾问，他也是民主党人，他试图让我明白第一个人的失败。坦率地说，我不知道该相信谁。这位顾问告诉我，最近他认为美国的政治体系不可能产生真正有品格、有远见或正直的人或政党。（一位共和党商人曾经对我说过同样的话。）相反，这个体系现在是杂务员和应声虫的理想选择，是说客的炮灰。政治思维已经制度化，无法解决国家的问题。与政客相比，媒体失去了个性，几乎毫无疑问地接受了他们的价值观和论点。他认为，以非军事方式实行全民兵役可能是一种分摊负担、重新唤起共同责任感的一种方式。

这位顾问发现华盛顿特区的文化几乎令人生厌。马克·吐温和亨利·亚当斯在130年前也有同样的反应，仅仅是学术上的兴趣：在他们那个时代，决定谁占据白宫且管理国会的思想和体制的质量并不决定谁统治世界和依据什么原则。俄亥俄州（Ohio）和佛罗里达州的人民——至少那些认为值得投票的人——现在在代表全世界投票。

白宫外有一些示威者。他们想弹劾布什。日本游客对着他们

第三章

拍照。如果换作谢尔曼,则他会全速冲向所有的人,把他们消灭殆尽。他说:"我绝对不会做出任何不利于美国的行为或产生任何敌视美国的想法。"记录显示他认为其他人也不应该这样做。

两个街区之外,一个高大的黑人猛击三个垃圾桶。他带着无法平息的愤怒击打着,但节奏连贯。当我把一美元扔进他的塑料桶时,我看到里面已有半桶硬币。在离白宫一个街区的地方,在大理石拱门下的大理石台阶上,坐着一个要饭的女人,她所有的家当都堆在身边。她说那天到目前为止——上午11点——连一个25美分的硬币都没有人肯施舍她。她身上沾满了灰色的尘垢,看上去就好像在烟囱里睡过觉。我给了她5美元,而后又后悔没给她10美元。两小时后她还在那里,离美国总统只有一个街区;再隔一个街区,你可以听到那个黑人在不断敲击垃圾桶。

托克维尔指出:要想让民主发挥作用,大多数人民必须拥有财产或可期拥有财产,如果他们没有财产,那么他们就需要一些其他的所有物作为补偿。马克·吐温也有类似的想法。这可能取决于你对财产的定义:有时,看起来放弃了拥有几块街角的土地或一座锡矿的希望之后,很多人在某种程度上已经满足于拥有自己。没有田地可以耕种,也没有财富可以增长,他们只能努力培养自己的个性。

充实自己。提高自己。推销自己。在美国,个性似乎更重要。无论你身在何处,你都永远不会远离发泄自我。在一个民主国家——至少在这个民主国家——每个人都有那种贵族式的,或者仅仅是无国界的特权。"民主不仅使每个人忘记自己的祖先,还使他的后代与之疏远,使他与同时代的人格格不入;它不断地使他回归自我,最后威胁着要把他完全封闭在他自己内心的孤独之中。"这

冷观静思美利坚

就是托克维尔,永远料事如神。

美国人似乎生活在清教主义和戏剧性的两极之间。前者坚持真实性,而后者坚持展示——二者相互结合,几乎是对美国发明的"方法派表演"的一种近乎完美的定义。墨西哥裔美国散文家理查德·罗德里格斯(Richard Rodriguez)意识到了这一点:他先是在剧院里表达了这一观点,然后,他带有提醒意味地用自己的行为表示:"在演讲的过程中……我有时感觉到哭泣的自由,发声的自由,当众力争的自由,以无耻的方式宣泄的自由。"

在街上和在火车上也是如此。有天在康涅狄格州旅行时,我耳闻目睹了一个年轻人和他在巴黎的女朋友的通话。他穿着一件时髦的大衣,看起来像个成功人士。我听到的第一件事是:"自从有了你之后,生活变得更有诗意了。"年轻人告诉女朋友,他是多么盼望三周后在南特(Nantes)[①]见到她。

我能清晰地听见她在电话那端的声音,听得出她在法国电视四台(Canal Plus)工作,笑声活泼热情。我喜欢这个姑娘。但我不喜欢这个年轻人。如果她能看到我在他脸上看到的表情,她就不至于喜欢他了,因为当她大笑时,他居然没有一丝笑意,他的慵懒随意是一种表演。

我们经过一片莎草地,旁边是水晶般的海湾,周围是秋天的红金色树木;但如果我们乘坐这列火车穿过地狱,那么他只能在窗户上看到自己的倒影。不时地,他会让她中断电话,轻快地接听新来电;然后,他先等一下,以一种矫揉造作的害了相思病的样子重新与他心爱的人联系,并向她表达了痛彻心扉的朝思暮想。

---

① 法国西北部的一个城市。

第三章

关键是他相信自己"进入角色"了。这就是方法派演技。他想和她一起去旅行。他对她说:"你要我去哪儿,我就去哪儿。"她应该让他见鬼去的,但她全然不知,她心之所向的"明月"早已照向沟渠。

清教徒和戏剧演员也许是截然相反的,但那些吵闹的福音派教徒来自清教徒传统。美国的第一次、第二次和第三次(宗教)大觉醒运动都有"狂喜"的起源;就这一点而言,大多数(如果不是全部)宗教也是如此。如果这是一个我们不愿意考虑的事实,想想詹姆斯·斯图尔特(James Stewart),戏剧的真实和真实的戏剧。真正的美国"偶像"是谦逊、矜持的清教徒,他的信仰使他有义务站出来,扮演父亲的角色并捍卫善良——就像罗德里格斯所说的那样,"当众力争"。清教徒说,上帝希望每个人都能自立。所以,自立是一笔神圣的财富。但仅仅立在那里是不够的。人必须说话,挥舞手臂——或是一根绳子——才能给人留下印象;他需要有拿得出手的东西,有时他只有自己。纵观广大的美国人,有时我们禁不住要问,美国是否不仅仅是一个经选举产生的君主国家,而是数以亿计。

美国人生活的精神层面不仅建立在国教上,而且建立于个人和国家之中,因此,他们的言行都倾向于带有宗教热情。林肯在北方联邦胜利之际发表的第二次就职演说刻在纪念堂的大理石墙上,它是一篇为世俗事业服务的言辞犀利的清教徒式布道词。关于交战双方,他说:

> 他们都读同一本圣经,向同一个上帝祈祷,并且都祈求上帝的帮助来对抗对方。有些人居然敢要求公正的上帝

来帮助他们从别人的血汗里榨取面包,这似乎很奇怪,但我们还是不要妄下判断,以免别人评判我们。双方的祈祷都得不到回应。任何一方都不会得到充分的回应。上帝有他自己的目的。"这世界有祸了,因为将人绊倒;绊倒人的事是免不了的,但那绊倒人的有祸了!"①

总的来说,林肯和大多数开国元勋一样,被认为是自然神论信仰者,如果还算不上是一个彻底的怀疑论者的话。但在这里,他引用了耶稣的话,虽然他怀疑耶稣的神性,他在内战中发现了上帝的意图,就像一个世纪后尊敬的金博士所做的那样,从宗教隐喻中汲取灵感。林肯说,让我们假设,奴隶制是耶稣所说的罪行之一,那么它正是上帝现在打算通过这场战争来消除的罪行。人们祈祷战争会结束;然而,林肯却说:

> ……如果上帝要让它继续下去,直到奴隶们用二百五十年的无偿辛劳所积累的所有财富灰飞烟灭,或如人们在三千年前说过的,直至鞭下抽出的每滴血都要用剑下刺出的每一滴血来偿还,所以今天我们仍必须说,"主的审判是完全公正无误的"。

这是一个简短的就职演说,长度只有肯尼迪演说的一半,而且字里行间提到上帝的次数是美国历史上任何一个就职演说都自愧不如的。然而,关键之处不在于他提到上帝的次数,也不在于上帝使

---

① 《圣经·马太福音》18:7 "不要绊倒人"。

第三章

第二次就职演说如此"宗教化",而是林肯将战争表达为宗教经历的方式。

这听起来就像是亲获的天启。也许他有意识地努力给即将到来的北方胜利以神圣的制裁,或者清洗联邦和教会,将南方奴隶制度的残迹一扫而光。也许这是为了使清教思想的力量在共和国的事业中发挥作用,作为一种精明的政治考量,使联邦成为神圣的事业。但是,尽管这次演讲很激进,也不像我们今天所习惯的沙文主义和武力恫吓,但它仍是一个如假包换的美国缩影。四年后,当谈到战争的意义和联邦的目的时,林肯不再求助于伏尔泰(Voltaire)或汤姆·潘恩(Tom Paine)①,而是求助于《圣经》。如果最伟大的美国人和最有权势的人从中找到了答案,那么,那些最贫穷和最弱势的人——那些被解放的奴隶和他们的后代——将何去何从?对他们来说,战争几乎没有解决任何问题,骚乱也从未消失。布克·华盛顿在1901年写道:"老一辈人的雄心壮志是在他们去世前努力学会阅读《圣经》。"

林肯的语言功底出类拔萃,因为他天生就是悲剧演员。他从来没有怀疑过自己事业的正确性,也没有犹豫过要扩大它的范围,他以不懈的热情参加这场战争,但并不是作为一个原教旨主义者。葛底斯堡和第二次就职演说并没有回避复杂性或悖论。虽然他鄙视敌人的动机,但他不将之称为邪恶。称其是错误的就足以。将敌人称为魔鬼,实际上就等同于将其妖魔化,剥夺了他所有的权利和同情。林肯可能会厌恶他,但如同在悲剧中会发生的,他视其为时

---

① 潘恩,英裔美国思想家、政治家、革命家,美国开国元勋之一。著有《常识》《人的权利》等。

间、命运和错误观念的受害者。对林肯来说，虽然政治判断是绝对的，但生活仍然是相对的，人都会犯错。如果他说敌人是邪恶的，那就暗示了他亚伯拉罕·林肯也不是完美的：即使政治可以使之可信，他也知道这个假设是错误的。

在这两次演讲中，林肯将悲剧理解作为美国意识形态的核心。乔治·W. 布什则将摩尼教（Manichean）视为主旨。你可以从林肯总统的话语中感受到一种精神的努力，对真理的追求。怀疑，包括自我怀疑，充斥着他的散文。在布什总统的演讲中，我们只发现了"道德明确"的肤浅幻想，其结果是："我们已知晓了自由的代价。我们已经展示了自由的力量。我们将看到自由的胜利。"很快我们就会遇到"自由的敌人"。更令人信服的观点可能是，对自由的热爱与扼杀自由的本能并存，而且总是与众多专制小国共享民主。这就是林肯所理解和能够承认的。但乔治·W. 布什则不然。他的讲话不容许悖论的存在。悖论因质疑的缺失而减少。质疑无法存在于陈词滥调之中。没有什么可以，包括合理的希望。

我被一个五年前为了活命而逃离喀麦隆（Cameroon）的人驱车送到联合车站。他在华盛顿待了三年，再之前的两年在巴黎。华盛顿的生活很艰难，他说他觉得语言很难；他感到孤立无助；他对美国的外交政策和美国人的态度感到愤怒；他赚的钱不多且无存款，因此无法负担他想要获得的教育。尽管他心怀不满，尽管法语是他的第一语言，而且他也更熟悉法国文化，但在华盛顿的生活比巴黎的要好得多。在巴黎，他更难找到一份工作，而且更糟糕的是，警察和移民当局从未停止过对他的骚扰。而在华盛顿，他们从不打扰他。他有生命和自由，他在追求幸福。

第三章

我乘坐美国铁路公司为商务通勤者提供的特快列车"阿西乐"（Acela）前往纽约。阿西乐可能代表了美国交通运输业的另一种欧洲式未来的愿景，但很明显，该企业并没有全身心地投入旅客服务。这些列车的速度还不算慢，但装备不如欧洲和日本的同类列车。一旦放弃某些东西，资本主义民主就会发现时光无法倒流。如果阿西乐的设计者能够让历史回转，那么火车对于现代旅客的意义可能就像普尔曼卧铺车对于上一代人的意义一样。它们不仅速度快得多，还会有会议室，甚至是董事会会议室，配有无线网络连接和幻灯片演示所需的全部设备。至少会有星巴克、健身房、水疗中心、桑拿浴室和按摩师。一队日本厨师将会挨节车厢地提供寿司。只怕有人会被撑死在从华盛顿到纽约的旅途中。

但是，美国并没有把自己的聪明才智投入阿西乐。今天的乘客和他们那活在铁路旅行之辉煌旧日的前辈们的唯一共同点，就是在上车前不经任何安全检查，你可以带着一个装满塑性炸药的行李箱上车，然后一路被送到宾州车站。

第四章

所有这一切对人类意味着什么呢?

索尔·贝娄(Saul Bellow),

《晃来晃去的人》(*Dangling Man*)

2005年10月是有记录以来最炎热的月份,也是纽约最潮湿的月份。一连数日的暴雨丝毫没有停歇的意思,并且越下越大,风也越刮越猛。狂风袭击了曼哈顿(Manhattan)中城的密集楼群,在十字路口处盘旋。它们把巨量的垃圾裹挟到人行道上,吹来吹去,然后再将其卷起抛向地铁的台阶,最后落在一摊摊的脏水里。但是,在街角,一帮男男女女像亚哈(Ahab)船长[1]一样,一边对着手机大喊大叫,一边娴熟地操控着雨伞抵抗疾风骤雨。结果通常是尼龙伞面被扯碎了,中棒上的伞骨也被吹断了,雨伞的主人无奈将这些残骸扔进了马路的排水沟里。他们被雨淋得上气不接下气,一边通着电话,一边从口袋或钱包里掏出5美元,从蜷缩在墙边的小贩那里又买了一把雨伞,继续向前走。

---

[1] 美国作家赫尔曼·麦尔维尔(Herman Melville)所著的长篇小说《白鲸》中的船长。此人为猎获白鲸不择手段,最终在其执念的诱导下葬身大海。

第四章

在电视上,我看到一个豪华轿车司机告诉一个采访者,街上的每个乞丐都会让他想起下一周的房租。他说,他距离加入乞丐行列总是仅一步之遥。在"比较景气的一周"里,他赚了400美元(包括小费)。他的一居室公寓每月花费800美元。在纽约庞大的服务业中,有200万人从事全职工作,在贫困线上下挣扎;若要保持生活在贫困线以上,就像这个豪华轿车司机一样,他们中的很多人都依赖于陌生人的善意维持生计,或者任何其他让人们愿意给小费的事情。超过百分之十二的美国人口是穷人。在纽约市,这一数字为百分之二十,而且还在上升。贫穷意味着无立锥之地。市政府有法律义务为无家可归者提供住所,但由于没有其他选择,市政府只好将他们安置在布满寄生虫的旅馆和房子里,而那些不诚实的房东则向他们收取天价租金。主流媒体很少报道这样的事,但是杰克·纽菲尔德(Jack Newfield)——已故的令人敬畏的《乡村之声》(*Village Voice*)记者,他坚持报道此类事件长达30年之久。他发现体系"挥霍无度,残酷无情"。他同样谴责了房地产精英,并称他们是"纽约市的权力",以及自由主义精英,他们越来越关注枪支管制、公民自由和其他有关"自由"的问题,越来越少关注贫穷、剥削和阶级问题。他说,"阶级"是"一个没人待见的词"。

规则很简单:在实现个人成功被认为是最重要的事情的地方,找到失败的共同原因近乎怪异。阶级是为失败者准备的。成功在任何地方都意味着相同的内容,但是没有哪个地方像美国一样享受成功。在美国,它类似于一种更高的存在状态。如果你观察广告描述成功的方式,或者戴维·莱特曼(Dave Letterman)或拉里·金对成功人士的采访,你就会发现成功与阶级无关,与地位稍有关联,而与幸福休戚相关。成功就是快乐——别人的快乐来源于你的成功。它总是指有所成就——让人大赞一声"哇！"。它是当下的乐趣、幸福、天堂。成功意味着满足。对于非美国人来说，愤世嫉俗、嫉妒和吝啬思想的缺失需要一些时间来适应，而一旦他们习惯了，也便完全解脱出来了。

希望和拯救的信条在美国现实生活中根深蒂固。对成功的庆祝——是创业树上的花朵，是自我驱动、创新的盈利实现，或者，如果你愿意，是上帝为我们每个人制定的计划的实现——"名人"由此而来。包括总统在内的美国人，有时谈到企业家就好像他们遵循了一种神圣的召唤，而十诫（Ten Commandments）[1]中没有提到这一点，只是因为上帝知道企业家不是那种可以被约束的人。又或是因为他在《申命记》（Deuteronomy）[2]中提及的："你要纪念耶和华你的神，因为是他赐你得到财富的能力……"除了用自己的名字或者公司品牌来代替"你"，你还需要什么使一项生意合法化呢？

不可否认的是，美国为有雄心壮志的人们提供了机遇，也为他们的企业所产生的非凡经济和技术力量提供了机会，当然还有很多其他方面。当成功的对冲基金经理坐在他的位于40层的可俯瞰中央公园（Central Park）的办公室里，带着对祖国纯粹的崇敬，告诉你他从越南战争回来后，是如何拿着军队给他的2000美元在纽约起家的，你便认识到了这种精神的存续。当一个电台记者采访第一代埃及移民，该移民在纽约有一个24小时营业的街边小摊，卖羊肉和米饭配一种特殊的白酱，而每年营业额达300万美元时，同

---

[1] 见《旧约·出埃及记》。
[2] 见《旧约》。

第四章

样可以使你认识到这一点。

《办公室》(The Office)是一部反映英国现代工作生活的情景喜剧,美国进行了翻拍,转化后的差别比人们预想的要少。但它的确回避了阶级。制片人去掉了阶级元素,并增加了希望。他们说,美国人需要希望。但是希望能涵盖多少人呢?它能适应封建制度吗?或者能适应百分之一的人口拥有百分之五十的股票、百分之十的人口拥有百分之九十的股票的社会现实吗?在这个现实中,首席执行官一年赚得数百万美元,而为他们开车的人每小时却只能挣5美元。受过教育的高管和未受过教育的仆人之间的差距只是这则故事的一部分:另一部分是受过教育的高管和受过教育的工薪阶层之间的鸿沟。1980年在纽约,我的两个朋友——一个是记者,另一个是在银行工作的经济学家——每人年收入约为4万美元。如今,这位记者的薪水是当年的5倍。而这位经济学家,在其就职的银行,身价已达700万美元。

在一些国家,这种不平等可能会导致人们上街抗议。而在美国,这种不满更有可能在宗教或其同类——名人身上得以体现:献身于比体制更可靠、比"梦想"更现实的东西。

有了希望——或是信仰,正如所有善良的基督徒所知晓的那样——你可以移山填海,"对你来说没有什么是不可能的"。但是,很多美国人会告诉你,很多昔日的希望已成过眼云烟:没有人再认真对待美国人可以实现"从小木屋到白宫"的飞跃的观点;名人效应可打开成功之门,但这是绝大多数人可望而不可即的;关于自由和机会的夸夸其谈与现实的相似之处前所未有地微不足道。如果统治美国的不是阶级,那么它可能是马斯洛(Maslow)需求层次理论的某种翻版:在顶端,充满幸福的自我实现者围绕他们的特权建造了更高的门槛；在他们之下的人通过信用寻求提升；而在最底层，一群人试图吃出一个更高的境界。

现在，债务在现代美国人的意识中悄然蔓延。不仅仅是欠中国的债务，或占抵押贷款市场五分之一的次级借款人的债务。这是一种能引起共鸣的债务：不是美国中产阶级的债务，而是他们子女的债务；那些工作后没有积蓄的人，即使他们能买得起住房，也没有偿清贷款的现实机会。事实上，所有的希望都寄托在信用卡上。对孩子们来说，债务是实实在在的，他们很可能比他们的父母更乐观；对他们的父母而言，这种痛苦是感同身受的和令人沮丧的，只有父母才明白个中滋味。这似乎是一种他们无法为自己开脱的罪行，因为他们已经花了一生的时间来逃避债务，而他们的孩子们现在已经深陷其中了。他们不知道他们的孩子是否有可能了解那种实实在在的无债一身轻的感觉是多么美好；两不相欠是多么自由，甚至高尚。如果他们不知道这些，又怎么能理解美国梦呢？

有很多人认为好日子可能行将结束。机会寥若晨星。太多的福利或太少的公共投资，太多的特权或太多的腐败，导致希望之路窒碍难行。有些人认为银行只是靠信贷维持营业。不仅仅是密西西比州贫穷的黑人出租车司机害怕与中国算账，或者担心庞大的次贷市场出现大规模违约。他们用阴暗的语调谈论这个问题，就像其他人谈论萎缩和受压迫的美国中产阶级那样。在普遍意识中，工人阶级或无存在感，中产阶级却不容忽视。必然是这样，因为它对民主和共和国的健康至关重要：它甚至可能是它们的决定性因素。但无论你走到哪里，你都会发现美国人说中产阶级受到了威胁或打击，就像中西部独立的小农场主一样，已经时过境迁了。

第四章

美铁的"湖岸号"（Lake Shore）路线从纽约一直延伸到芝加哥，形成一个大的西北环线。广告宣传册列出了沿途可以看到的许多"风景名胜"：哈得孙河谷（Hudson River Valley）、伯克希尔山脉（Berkshire Mountains）、伊利运河（Erie Canal）、莫霍克河谷（Mohawk River Valley）、伊利湖（Lake Erie）。但是，由于火车一天只运行一班，冬天的游客只能在夜幕降临前远眺哈得孙山谷的掠影。当然，如果他们买了回程票，就可以看到伊利湖，但那样的话他们就看不到哈得孙河或山脉了。许多其他的风景名胜、大量的地质现象和整个州都因为同样的原因而与乘客们失之交臂。一个人乘火车穿越美国，就像一只跳蚤穿行在一匹死马上：但当然，只要太阳升起，从一匹骏马上所能饱的眼福别无二致。

在华盛顿特区和波士顿（Boston）之间运行的美铁列车，包括阿西乐列车，几乎都可赢利。而穿越整个大陆的长途列车亏损却相当严重。这些事实组合起来似乎说明了，像许多经济评论员一针见血指出的，据说布什政府支持将前者私有化并清算后者的原因。在东北走廊运行的列车之所以能够赢利，主要有三个原因：第一，它们在相对较短的距离内为数百万人提供服务；第二，相当一部分人口是富有的上班族；第三，由于在这一行业有投资，这些列车装备精良，速度快捷，而且不需要给每一辆过路的货运列车让路。

在横贯大陆的铁路线上，列车都很老旧，而且铁轨为货运公司所有，所以它们几乎不可能准点运行，常常会晚点数小时。据我

冷观静思美利坚

遇到的一位货运司机说,铁路货运系统比公路运输便宜得多,但也在走下坡路。他说,"问题是我们现在的铁轨数量和一百年前一样,并没有增加。如果我们有两套轨道,那么运送的货物就不会受限制了"。

即使美铁拥有自己的铁轨,横贯大陆的列车也很可能需要补贴——运行良好的铁路几乎总是需要补贴的。但在新自由主义时代,补贴被人鄙视——嗯,至少在某种程度上——这稍稍取决于谁想要补贴以及选择什么词来形容补贴。对农业的补贴不会被鄙视。大笔用于道路和机场的公共资金不被称为"补贴";"9·11"事件之后对航空公司的150亿美元救助不被称为"补贴"——但是,至少在媒体上,花在美铁上的钱却被称为"补贴"。无论你怎么称呼政府的钱,如今有一种强烈的政治共识,那就是,像铁路这样古老的东西不应该得到政府的钱:即使是一条穿越在地球最伟大土地上的壮丽平原和群山之间的铁路,抑或是一条本身就彰显美国天才和精神的铁路,再或者是一种为美国的穷人提供安全、舒适和相对便宜的交通工具。正统派希望它消失:他们以一切合理和体面的名义要求它消失。对封闭的社区来说,这就像是一场瘰疬①的爆发。

另一方面,政客们感觉,如果有一条铁路穿过投票地的话,那就应该为其提供某种帮助。毫无疑问,这些政客和其他人一样,认为美铁基本上气数已尽,但他们更坚定地认为美铁不应该被废除。美铁首席执行官戴维·冈恩(David Gunn)在得知2006年的预算中没有为美铁提供资金后,他对这个难题做了一个完美的表述:

---

① Scrofula,淋巴结核。

第四章

"总之,除了破产,他们对美铁没有任何计划。"

当你致电美铁时,一个名叫朱莉的女人会接听电话。她会说:"嗨,我是朱莉。"即使她告诉你她是自动语音,你也要适应几次才不再对她回应"嗨,朱莉"。然后她说:"好了,让我们开始吧。"很快你就能回答她的问题,做她让你做的一切。我喜欢她。她不偏不倚。我时常想,如果她是真实存在的,也许会像托尼的妻子卡梅拉·索普拉诺(Carmela Soprano)[①]。

迟早,朱莉会为你接通美铁的某个"工作人员"。我不知道为什么这些代理人都乐于助人、迷人又高效;很可能这意味着公司忽视了最终盈利(或亏损),或者它没有人力资源部门。无论是哪种情况,我们都可以肯定不会持续太久,你应该现在就预订行程。美国铁路公司的工作人员似乎至少都是中年人,而且都在自己的家里工作。我与他们有过不止一次的长谈;在被训练得像学舌的鹦鹉之前,他们很乐意像有教养和好奇心的人类那样讲话。就在一次这样的谈话中,我向一位住在加州里弗赛德(Riverside)的女士了解了美铁惊人的延误原因。我知道在货运公司的列车与美铁列车之间,货运公司会给予前者优先权——市场已经做出判断:玉米和菠萝比市民重要——然而,直到她告诉我时我才了解到,当货运司机发现身后有一列美铁火车时,他们把速度降到每小时35英里并非不同寻常。

当我知晓此事时,布什政府已经要求戴维·冈恩下台,并在冈恩拒绝后解雇了他。里弗赛德的工作人员告诉我,在她看来,冈恩本是被派来解散美铁公司的,但他一上任就发觉美铁是可以发展

[①] 美剧《黑道家族》中黑手党老大托尼·索普拉诺的妻子。

下去的，所以拒绝听从管理部门的命令。她说这就是他被解雇的原因。

在湖岸号用晚餐时，一位在堪萨斯州长大、生活在纽约皇后区的女士说，她一直认为没有人会比里根更糟糕，但小布什使得她希望里根复活。她羞于谈论他。一提到新奥尔良，她就说："五天。他怎么可以花五天时间才出现？"这位女士认为布什政府可能即将瓦解，并希望总统和副总统都以叛国罪被指控。

当餐车上供应晚餐时，乘务员会为你铺床；当你在餐车里吃早餐时，他会整理床铺，叠好被子，备好座位。如果能像这样生活几个月甚至几年，我会乐此不疲。下铺稍短几英寸，噪音大，灰尘大，不像上铺那样摇晃。我睡在上铺，躺下后鼻子离天花板大约9英寸，很容易想象你躺在一个停尸盘上，正以每小时80英里的速度被推进无垠的黑暗之中。安眠药有助于将摇摆和喧闹转化成安慰，一旦这种情况发生，在火车上睡觉会成为你余生的至少是时断时续的念想。

中西部地区醒来时，仿佛是由那个地区的上帝精心编排的。我们来到了印第安纳州（Indiana）的地界。太阳冉冉升起，洒向一望无际的玉米田，将植株茬上的霜照得亮晶晶的。那里有修剪整齐的草坪，紫红色的谷仓，还有轮廓清晰、功能齐全的农舍，门廊上飘扬着星条旗。每家每户都是共和国的堡垒，皮卡货车在长而直的车道上穿梭往来，后窗上贴着国旗贴纸。

印第安纳州的人们奋起为他们的国家和他们的上帝服务，并为这个国家120亿蒲式耳的玉米产量贡献出属于他们的份额。其中

第四章

一半玉米用来饲养牲畜，一部分用来生产乙醇，一部分用来生产淀粉，还有一部分用来酿酒。很多都被制成了玉米糖浆和"高果糖玉米糖浆"，这种糖浆与普通糖浆不同，它用来为美国的软饮料和超市里几乎所有加工食品增甜。40年前，美国人的食物和饮料中都是添加糖的。他们对高果糖玉米糖浆闻所未闻。现在，每个美国人每年平均吃掉62磅这种东西。从糖到玉米糖浆、从蔗糖到果糖的转变是因为玉米糖浆更便宜一点，而当你面对的是美国人对加工食品和饮料的巨大胃口时，几美分的差价瞬间就可积少成多达数十亿美元。有些科学家认为，企业的节省可能是以公共开支为代价的。他们开始认为这种转变有助于解释2型糖尿病发病率的不断上升，以及美国医疗总监口中所说的"肥胖病"。他们认为，这是因为在人体中，果糖的作用更像脂肪，而蔗糖则不然。

并不是所有的科学家都得出了这个结论，业界当然也没有苟同。但美国《农业法案》（Farm Bill）可是毫不含糊地每年支付给农民250亿美元，让他们生产更多的玉米，以及大豆、小麦、水稻和棉花。当我们说"农民"时，我们所指的只是一些农民：三分之二的农民没有得到补贴，而在有补贴的三分之一人中，有百分之十的人得到了百分之七十的救济。《农业法案》的影响波及了各种意想不到的地方：比如，在墨西哥边境，许多人之所以试图越境进入美国，就是因为自《北美自由贸易协定》（North American Free Trade Agreement）生效以来，大量受补贴的美国玉米充斥了他们国家的市场；据墨西哥政府估计，这场灾难已使200万农民和农业工人失去生计。

这项补贴使得加工食品比新鲜食品便宜得多，这意味着穷人和他们的孩子以加工食品为生，贫困的学校也是如此。《农业法案》

是在穷人骨瘦如柴、步履蹒跚的年代提出的。补贴是为了让他们吃上饭,并为种植粮食的农民提供生计。现在的肥胖和过去的瘦弱一样,无疑成了贫穷的标志。《农业法案》并没有给穷人提供营养,而是让他们摄入碳水化合物和脂肪;并没有帮助个体农户长期务农,而是让农业综合企业和食品加工业赚得盆满钵满。

但是,如果你想留住你的农民和他们的选票,你就必须给他们东西种植;否则,那些漂亮的紫红色房子和谷仓就会腐烂,教堂就会废弃,皮卡货车就会在树下生锈,旗帜也会变成碎片。事实上,这种情况很久以前就开始了。中西部的许多地方已沦为往日中心地带的残影,根本谈不上是真正的中心地带。

与我一同吃早餐的那对年轻夫妇有个患有唐氏综合征的5岁儿子。他脾气暴躁,气势汹汹。我坐下后不久,服务员就问我要不要换一张桌子。男孩的母亲说,专家和朋友们坚持认为应该把男孩送去治疗,可他们无法接受这样的建议。她说,如果孩子依赖治疗师,他将永远不会独立。他的母亲不相信专家告诉她的话:她那一脸古灵精怪的儿子是一个"基因错误"。他们一家生活在纽约上城的一角,他们的经济来源是夫妻俩出于共同的理想而创办的一份月报。生活是一场斗争,但他们不会放弃。

倘若这是理想主义,那就不是肯尼迪的"问你能为你的国家做些什么"的那种,也不是布什的"企业家精神"的那种。这些人身上不带有标记,无论是真实的还是象征意义上的,无论是基于信仰的还是世俗的:他们不鼓吹任何口号,对个人财富的兴趣不及对个人成就兴趣的一半。也许他们是美国历史、文学和电影作品中常见的一类人,对所有移民社会都是必不可少的:这些人相信只有当自我参与其中时,现实才为人所知,而自我只有通

第四章

过对现实的体验才为人所知并得到满足。如果你喜欢的话，可将其称作务实理想主义者；我确信，出于同样的理念，他们下定决心要看到儿子实现自我。这个男孩的母亲心目中的英雄是瑟古德·马歇尔，他是伟大的民权运动家，也是1954年布朗诉教育委员会案的律师，该案标志着学校种族隔离制度开始走向终结。马歇尔一开始为铁路工作。美铁一直是美国黑人能够得到体面工作并可稍稍实现自我的地方。

现在，当黑人服务员清理我们的早餐餐桌时，美铁公司的湖岸号停在了印第安纳州南本德（South Bend）荒凉的边缘。芝加哥离这里还有一小时的路程，而列车已经晚点两小时。列车大部分时间都在缓缓而行，当我们离郊区只有几英里时，车又停了下来。10分钟后，一列一英里长的货运列车驶过。我们仍未动身。45分钟后，另一列长达一英里的货运列车从我们身边经过。我们重新开始龟速行驶。一小时后，我们终于到达了芝加哥。

芝加哥的美铁车站位于街道之下。没有多少赢家会进入这个几近终结的充斥着拳击馆般昏暗的时代。鲁珀特·默多克的24小时宣传频道在候车室和咖啡馆里忽隐忽现。这里的咖啡味道糟糕极了，但自从火车发明以来，火车站就有了这种咖啡。现在的车站咖啡和1900年的车站咖啡唯一的区别是，现在的车站咖啡是装在一个大纸杯里的。另可选择更大的纸杯或者可以装半加仑的纸杯。陶瓷器皿在一定程度上退出了美国文化舞台。即使是在外观漂亮的熟食店，顾客们也会使用纸盒、塑料餐具和餐巾纸来吃喝。每顿饭结束时，顾客都会把吃剩下的东西果断地扔进角落里装有黑色塑料袋的大垃圾桶里。美铁列车的各车厢后部也总会有一个这样的垃圾桶。灵感可能源自痰盂。

福斯特（E. M. Forster）说："一个面向湖泊的摩天大楼的门面和背后都充满了各种各样的疑点。"有些人永远无法原谅疑点，尤其是美国式的疑点，但现在芝加哥的"门面"是对虔诚的考验。你可以在芝加哥河（Chicago River）乘船，距乘船点约 英里处，河流曾在此汇入密歇根湖。然而，往事如烟，那已是一个世纪之前的事了，当时这条河臭气熏天并对公众健康构成威胁，城市的管理者们将它的水流逆转，使其向南流入伊利诺伊河，而后流入密西西比河。因此，这条曾经流入五大湖的河流现在流经新奥尔良，最终汇入墨西哥湾。当你尝试这样的事情并且成功的时候，它一定会极大增强你的自信，而这正是芝加哥所拥有的：自信。

当人们说芝加哥是真正伟大的和名副其实的美国城市，芝加哥人是真正的美国人时，他们意味深长，但在某种意义上，他们总是意指坚韧不拔的自我信念；对想象力和所向披靡的乐观态度的信任，这不仅是一种精神品质，而且是不断成长和再创造所必需的自我品质。当然，芝加哥的态度带有这样一种暗示，即若以芝加哥为标杆，美国将前景光明；若以芝加哥人为榜样，美国人将更加优秀：芝加哥人合宜地将小酒吧设在游船上，当你正好航行过芝加哥市中心的时候，酒吧的男招待还会额外赠送给你一杯酒来御寒，然后就像一个老练的导游，告诉你这一切是如何发生的。如果你发现黑帮分子会从你的伏特加中得到回扣，你真的会在意吗？

如果你想寻找美国天才的印记，这里是不错的起点。当然，天才就在那些高大典雅的建筑里，这些建筑让每一个看到它们的人都感到惊叹和钦佩不已；但是，单单几幢建筑，甚至是十几幢建筑加

第四章

在一起，都远不如整体效果那么引人注目。整体效果就像是穿越玻璃和混凝土构成的森林，梦见如同沉没的亚特兰蒂斯（Atlantis）或者从另一个星球坠落的一座城市。

最不同寻常的是，芝加哥是建在一片沼泽地上的，气候恶劣，它的存在归功于（通常是腐败的）市政当局和大企业之间的合作，而在其他大多数地方，大企业因制造丑陋和混乱而臭名昭著。如果说天才是普通的想象力与合理的期望所无法企及的，那么，芝加哥的建筑便可冠上天才的名号。更神奇的是，这些高耸的建筑没有广告，甚至连建筑商的名字都没有。

芝加哥市中心太干净了。没有面包屑、烟蒂或泡泡糖纸。你可以就在街上吃甜甜圈。玻璃和大理石擦得锃光瓦亮，都可以当镜子照。如果有腐败，也不是你能感受到的。这座城市就像博物馆或好莱坞一样被完美地"展示"出来。抛开天气不谈，除了敬畏感和购买欲望，没有什么能触动我们的感官。就连乞丐的位置似乎都经过了精心的安排；他们举起一块块纸板，上面潦草地写着他们的恳求，这些字眼正好符合普遍流行的自我完善和小政府信条。人可以乞求，但不可对抗。在这个城市里走走，你可能会想到罗马。你甚至可能想到罗马和雅典都需要的奴隶。你可能会想，一个付给合法劳工每小时5美元多一点，付给非法劳工少得多，又让发展中国家的工人以低薪服务其制造业的国家，并没有把农奴制远远地抛在后面。因为这样的秩序和清洁对城市来说是不自然的，人们很快就会开始怀疑把什么人和什么东西置之度外了。它看起来令人叹为观止，但也有点粉饰太平。

很难想象还有哪座城市对其吝啬、强硬和腐败有过如此令人难忘的评价，尤其是那些欣赏它，甚至相信芝加哥才代表真正的美

– 121 –

冷观静思美利坚

国的人——它"从头到尾都是鲜活的",门肯道。我读过的每一本关于芝加哥的书都创巨痛深。第一本是詹姆斯·T.法雷尔(James T. Farrell)的《斯塔兹·朗尼根》(*Studs Lonigan*),迄今约有40年了,这本书仍然是一段凄凉的记忆。诺曼·梅勒(Norman Mailer)在我读过的第二本关于芝加哥的书《迈阿密和芝加哥之围》(*Miami and the Siege of Chicago*)中写道,"在芝加哥,没有人会忘记钱是怎么赚来的。它是从血仍未干的地板上被捡起来的"。那是1968年,当时现任市长的父亲统治着芝加哥和民主党。马丁·路德·金说,在他的一生中,即使在亚拉巴马或密西西比,他也从未遇到过像在芝加哥那样的种族歧视。也有可能,即使在南方,他也从未遇到过如此无情的政客。在《民权法案》签署后的12个月里,市长理查德·J.戴利(Richard J. Daley)怂恿林登·约翰逊总统镇压马丁·路德·金。一位民权运动领导者说,戴利"使马丁·路德·金失去了后援"。

对芝加哥的性格具有各种明显影响的因素包括它的严冬,但铁路可能是最大的影响。铁路在芝加哥把全美国连在一起。在把这个国家和其资本主义经济联系在一起的同时,铁路也将商业和政治紧密连接,这在历史上是前所未有的。历史学家威廉·米勒写道,"没有什么比权力的使用更刺激的了"。在芝加哥,铁路造成的腐败现象非常普遍。它还使这座城市以其工业、发明、科学和非凡的自我改造能力而闻名。

芝加哥的公共告示似乎比其他城市多。它们随处可见:在出租车和火车上,在建筑物的外墙上,在尚未建成的建筑物上,在垃圾桶里,在铁路桥下的阴影里,在公共告示通常不会出现的地方。每个告示上面都有一个名字——理查德·M.戴利,市长。你就是知

第四章

道,但凡他能找到一种半合法的方式,他就会把自己的头像印在硬币上面。然而,自由主义者、环保主义者、支持公共交通、支持城市复兴、支持同性恋权利、反对枪支的市长戴利受到了人们的广泛尊重,让他的名字无处不在并非是自1989年以来多达百分之七十的芝加哥人一直投票给他的唯一原因。他一定对管理一个城市略知一二。

在游河之旅开始的铁桥附近,一个年轻的黑人拿着一个老人的乞讨罐站在几步远的地方,逗他玩。老人绝望而愤怒地向他喊叫。此时,两位优雅的黑人妇女走过,看到了这场喧闹。她们中比较时髦的那位女士怒视着年轻人,用他能听见的响亮声音说:"有些人应该留在南方。"10分钟后,老人拿回了他的铁罐,又开始乞讨;但他的声音与刚才他对其欺凌者的喊叫声完全不同,现在,他的声音听起来可怜、微弱、沙哑。

解决问题的方法不止一种。一天晚上8点钟左右,一个不知道从哪儿冒出来的人挡住我的去路,对我说:"先生,这双靴子真漂亮"。

我低头看了看靴子。

"可是它们褪色了,先生。"

"没关系。"我说。

他说:"但这确实很重要。先生,你知道用凯迪拉克鞋油有什么好处吗?"他在我面前跪了下来。"它可以恢复皮革的光泽,而且可以保持6个月。看这儿,先生,大脚趾处。"

他抬起头来,不带讽刺地问道:"你不会踢我吧,先生?"

这时,他从大衣口袋里掏出一个没贴标签的塑料瓶,把一团白色黏稠物抹到我的右靴上。

我说："你知道，这靴子不用打油。"

但他单膝跪下，在另一条腿的大腿上铺了一块布，就好像他是朝臣，而我是某个王子。我发现自己服从了他的要求，把我的脚放在他的大腿上，当人们经过时，我单腿站在那里，他一边用手在我的靴子上擦凯迪拉克鞋油，一边问道，"先生，您叫什么名字？"

"唐，"我说，"你怎么称呼？"

"曼尼，"他回答说，"修鞋工曼尼。"

"你每天都在做这些吗？"我问道。这时他把我的右脚从大腿上挪开，又把左脚放在了他的大腿上。

"只是晚上，先生。你知道，我不乞讨，先生。我拒绝乞讨。白天，我在非裔美国人烹饪艺术学校（School for African Americans in the Culinary Arts）学习。"

他用口袋里的抹布把靴子拭亮了一些。他问我是不是英国人，我说不是，但他对答案不感兴趣。

我说："曼尼，我给你10美元可以吗？"

"8美元一只鞋，先生。"他说。

他带着16美元走了，寻找下一个目标。说不定他还带着一把十字弓或一罐催泪瓦斯。

第二天晚上，我差不多在同一时间经过同一个地方，但直到一个男人从同一个阴影中走出来，我才意识到这一点。一开始我以为是曼尼，但他拿出的不是凯迪拉克鞋油，而是一堆破破烂烂的照片，他说那是为无家可归的非裔美国人设立的一所机构的照片。他说他正在为此募捐。我礼貌地对他说不，这不仅仅是因为凯迪拉克鞋油没有任何效果，只是把我的靴子弄得黑乎乎，就像抹上了皂液或发乳一样，而是因为即使是最容易上当的傻瓜也不会为那些照片

第四章

而上当。我走的时候,他一直陪着我走,直到我坚定地说:"不,伙计,今天不行。"

"你谁也不在乎。"他说。然后转向一边,喊着别的什么,我没听清。于是我停下脚步,转向他。

"你谁也不关心!"他又喊道。

人们很容易把粉饰过的芝加哥解读为后"9·11"爱国主义语言中展现的美国的象征。就像上帝明确的指引和恩典一样,在布什共和国,自由、机会和美国的诀窍(通常被称为"创新"或"企业家精神")被视为美国生活的理想和已实现的事实。正如所展示的芝加哥并不是真实的芝加哥,而是一种博物馆或好莱坞式的布景,它本身代表着新保守主义意识形态的美国。他们知道这是一派胡言,或者至少在他们开始相信自己的宣传之前是这样的,权势人物总是如此。

然而芝加哥的情况并不尽如此。尽管教育和住房仍然是分开的,贫困、毒品和犯罪仍然比比皆是,但许多旧的贫民窟已经消失。现在有了黑人中产阶级。非营利组织已经在一些项目上投资了数十亿美元,以保证给新一代人带来比他们的父母和祖父母从南方来时的更好的机会。

23年来,格什开着一辆灰狗巴士往返于芝加哥和美国南方。他告诉我他讨厌南方,再也不想回去。现在他在芝加哥的一家豪华轿车服务公司开车,这家公司的主要客户是芝加哥大学。我的一个朋友是芝加哥大学的历史学教授,他对我说,我应该请他带我到处转转。

冷观静思美利坚

我猜格什已年过六旬，他面庞英俊，有着沉稳、体贴的眼睛和灰色的髭须，显得挺年轻。"英语是我的第二语言。"他告诉我，并补充说他没有第一语言。他是立陶宛（Lithuanian）犹太人的后裔。他的妻子是非裔美国人。他们住在位于海德公园的大学外的一座小屋里。格什的父亲是一个偷渡者：20世纪20年代末，他在加拿大待了很长时间，最后终于来到芝加哥。他们住在西尔斯（Sears）邮购商店附近。那时候西尔斯是芝加哥的四大企业之一。从格什的母校，你可以看到一英里外西尔斯大厦的旧址，还可以看到远处市中心的大厦新址。从该校你也可以看到旧太平间，它曾经是犹太黑帮的掩护场所。

美国有那么多地方，为什么格什的父亲会想来寒冷、恶臭、犯罪猖獗的芝加哥呢？那里失业率高达百分之四十，而且正如任何读过《斯塔兹·朗尼根》的人所了解的那样，那里还有一丝卑鄙的反犹倾向。

嗯，格什说，想象一下，你从东欧的某个犹太小镇来到芝加哥，那里有很多地方可以去：公园、公共会议室、电影院、温室——格什的父亲在温室里第一次见到香蕉，格什也是。芝加哥是天堂。他在芝加哥南部一个犹太人聚居的地区长大，那里也生活着少量的盎格鲁-撒克逊裔白人新教徒（WASP），但他很少见到他们。会议厅和电影院已不复存在了，公园也变得危险，那些古老的犹太教堂——你可以在教堂的封檐板上看到大卫之星（Star of David）[①]——已经变成浸礼会教堂。从那时到现在之前，这个地方曾是意大利和墨西哥人的地盘。现在它是非裔美国人的领地。从他

[①] 犹太教的标志。

第四章

们的前门廊,穷人可以越过铁路线看到富人的后院。

格什是一个土生土长的多元主义者:他热爱种族融合和芝加哥南北部之间的竞争;但他讨厌沙文主义。作为一个蓝领犹太人,他记得被天主教徒叫犹太佬,但他也记得他的母亲告诉他,永远不要以牙还牙,称呼别人为黑鬼或拉丁佬。他说这些族群之间有无形的界线:看不见,但一旦越过界线,你就会立刻意识到你无法融入。他开车带着我转来转去,讲解不同的建筑风格,不同街道和建筑的历史,那些曾经是波兰人聚居区的地方现在变成了波多黎各人(Puerto Rican)的家园了。他说他喜欢变化,但不喜欢新的群体破坏先人的文化遗迹。

他带我参观了费米(Fermi)[①]在芝加哥大学工作的地方;西蒙娜·德·波伏瓦(Simone de Beauvoir)[②]和纳尔逊·阿尔格伦(Nelson Algren)[③]共同生活过的地方,阿尔格伦曾说"爱芝加哥就像爱上一个断了鼻梁的女人";还有柳条公园(Wicker Park),阿尔格伦的《金臂人》(*The Man with the Golden Arm*)就是在那里拍摄的。我们走过了斯蒂芬·道格拉斯(Stephen Douglas)的雕像——"一个真正的卑鄙小人",格什说:1858年,他在参议院竞选中险胜林肯,给联邦带来的好处是无法估量的。他向我展示了铁路高架桥是如何与不同族群的故事联系在一起的,以及地方性的贿赂行为是如何与这些族群的到来相伴而行的——一是通过工作换取选票的方式,二是通过芝加哥历史上新崛起的"榨汁人",即放高利贷者。格什并不是职业导游,但没有一个职业导游像他一样出

---

① 恩利克·费米,美籍意大利著名物理学家,于1938年获得诺贝尔物理学奖。
② 法国著名作家、思想家,女权主义者。代表作为《第二性》。
③ 美国小说家。代表作为《金臂人》。

色。他用那种清晰、短促的芝加哥口音描绘出一幅幅宏大的、引人入胜的画面，每一个音节都很精确，但漏掉了双元音。他说，反正大多数语言都没有这些双元音。

在格什看来，人们对芝加哥有很多无端的恐惧。现今没有什么地方他不能去——但要慎重。他说，无端的恐惧和慎重之间有很大的区别。

5月时我在德雷克酒店（The Drake）住了两晚，它在芝加哥的酒店中属于老派豪华型，但这次我住的是俄亥俄豪斯汽车旅馆（Ohio House Motel），那里没有酒吧，没有舞厅，没有盆栽棕榈，没有弦乐四重奏，也没有伴舞乐队。没有穿制服的人帮你把行李搬上水泥楼梯。在俄亥俄豪斯，你可能会觉得自己像个失败者，但在一座拥有900万人口的城市中心，还有什么地方能让你在停车场找到一个独立的50年代餐厅？还有什么地方自带停车场？俄亥俄豪斯汽车旅馆是个怪胎。

回到汽车旅馆，我看了《罪恶之城》（*Sin City*）——或者至少我强忍着看了一会儿，直到暴力和我挨着公路的处境，以及他们的灯光所无法穿透的黑暗，使我的精神走廊开始被绝望和恐惧充斥。假装肌肉发达的米基·洛克（Mickey Rourke）开着一辆车，从打开的车门里将一个男人的头砸向路面。我并没有受到这种讽刺的刺激。我以为他们正在把黑色电影（*film noir*）推向合乎逻辑的下一步，但我并不想被他们牵着鼻子走。有一种有悖常理的快感，就好像你被丢入一个黑色情节之中，即使你只是在扮演一个小角色，而且随时都有可能在你可悲的汽车旅馆房间里被一名持枪歹徒杀死。但是，现代美国电影的残暴性——甚至像《罪恶之城》这样的讽刺电影——对于黑色电影，就像集束炸弹对军事英雄主义的影

第四章

响。它缺乏同情，它对观众心灵的影响属于另一种秩序。

非人的残忍和对复仇或男子气概的幼稚幻想——或者随便你怎么称呼《终结者》(The Terminator)及其所有的变种（包括V8皮卡、悍马、美国士兵和橄榄球运动员穿的装备）——甚至可能会回到谢尔曼将军的时代。终究，他被变成了一辆坦克。布什总统那笨拙的、得克萨斯式的招摇过市或许也有同样的起源。是谢尔曼与"低等"民族——他在南北战争前后猎杀的美洲印第安人，墨西哥"拉丁佬"，以及他认为是次等生物的黑人——的长期冲突吗？越南的"越南佬"是被攻击的下一个目标，现在是穆斯林。我想知道，美国文化中的大野兽是否是从所有这些战争中产生的；或者，如果它是一种群体本能的表达，否定了美国民主竞争、个人主义和混乱中的实现——那么它只能是想象出来的，通过国歌国旗、仪式、万圣节的南瓜来具体化。如果你一定要设想集体意志，为什么不把它想象成一个巨大而不可摧毁的东西，比如果冻巨怪大战[①]？

汽车旅馆便可以对你产生如此影响，所以在其中发现尸体就不奇怪了。他们一定喜欢找到尸体，否则他们就不会放映《罪恶之城》这样的电影。指责电影是不对的。外面所有的沥青和水泥，夜晚呼啸而过的汽车，远处的警笛声，米黄色的墙壁和糟糕的艺术品，透过垂直百叶窗的闪烁的灯光——这些东西都可以做到。或者也可以是小屏幕本身：粉碎性的、混乱的技术。马克·吐温在《罪恶之城》上映前100年和电视诞生前50年就创作了《康州美国佬在亚瑟王朝》(A Connecticut Yankee in King Arthur's Court)，其

---

① 出自由杰克·哈里斯(Jack Harris)制作、史蒂夫·麦奎因(Steve McQueen)主演的科幻恐怖大片《变形怪体》，讲述了外星怪物入侵小镇的故事。

中有些东西他说到点子上了。哪里有消灭的能力，哪里就会有被消灭的幻想。还是反之亦然？美国会因为美国人惧怕脆弱而有时自认为无所不知，还是由于他们近乎无所不知而自认为脆弱，但又不尽然？

我看《罪恶之城》时还没有读过《康州美国佬》。果真读过，夜晚就不会让我感到如此心烦意乱了。在美国，无论你走到哪里，马克·吐温的陪伴都会令你的旅行心境更加平静。

第五章

对于一个美国人,只要他永远生气勃勃、与众不同,
他就是一个在荒野中重生的文明人。

华莱士·斯特格纳(Wallace Stegner),

《荒野之信》(*The Wilderness Letter*)

"奥克兰(Oakland)……太可怕了。"西蒙娜·德·波伏瓦在1947年和纳尔逊·阿尔格伦一起路过这里时写道。我在那里待了一夜,希望能看到一些可怕的东西,或者看到杰克·伦敦(Jack London)曾居住的这个港口伤痕累累的迹象。火车依旧沿着主街行驶,正好穿过杰克·伦敦广场,但如今,广场之于伦敦笔下的奥克兰,好比"白牙"(White Fang)①之于可卡犬。把它归结为再一次复兴:这里都是仓库式公寓、高档酒吧和早餐店,出售麦草饮料和纸杯拿铁咖啡。但中餐馆是老式的。我用筷子吃饭,所有的中国人则用叉子。

1979年,洛杉矶黑帮头目斯坦·"土基"·威廉姆斯(Stan

---

① 《白牙》是美国作家杰克·伦敦所著的中篇小说。描写了一只叫白牙的狼通过各种遭遇变成如家犬一般,从荒野走入人类世界。

冷观静思美利坚

"Tookie" Williams）因杀害四名无辜者而被判有罪，即将在圣昆廷州立监狱（San Quentin State Prison）被处决。威廉姆斯和他的数千名支持者坚称他已是一个改过自新的人。他曾创作过儿童文学，告诫孩子们远离黑帮，还为成年人撰写过以救赎为主题的书。总统还给他写了一封表扬信。但是州长阿诺德·施瓦辛格（Arnold Schwarzenegger）拒绝赦免他。威廉姆斯年轻时认为生命是廉价的。现在加利福尼亚州赞同了这一观点。这给人们内心蒙上了一层阴影。两点的时候，我打开电视，正好看到唐·科里昂被枪杀。就在阿尔·帕西诺从厕所里拿枪回到餐厅时，我关掉了电视。就在昨天晚上同一时段，在《好家伙》（Goodfellas）[①]里，乔·佩西和罗伯特·德尼罗在酒吧里把一个家伙踢死了。

距离圣诞节还有几个星期。我从洛杉矶乘火车沿着加利福尼亚海岸行驶，去参加一个婚礼。现在，我正前往埃默里维尔（Emeryville），然后搭乘美国铁路公司的"加州微风号"（California Zephyr）列车[②]，它从那里穿过落基山脉（the Rockies）和中心地带，到达芝加哥。外面的田野上，一群群工人俯身在地上采摘草莓。车内，有着明亮眼睛、橄榄色皮肤、蓄着白色小胡子的赫布向我讲述了他最近一次的太平洋航行。赫布虽已年过古稀，但身体非常好。他长得就像想象中上了年纪的克拉克·盖博（Clark Gable）[③]。赫布经常乘船巡游；他刚刚结束了在这条航线上的第八次航行。当他不出海的时候，就会骑着他的六缸本田摩托车，后面还挂着个能在3分钟内改作帐篷的拖车。他骑着这辆摩托车走遍了

---

① 马丁·斯科塞斯执导的经典黑帮电影。
② 从芝加哥到旧金山的特别观光列车。
③ 美国著名电影演员。曾主演《乱世佳人》等影片。

第五章

美国。

对面那个91岁的男人，50年前就写了一本关于法律的教科书，写书的收入现在还在为乘船巡游买单。赫布在第二次世界大战结束时参军，虽然他一直待到朝鲜战争，但他从未经历过任何军事行动。然而律师看到的远比他愿意回忆的要多。他曾在巴顿将军的第三军团服役，后来成为一名战争罪行调查员。在奥地利（Austria），他不得不亲眼看到战俘被强迫（而且常常是致命的）遣返苏联。然后他去了朝鲜。他倾向于笑对恐惧，但也认为每一个战争行为都是犯罪。

他的妻子83岁，曾经是一名婚姻顾问。她写过一部惊险小说，叫作《汽车旅馆谋杀案》（*Motel Murder*）。在书中，她杀死了所有她不喜欢的人。像赫布这样"如此有颜值的男人"至今还是钻石王老五，这让她感到惊讶。赫布毫不犹豫地说，这只是一个选择问题。现在，在圣路易斯奥比斯波（San Luis Obispo）南部一个空阔的山谷里，数百人弯腰摘花椰菜，数千辆拖车和棚屋挤在田地边上，车上挂着美国和墨西哥国旗，比例约为20∶1。

最高法院法官厄尔·沃伦（Earl Warren）曾将埃默里维尔称为"太平洋沿岸最烂的城市"。如今，它已不再凌乱不堪，并在高科技的推动下蓬勃发展。从奥克兰到伯克利（Berkeley）只有几英里的地方铁路线。美国铁路公司准时将列车开进埃默里维尔，但就在这时，一列联合太平洋（Union Pacific）货运列车从我们身边驶过。我们坐在那里，听乘务员背诵他的幽默段子："行李不要占座位。如果你想为你的外套买一张票，可以到美国铁路公司办公室去买。"半个小时过去了，我们还在车站里坐着。我们的目标是到达萨克拉门托（Sacramento），在那里，列车就会换成加州微风号。

— 133 —

冷观静思美利坚

一段伟大的铁路旅程将从那里开启,该城是1863年中央太平洋铁路(Central Pacific)的起点。

我们快速穿过了沼泽地,沟渠之间长着赤褐色的草,半掩在草丛中的人一动不动地站在那里,他们的猎枪斜挎在肩上,指着天空,他们的狗也一动不动地站在他们身边。猎人们都穿着醒目的橙色夹克,以避免互相射中的危险。很快我们就穿过了加利福尼亚州的中央大谷地(Great Central Valley),这里每年出产20亿吨大米,还有数量惊人的杏仁、核桃、李子、开心果、桃子、苹果、橘子、火鸡、鸡、鸡蛋、猕猴桃、生菜、牛奶和葡萄。

在萨克拉门托,一个体重得有200磅的18岁青年扑通一下坐在了我的对面,拉上窗帘,把一张DVD装进他的播放机。在我们到达山的另一侧之前,他播放了六张DVD,却一直没有拉开窗帘。一位来自萨克拉门托铁路博物馆(Sacramento Rail Museum)的历史学家通过公共广播系统向我们讲述了我们即将穿越的高脊山脉的故事。他的声音柔和而深沉,他的抑扬顿挫很可能要归功于谢尔比·富特(Shelby Foote)[①]:"1867年,乔西亚·史蒂文斯(Josiah Stevens)带领一列满载移民的火车,在经历了一系列不幸事件和错误的转弯后,抵达唐纳湖畔(Donner Lake)。在这里,他们被大雪困住,他们当中最强壮的一群人出发去萨克拉门托寻求帮助。"

在科尔法克斯(Colfax)和内华达山脉(Sierra Nevada)最高点之间的某个地方,我们做了一次临时停留。导游说,在19世纪70年代,矿业公司用高压软管将土壤从山坡上冲开,然后

[①] 美国历史学家、小说家。

第五章

从下面的沟壑中收集沙砾中的黄金。这被称为水力采矿——克林特·伊斯特伍德（Clint Eastwood）在《苍白骑士》（*Pale Rider*）中将其视为邪恶的化身。1884年，水力采矿被宣布为非法，但在此之前，铁路公司不得不雇用警察来阻止矿业公司用水管冲洗铁路途经的山脊。我们一边听着，一边望着列车外一片毫无生气的景象。没有鸟，甚至连老鹰或乌鸦都没有。只有针叶树。地狱之门将屹立在针叶林的静寂中。地狱亡魂会等待联合太平洋公司的火车通过。

当我们的车爬过埃米格兰特加普（Emigrant Gap）时，我年轻的旅伴又装上了另一张DVD。人们聚集在观光车里欣赏美利坚河峡谷（American River Canyon）和熊谷（Bear Valley）。很难说清哪个更值得欣赏——大自然的壮丽，还是人类将其缩小的努力。在每一片陡峭、荒凉的山坡上，都有采矿、灌溉、水力发电的迹象，甚至还有滑雪的痕迹。还有铁路本身。我们经过了一些木棚子，这些木棚子是为保护40英里长的铁轨免受平均每年30英尺降雪的侵袭而建造的。最后，火车通过了大洞（Big Hole）——一条两英里长，海拔7040英尺的隧道——从内华达山脉的另一侧驶出来。我们俯视唐纳湖，超过一半的受困移民死在了那里的积雪中，而且我们得知，活人吃掉死者：的确，孩子吃父亲，妻子看着丈夫被炙烤。这是坡（Poe）[①]或是《创世记》的作者才能想象出来的故事。

80号公路沿着铁路蜿蜒而行，在埃米格兰特加普处，它似乎从

[①] 埃德加·爱伦·坡，19世纪美国浪漫主义诗人、小说家。代表作有《乌鸦》《致海伦》《黑猫》等。

冷观静思美利坚

铁路下面穿过,然后在铁路的另一边突然出现。汽车疾驰而过,卡车隆隆作响,火车吱吱嘎嘎地徐徐前行。毫无疑问,公路更先进了,但铁路是种壮举;而且正因为铁路工程师必须根据实际环境对其进行建造,火车上的人们不仅得以观赏到更多的高山大川,还能感受到它们的壮阔。火车的崇高之处在于,你总是能模糊地意识到铁路工程的魅力。

我们经过特拉基(Truckee),我好像听导游说,它在建成的头十年里被烧毁了六次。特拉基是派尤特人(Paiute)首领的名字,他的父亲是温尼马卡(Winnemucca)——因之得名的温尼马卡在特拉基之后几站处,位于加利福尼亚州界靠内华达的一边;如同埃默里维尔、特拉基和沿线所有其他城镇一样,它在当年也是个荒野小镇。事实上,它太偏远了,野匪帮还抢了那儿的一家银行。我们在一片漆黑中继续前行,我猜想列车穿越了内华达沙漠。偶尔会看见房子里的灯光,或是一辆汽车在黑暗中呼啸而过,时不时还会看见顶上有一颗星星的圣诞树,或是几只飞翔的驯鹿。

我和一些不喜欢他们的总统或切尼先生的人共进了晚餐。美国铁路公司的旅客处处反对他们。在巴格达沦陷后不久,美国国家公共广播电台(NPR)的一名记者说:"我们现在都是新保守主义者。"他们没有乘坐美铁。据我所知,他们不仅现在不乘坐美铁,当时也没有。记者们或许会试图解释,在"9·11"事件之后,他们放弃了批判能力,这是一种正常的爱国反应。餐车里的爱国者是不会买账的。

我的一个同伴说,他和我一样,一整天都在断断续续地想着《夜困摩天岭》里的亨弗莱·鲍嘉(Humphrey Bogart)。这个想法让他回想起了《碧血金沙》(一部完全不同类型的影片),土匪对

第五章

鲍嘉说:"徽章?我们没有该死的徽章!"这是为数不多的几部好莱坞主演在与墨西哥人交谈时被骂得落花流水的影片。坐在桌边的人告诉我,埃尔科(Elko)是一个牛仔小镇,以牛仔竞技表演而闻名。我在别处听说过,赛车和牛仔竞技是每个美国城镇都趋之若鹜的。埃尔科还有一年一度的牛仔诗歌聚会。

对面的女士要去佛罗里达州的坦帕市(Tampa)。她对我说:"你可以成为一个牛仔。"

"但我太老了。"我说。

"不,你不老。"她说。四天四夜后她才能到达坦帕。

火车晚点两小时后驶进埃尔科,但有一辆出租车等在被用作车站的候车棚。在穿过黑暗去斯托克曼赌场酒店的路上,司机告诉我,埃尔科更依赖黄金和赌博,而不是牛和牛仔。然而,我早上打开百叶窗看到的却是一个牛仔,也就是说,他戴着一顶白色的牛仔帽,脚上穿着牛仔靴,身着一件宽大的格子呢外套,就像《断背山》(*Brokeback Mountain*)中的小伙子们穿的那样。他的体重肯定有300磅,在被冰雪覆盖的大停车场里小心翼翼地走着,这个停车场把埃尔科的主街分隔成了两部分。

阳光微弱地照耀着,我沿着牛仔的足迹穿过雪地,来到利奥塔德拐角,又经过了几家赌场,最后在市政厅附近找到了一家洗衣店。那里有大型的洗衣机和烘干机,我把衣服留给了在那里工作的五六个友善女人中的一个。我想她们已经习惯了牛仔和淘金者的服装,希望她们不会觉得我的衣服太娘气。然后我去了一个叫牛仔乔(Cowboy Joe's)的小地方,那里的咖啡是全美国最好的。他们知道我想要什么:三分之二的浓缩咖啡和三分之一的蒸汽牛奶。事实上,他们给它起了个名字——托尼。我在牛仔乔店里买了两杯托

- 137 -

尼，然后去了牛仔博物馆，买了一件牛仔诗歌聚会T恤衫。我看了看牛仔们全副武装的老照片：紧身裤、绳索、套索、铁骑、来复枪、枪套、靴子、马刺、围巾和花哨的马鞍，我真想知道早上他们要花多长时间才能穿好衣服出门上路。

当时在我看来，牛仔的一切都是为了野生动物和家养动物。在埃尔科牛仔博物馆的图片和物品中，可见野马、野牛、野鹿角兔、野鹿、麋鹿和鲑鱼，换句话说，是驯化的、死亡的或制成标本的此类动物。驯服的本性和穿着驯兽装备的牛仔们是一种微妙的平衡。太过狂野，你就无法取得进步或赚钱，这是自由和独立最具体的两种表现。太过驯服，你就没有地方去施展那些自由和热爱独立、善于驯服的天性，而这些正是拓荒经验的标志。牛仔陷入了这种矛盾之中，这可能就是为什么一些牛仔（比如那天早上我在埃尔科看到的穿过停车场的那个）和一种生物之间具有同样的关系，就像灰熊和它的玻璃箱一样。

牛仔有点像个恶作剧；这不仅仅是因为这个概念被嫁接到墨西哥原始的牧童身上。他在自己如此熟练地用绳子套住的牛身上烙的印并不是他的烙印。他是一个随便叫什么名字的雇工，但他可以骗自己说他和任何人一样自由，因为他从事的是驯养野生动物的重要工作。有时，在美国自由的表达背后，你会瞥见一种幻觉——不仅仅存在于牛仔。一个男人可以是机械的、无知的或邪恶的。他可以是胆小的、可怜兮兮的。只要他一直说他是自由的，或者他代表自由，那些便都不重要了。《纽约时报》的一名记者对拉里·麦克默特里（Larry McMurtry）说，虽然牛仔是自由和自力更生的象征，但很难说他们"对传播民主感兴趣"。"不，"人类伟大的小说家麦克默特里说，"他们感兴趣的是传播法西斯主义。"

第五章

  我喜欢埃尔科。尤其是那些女人，非常讨人喜欢。我走进一家验光店，问那里的女士能否把我的眼镜调直。她是一个漂亮、聪明的中年女人。当她把眼镜戴回到我的鼻梁上时，我问她埃尔科是不是一个适合居住的地方。她说，诚实地讲她过得不是很快乐，她已在此9年，她准备离开了。

  下午五点半左右，我给朱莉打电话。天色已黑，月亮在停车场的雪地上反射着银光。朱莉说，原定于晚上9点40分开往芝加哥的加州微风号现在改成午夜12点10分出发。由于当时的气温是零下几度，而车站只是个在城外3英里处的小棚子，连一个煤油暖气片都没有，所以除了在城里消磨时间，别无选择。

  我去了商务酒店和赌场，点了一份7.7美元的牛上肋配色拉，以及一杯红葡萄酒。蔬菜放在盘子上的一碗热水里，大蒜装在塑料杯里，肉汁装在另一个塑料杯里，土豆包在箔纸里。我一点儿没剩，全部吃掉了。他们拿来的是白葡萄酒；当我告诉他们我要的是红葡萄酒时，他们给我上了一些红的，但白的也送给我了，因为反正也没法给别人喝了。我品酌红葡萄酒，辅以白的冲饮。我在玩游戏机，这时机器开始发出刺耳的声音，咕噜咕噜地吐出硬币，警报响了。下一刻，一个年轻的女人出现在我身边，告诉我我赢了80美元。半小时后我把它输掉了，又过了半个小时，我又输了80美元。

  我步行穿过停车场回到斯托克曼赌场酒店，然后又损失了50美元，于是我坐在昏暗的酒吧里，喝着伏特加，读着《埃尔科日报》，大标题是"埃尔科赌场的利润增加"。然后我看到一张巧克力糖纸的背面写着：内含28种不同的成分，包括16种不同的水果和浆果。它含有维生素A、维生素E、欧米茄3、叶酸、铁和钙。吧

- 139 -

台处有一台嵌入式扑克牌机。我又输了一些钱。

我又给朱莉打了个电话,这次她说火车晚上十点半到,我还有大约20分钟的时间赶到车站。摆渡车司机在厕所里。他一定带了本书,因为过了15分钟他才出来。我们冲向铁轨旁的车站棚子,但没有火车。司机回到城里去了。天上飘落着雪花。《双倍赔偿》(*Double Indemnity*)中的凶手说没有一个地方像半夜的铁轨那样黑暗。我等了一小时,想着唐纳湖的移民,然后我又给朱莉打了电话。就在她说"嗨,我是朱莉"的时候,我听到了汽笛声,并看到远处有一盏灯。

下一站是盐湖城(Salt Lake City),但我乘坐的是卧铺,在睡梦中错过了它。我错过了整个犹他州(Utah)。夜里不知什么时候,当我透过窗帘凝视窗外时,我们似乎从冰面上掠过,仿佛在一个结冰的湖上——我想这是否是个盐湖。

早晨,当我眺望科罗拉多州大章克申(Grand Junction)以西的风景时,牛仔世界变得令人神往。这片土地让你胆大妄为,它低语着自由,撩拨着你最原始的欲望,令你禁不住想走进这片天地,聆听鞭子的噼啪声、牛的吼叫声、马的疾驰声。温斯顿·丘吉尔(Winston Churchill)说:"骑马的每时每刻都是值得的。"我们再次沿80号州际公路行驶。我想要一辆车。

乘务员说:"你可能已经注意到我们晚点了一会儿,但想想你在美国铁路上多停留的时间,却没有因此而增加额外的费用。"他希望我们没有受到"太大的困扰"。在大章克申车站有一个水果摊、一个邮筒和一个小商店,你可以在那里买到牙刷。至于为什么它是

第五章

美国唯一一个拥有这些简单便利设施的车站,却是个谜。

我们嘎吱嘎吱地滑进红山,朝格伦伍德温泉(Glenwood Springs)驶去。在一个转弯处,透过车窗我看到十几头驼鹿猛冲过安全线并听到了汽笛声,我确信感觉到了司机的刹车。杀手兼牙医霍利迪"医生"("Doc" Holliday)[①]前往格伦伍德温泉,试图从肺结核中恢复过来,但他还是死在了那里。阿尔·卡彭(Al Capone)喜欢在格伦伍德疗养。泰迪·罗斯福来到这里是为了赏鸟、猎熊和美洲狮;给南方的种族主义者写帝国传单和尖刻的信件;既梦想着射杀大象,又梦想着拯救它们。

午餐时,一位坐在对面的来自印第安纳州的女士说,十年后,西班牙语将成为美国的官方语言。为了在银行或学校找到一份工作,人们已不得不说西班牙语。必须要采取点措施了,但她不知道从何处入手。她问我,她认为澳大利亚是"由英国女王统治"的想法是否正确。她丈夫没说太多,只是说印第安纳州在过去的15年里情况不太好。他说,独立农场曾经是美国的支柱,"但现在不那么重要了"。他并没有以抱怨的口吻说这句话,而是以一个熟悉《传道书》的人的方式表达了他的想法。

总统在近几周里发表了几次演讲,油价下跌,而最近的一次民意调查显示,他的支持率上升了一个百分点,达到百分之四十二。但你止不住地想:面对死亡人数统计,他们还能忍受多久?这一代人不记得以往战争中死亡的人数远远超过如今这场的统计数字。如果他们对于死者麻木不仁,那么每周80亿美元的军费是否与他们

[①] 牙医,同时也是美国西部历史上极富传奇色彩的神枪手。他36岁时死于肺结核。

冷观静思美利坚

有关呢？要过多久，这些具体的事实才会开始凸显于这场战争所依存的抽象概念呢？

那天晚上，我在厕所旁站了一个半小时，和两位激进学生运动的老将交谈。其中一人留着库尔特·冯内古特（Kurt Vonnegut）式的小胡子，穿着20世纪60年代的牛仔服。为了滑雪之便，他住在丹佛。他多年前就认为政治让他愤怒且好斗，于是他退缩了——他说他退缩不是保持中立，而是远离它至看不到新保守主义者的人，也听不到他们的声音。他厌恶小布什的原因除了众所周知的那些以外还有一个：他说，布什太坏了，令他无法置若罔闻，会使他再次变成愤怒的激进分子，而他并不喜欢这副模样。

另一个人是大学会计兼太极老师，他在克里斯托弗·拉什（Christopher Lasch）、威廉·阿普尔曼·威廉姆斯（William Appleman Williams）和尤金·吉诺维斯（Eugene Genovese）等激进修正主义者活跃的时代研究过历史。那些历史学家对美国历史的批判态度不知何故变成了政治正确，这似乎反过来为新保守主义的兴起和文化战争创造了必要的条件。在一辆未被充分利用的火车上，挤在厕所旁的隐蔽角落进行这种谈话，似乎再合适不过了。

我在餐车里吃晚饭，吃的鲇鱼。六点半刚过，就只剩下我一个人了。我听到一个服务生在大声咳痰，只听得一声闷响，痰被吐在地上。在我的桌旁，座位服务员质问服务生：

"伙计，"他说，"我刚才听到的是我认为我所听到的吗？"

"一口痰正好上来了，"服务生说，"我只好吐了。"

"伙计，你不能在餐车里这么干哪。"座位服务员说。

"你要吐痰，又没有痰盂，那总要吐到个什么地方吧。我只能这么干。无计可施。"

第五章

座位服务员笑着摇了摇头说:"可是,伙计。你不能这么干。"
"现在没事了,伙计,"服务生说,"何必大惊小怪呢?"

~~~

早上8点,寒冷的灰色天空似乎正向内布拉斯加州奥马哈市(Omaha, Nebraska)宽阔而空旷的街道重压下来。我住的酒店位于哈尼街(Harney Street),离第十八街的拐角处有三个街区。1919年,一群暴徒在这里绞死了一个黑人男子威尔·布朗(Will Brown),他被控袭击白人年轻女孩。布朗的尸体被吊在绳子上,暴徒们用子弹把他打得千疮百孔。然后再把他放下来,在膝盖处将他的腿砍断,最后将其付之一炬。市长试图干预,却也遭绞刑,幸好有人在市长奄奄一息时砍断绞索,救了他一命。照片显示,当尸体在火焰中燃烧时,这些人就站在火堆周围。你可以清楚地看到他们的脸,有些人在微笑,有些人认真地对着镜头摆姿势。14岁的亨利·方达(Henry Fonda)从街对面他父亲印刷厂二楼的窗户里看到了这一切。

亨利·方达、马龙·白兰度、蒙哥马利·克利夫特(Montgomery Clift)、尼克·诺特(Nick Nolte)、多萝西·麦奎尔(Dorothy McGuire)和马尔科姆·艾克斯(Malcolm X)都来自奥马哈市。约翰尼·卡森(Johnny Carson)从那里开始了他的电视生涯。"男孩城"(Boys Town)位于奥马哈。现在仍然在那里,只不过现在是女孩和男孩之城。弗雷德·阿斯泰尔(Fred Astaire)来自奥马哈。《野生动物王国》(*Mutual of Omaha's Wild Kingdom*)是所有野生动物电视节目的原型,由马林·珀金斯(Marlin Perkins)和吉姆·福勒(Jim Fowler)——相当于他那个年代的史蒂夫·欧

冷观静思美利坚

文（Steve Irwin）主持，是60年代家庭和瘾君子必不可少的收视对象。联合太平洋公司自1862年起就把总部设在奥马哈，而于此8年前，奥马哈的黑鸟酋长为在黑鸟山（Blackbird Hill）拥有一片保留地而放弃了大草原，土地投机者便来到了这里。美国第二富有的沃伦·巴菲特（Warren Buffett）就出生在奥马哈，现在仍住在一栋被普遍认为不起眼的房子里。据说他每年只给自己支付10万美元的薪水，但一下子就把300亿美元捐给了慈善机构。

1945年在广岛和长崎投下原子弹的两架飞机是在奥马哈南部一个叫克鲁克堡（Fort Crook）的地方制造的，它是在杰罗尼莫（Geronimo）向克鲁克将军投降之后以后者的名字命名的。从冷战开始到结束，克鲁克堡一直是奥法特空军基地（Offutt Air Force Base）和战略空军司令部（Strategic Air Command）的总部。现在是空战司令部（Air Combat Command）和第55联队所在地。美国空军的使命声明中写道："在空中、太空和网络空间飞行和作战。为了实现这一使命，空军具有全球警戒、影响范围和震慑力量的视野。"2001年9月11日，当没人确知总统身在何处时，他就在奥法特空军基地的一个掩体里等待并权衡他的"捍卫美利坚合众国及其全球利益的主权选择"。

关于奥马哈的一些事情是确定无疑的。它坐落在密苏里河岸边的平原上，曾经是通往西部的铁路终点站。它也是大规模的屠宰场和包装中心。一个了不起的磨坊城镇。内布拉斯加州联合制造厂成立于1919年，最终成为康尼格拉食品公司（ConAgra），销售额约200亿美元的世界上最大的食品公司之一，拥有4万名员工。"康尼格拉"在拉丁语中是"与地球同在"的意思，尽管在地球和即食爆米花、黄金烹饪老年人即食食品以及该公司的其他80

— 144 —

第五章

个品牌之间发生了很多事情。在20世纪80年代的某个时期，康尼格拉成为美国养鸡业最大的参与者，每年养鸡约100亿只。2.7亿只火鸡——大约每个合法公民一只火鸡——是一个单独的项目。该公司声称百分之九十五的美国家庭都拥有其产品，首席执行官也曾夸口说，他的公司是唯一一家"参与整个食物链"的公司。

奥马哈是另一个正在进行所谓"城市复兴"的美国城市之一。遗憾的是，复兴运动直到1988年才开始。就在那一年，康尼格拉集团拆毁了大部分仓库区，尽管事实上该辖区已被列入历史街区。利用余下的资源，奥马哈做了一些令人印象深刻的事情。一个拥有50万人口的城市，拥有能容纳2000人的音乐厅、精品剧院、美术馆、博物馆和动物园，实属凤毛麟角。有时，这些复兴意味着将城镇中有一点特色的老旧区域改造成一个毫无特色的地方：除非你认为能够在人行道上撑着大遮阳伞喝酒，能够购买手工制作的肥皂和蜡烛，或者身着一件衣领故意损坏的美国鹰牌衬衫，这一切代表个性。文艺复兴随心所欲地制造出陈词滥调和劣等噱头；但它们也取代了由混凝土和毫无生气的购物中心组成的单调的围场，把一些汽车挡在外面，并将城市与50年前被高速公路切断的河流重新连接起来；嗯，几乎吧——我在奥马哈寻找河流，却在康尼格拉建筑群中迷路了。

我打电话给朱莉询问火车的情况。她说，原定于上午5点49分到达的加州微风号改到下午两点进站。过了一会儿，美铁打电话说，最早也要到下午4点。我回到床上，又一次想，如果朱莉真实存在的话，她会是个什么样的人呢？她喝威士忌还是杜松子酒？

冷观静思美利坚

当我醒来打开电视时,戴着牛仔帽、面色苍白得令人吃惊的全国脱口秀主持人唐·伊穆斯(Don Imus)正在采访一位上了年纪的纽约喜剧演员乔治·卡林(George Carlin)。卡林不喜欢这个国家的发展方式。伊穆斯并未反驳。卡林说,人类擅长两件事:合作和竞争。但现在的美国,一切都是竞争,没有合作。伊穆斯对此也不置可否。卡林说他不喜欢对"土基"·威廉姆斯的处决。伊穆斯说:"是的,我们往往后知后觉。"

像全国其他联合车站一样,奥马哈车站也被改造成了一座博物馆;风格朴实,既不扬扬得意地狭隘,也不令人厌烦地"正确"。旅客们在车站后面预制板搭建的棚屋里等待美铁列车到达时,可以在博物馆消磨时间,了解曾经的火车是如何在舒适、速度和效率方面做到极致的。车上有一节带橡木餐桌和椅子的卧铺车厢,比我在现代火车上见过的任何卧铺都更精巧、舒适,还有一个豪华的酒吧,床的形状是专门为母亲和孩子设计的。美国人应该看着这辆马车哭泣,并非因为过去,而是为了将来。

博物馆展示了一幅奥马哈人的肖像画,该肖像画可能类似于亨利·亚当斯(Henry Adams)在《民主》(*Democracy*)一书中所描述的赛拉斯·P. 拉特克利夫(Silas P. Ratcliffe);典型的一类美国人:有"一定抱负;敏锐的实践智慧;大胆的主见自由;用一种包罗万象的方式来处理他们所知道的事情"。奥马哈市经历了绝大多数的灾难,有人为的,也有自然的:龙卷风、暴风雪、洪水、萧条、暴动、罢工、蝗虫、暴民私刑以及经济全球化。这个地方给人的印象,就像亨利·方达曾经用他那双蓝色的眼睛直面一切。

下午四点半,我坐在一辆静止不动的火车上,听收音机里

第五章

的一个男人向听众解释说他们不需要知道为什么葛培理（Billy Graham）会患有帕金森病；他们只需要知道上帝是至高无上的并感谢他。"如果一个醉汉从我的孩子身上碾过去，"传教士说，"你无从知晓他为什么要喝那半打啤酒；但我们确需知道上帝已经注意到了这一点。"无神论者的时代——他指的是垮掉的一代（Beat Generation）——已经结束了。"不要听你自己的意见。"他说。这不是绝望的建议或完全的自我否定。完全不是。"我喜欢喝胡椒博士，吃洛基路冰激凌。我喜欢去市中心的健身房锻炼，在跑步机上跑35分钟，见一些朋友，喝一杯上好的咖啡。"我们不可能不希望上帝也注意到这个人那令人难以忍受的自命不凡。我们在白雪皑皑的平原上驶过，此刻，雪原在黑暗中闪闪发光。宽阔的密苏里河上覆盖着一层薄薄的暗褐色的冰。

火车晚点了，因为它在犹他州莫阿布（Moab）附近与一辆卡车相撞。卡车司机是一个26岁的科罗拉多人，在这场车祸中身亡。吃饭时，人们怀疑他是否是自杀。几名乘客说，他们只是听到砰的一声，但没有感觉到什么。有些人看到卡车车厢的碎片飞过田野。他们在火车上坐了几个小时，等待一辆新火车头到来。

火车到达奥马哈时，厨房里只剩下炖牛肉了，而且十分之九都是肉汁。厨师在里面放了一些胡萝卜，免费分发给乘客。对面的一对年轻人是素食主义者，将就着吃土豆泥。他们在科罗拉多州的一个有机农场坠入爱河，打算回伊利诺伊州告诉他们的父母。男孩脸色苍白，留着金色山羊胡，他说他希望在那里租下一块属于自己的土地，然后他们两个一起耕种。当把土豆泥盛入盘中时，他说："如果你们不介意，我们要在吃饭前祈祷。"他拉起她的手，两人默默地低下头，大约有10秒钟的时间，又抬起头，注视着对方的眼睛，微笑着。坐在对面的我们也笑了。

　　圣诞节的灯火照耀在大地上。他们登上列车。列车左边的星星通过反射在右边的窗户上闪烁；右边的驯鹿则在左边的空中飞过。

第六章

只要他有自己的汽车，他就可以永远
掌控自己的命运——他注定不受命运的左右。
他是一个真正的美国人……前所未有的一代。
他是他自己的祖先。

乔伊斯·卡罗尔·奥茨（Joyce Carol Oates），
《他们》（*Them*）

在芝加哥火车站，我们在车厢里坐了两个半小时。乘务员说问题出在"没有火车头"上。他相信他们已经找到了两个，很快就会有人开过来。两桌阿曼门诺派教徒（Amish）[①]——一桌是男人和男孩，另一桌是女人和女孩——在吃鲇鱼，这是美国铁路公司的主食。就在我们出发后不久，餐车里有个男人病倒了，于是我们在郊区又耽搁了半个小时，直到两辆救护车来到，载着他在雪夜中闪烁着车灯走远了。

坐在我旁边的是一位来自佐治亚州士麦那（Smyrna）的女士，她说这感觉似曾相识——她当天乘坐的一列地铁碾压了一名行人。

[①] 现今分布于北美洲，戒律严谨，生活简朴，拒绝使用某些现代技术、设施。

冷观静思美利坚

然后她告诉我们，在拉斐特（Lafayette），一名男子强奸并勒死了一个90岁的老太太。奇怪的是他并非强行入室，这说明老妇人可能认识他。她说，"你能想象吗？"在实施凶杀后，他还在这座房子里待了24小时。

坐在对面的人问那名男子是否抢劫了她。

士麦那的女人说："不，先生！他只强奸并勒死了那位老妇人。"

"真让人恶心。"那人笑着说。

他从加利福尼亚来，准备在迈阿密搭乘游轮，前往哥斯达黎加（Costa Rica）和巴拿马（Panama）。他出生于波兰，至今仍有波兰口音；他长着一双乌黑、邪恶的眼睛，恶狠狠的眼神仿佛可以把一个无辜的人钉在墙上。

来自士麦那的女人想起了"那个在蜜月里从游轮上消失的男人。他们只发现了床单上的血迹！"

"很多人在游轮上失踪了，"波兰人说，"人们都是早有打算。"

"谁？"士麦那的女人问。

"那些丈夫、妻子，"波兰人说，"这就是我一直单身的原因。"

"等你过了拈花惹草的年纪，谁来照顾你呢？"士麦那的女人问。

"我要回加州，把我投资账户里的钱取出来，做一次拉皮手术和牙齿整形。然后再回巴拿马，回到年轻姑娘们那里去。"波兰人说。

来自士麦那的女士深吸了一口气，笑了。

"姑娘们有多年轻呢？"

波兰人擅长停顿。

第六章

"12。"他说。

听了这番话,我们餐桌上的第四个人——一个额头苍白、留着几缕黑胡子的年轻人——语无伦次地说了几句话。吃饭时他一直沉默不语。

在纽约,随着圣诞节的临近,城市公交工人举行了罢工。人们在刺骨的寒气中等待着;有人骑自行车,有人艰难地走过布鲁克林大桥(Brooklyn Bridge)。仿佛贫困阶层一夜之间再生再造了一样,走投无路的人们与成功人士同舟共济。过膝的黑色大衣或巴宝莉拖地长款大衣与尼龙派克大衣和人造毛皮混搭在一起。所有人都被困在同一条河里,包括豪华轿车乘客和那些以每小时5美元的价格为他们开车的人。每个人都听命于下一根漂过的圆木。

令人印象深刻的罗杰·图森特(Roger Toussaint)领导工会发动了一场他喜欢称作"为尊重而罢工"的运动。他说,对于每一位纽约公交工人来说,"最大的激情就是有朝一日你不再是一名公交工人"。退休和尊严如影随形,他们强烈要求50岁时两者缺一不可。图森特说,他的会员中有百分之七十三的人投票支持这次罢工,布隆伯格市长称他们是"暴徒"。图森特说,他的工会成员保证公共交通一天24小时运转:他们是优秀的纽约人,布隆伯格无权诋毁他们。工人们没有合法的权利罢工,但这么说的话,罗莎·帕克斯也没有合法的权利坐蒙哥马利市公共汽车上的那个座位。

媒体报道了芸芸大众的愤怒,并去寻找体现愤怒、艰难以及出租车司机哄抬价格的案例,但他们的照片和文字描绘的不是怨恨和痛苦，而是更加坚忍和鼓舞人心的东西。在百老汇（Broadway），一辆出租车里挤了六个自发组织起来的人，大家一致认为要支持罢工者。就连一个身着规定的黑色工装的年轻女子，也在打电话告诉她在特拉维夫的朋友她讨厌纽约及其罢工和天气，但她认为罢工者是有理由的。他们的工作很糟糕，交通运输部门很腐败。另外，什么样的公共机关能在一年内赚10亿美元？

朋友们带我去他们在康涅狄格州的住处过圣诞节。几天后，我们挤进川流不息的车流中，开始了长达7个小时的前往华盛顿特区之旅。我们越往前开，就越像老鼠或磷虾——但是英勇的老鼠、聪明的磷虾。

在华盛顿，我租了一辆白色的庞蒂亚克G6，小心翼翼地开上了向南通往里士满的公路。我不想去南方。我想向西走，最终到达黄石公园（Yellowstone Park），但我认识的人都劝我先去威廉斯堡（Williamsburg）。我不喜欢旅游城镇（我从未遇见过说自己喜欢旅游城镇的游客），而且我特别不喜欢历史庆典和殖民娱乐。他们说威廉斯堡与众不同。它是1607年殖民定居的所在地；你会看到威廉与玛丽学院（College of William and Mary），它是由克里斯托弗·雷恩（Christopher Wren）设计的。还有他的出生地詹姆斯敦（Jamestown），他们推荐。所以我去了。我不知道为什么往南去的公路上挤满了人，这让我在还没到威廉斯堡之前就对它心生反感。

第二天一大早，我急匆匆出发了，拼命向西行驶，结果只差30秒错过了詹姆斯河的渡船。不过，当我排在队伍的最前面等待渡轮返回时，阳光还是很温暖的。就在一英里外，是第一批欧洲人安营扎寨和祈祷的地方。半小时后，一辆红色的小货车停在我身后。在倒车镜里，我可以看到它的引擎盖的一边挂着弗吉尼亚州的州旗，

第六章

另一边挂着美国国旗。整辆车在晨曦中光彩熠熠。

司机发现我在观察他。他肩膀宽大，没有脖子，面色红润且有光泽，戴着一顶缝有许多徽章的红色棒球帽，穿着一件嵌有更多徽章的红色丝绸夹克。他看上去就像一个巨婴，顶着他妈妈给8岁时的他打扮的样子。他一直盯着我，直到我转移视线。当我第二次窥视他时，他正在读《生活》(*Life*)杂志。他似乎在朗读，因为他的嘴唇在动。他又抬起头看了我一眼，把右手的小指伸进鼻孔。

一过了河，我就抄了一条偏僻的小路行驶，希望能以最快速度驶上85号州际公路，但很快就发现自己被一个正在享受阳光的农民堵在了后面，他正开着拖拉机慢悠悠地向前走。一只美洲鹫从某只被车撞死的动物旁边跳开。成群的老鹰在沼泽上空盘旋。充气的圣诞老人仍然守卫在许多房子外面。其中一座房子的阳台上挂着一面印有东方三贤士（Three Wise Men）①的横幅，另一座则挂着印有圣诞老人和驯鹿的横幅。在一所摇摇欲坠的房子门口，一尊手工雕刻的耶稣被悬挂在20英尺高的十字架上。十字架被漆成了黄色。两边各立着两个较短的未上漆的十字架。沿途还有其他巨大的十字架和许多教堂，包括在巴克斯金溪（Buckskin Creek）附近松树林中空地上新建的巨大礼拜堂。

我终于到达了85号州际公路，沿着它飞奔而下，向西转向40号公路，太阳照在我的左脸上。我在接下来的十天里都会待在那里。这条路穿过树林和修剪整齐的草地，经过"新南方"的新兴城镇——达勒姆（Durham）、格林斯博罗（Greensboro）和温斯顿-

---

① 基督教《圣经》中的人物。又称东方三博士（Magi）等。依据《圣经》，在耶稣降生之时，有来自东方的贤者带着礼物，在伯利恒之星的指引下前来朝拜耶稣。

冷观静思美利坚

塞勒姆（Winston-Salem）。我开车时带着一种小学生特有的负罪的兴奋感，就像车是偷来的一样。我不顾一切地想去那儿，尽管我不知道"那儿"是哪里。每隔100英里左右，休息站就会提供各种各样的自动售货机，美国最干净的厕所，以及能让人冷静下来的离奇宁静。我第一次去的时候，每当地上有一点垃圾都会立刻被一位身材瘦削的老服务员拾起。他迈着缓慢而均匀的步伐来回走着，脸上的笑容如此凝滞，仿佛他已经穿过了天门，这个阳光明媚的小憩站、拾物器和防尘外套是他永恒的归宿。

托马斯·沃尔夫（Thomas Wolfe）是阿什维尔（Asheville）人，他的小说《天使，望故乡》（*Look Homeward, Angel*）使阿什维尔在文学界占有了一席之地。这本书虽然常被称为"经典"，但现在读的人并不多——这可能是因为它篇幅较长的缘故，以及沃尔夫与形容词之间并非毫无关联的关系。因此（在同一页）："焕彩与平滑紧致的曲线，有气无力的南方少女拥满了夏日的门廊……（她们）看着夏天熙熙攘攘的幸运游客和肤如凝脂的少男少女花飞蝶舞般地在人行道上飘过。"也许此情此景与夏日相关，但眼下在2005年12月30日，阿什维尔的人行道上没有出现任何躁动。

阿什维尔著名的露天广场的中心是一座巨大的水池喷泉和一座相当大的方尖碑，用来纪念一位名叫万斯（Vance）的邦联总督。在沃尔夫的小说中，他总是回到这个广场，好像这些（很可能是无意识的）生育符号对他极富吸引力。这里也有一块纪念李将军的铭牌，还有火鸡和猪的雕像，以表达对阿什维尔被评为全国最"素食友好"城市之前那段岁月的敬意。但正是这里的建筑造就了露天广场。广场的一端矗立着粉红色装饰派艺术风格的市政厅和15层的邦科姆县法院（Buncombe County Courthouse）。南区有几座风格

第六章

各异的"摩天大楼",它们都建于20世纪的前30年,当时阿什维尔——和生活在那里的范德比尔特(Vanderbilt)家族——囊空如洗。很难说是这些建筑本身的美让人赏心悦目,还是只因为它们是历史遗存。如果他们是伊特鲁里亚人(Etruscan),那也就不足为奇了。

它们之所以能幸免,是因为在经济繁荣时期,阿什维尔市投入了大量资金,而在大萧条时期,阿什维尔的人均债务却达到了全国最高水平。40多年来,它停滞不前。直到20世纪70年代中期,开发商们才开始动工,当时他们拆除了几个街区,公路像往常一样得以打通。但那时,阿什维尔人已经与这些建筑长期朝夕相处,对它们心生怜爱并认识到了它们的价值。所以他们阻止了开发商,以免他们的城市重蹈其他地方的覆辙。很快,"遗产旅游"的想法就落地生根了:"恢复税收抵免"随之而来,结果是,阿什维尔的许多漂亮建筑不仅得以存留,而且得到了修复。这个地方现在成了一颗受损的宝石。根据一项全国性调查,它也是美国"最令人向往的50个地方之一"。

一百年前,阿什维尔就是人们向往之地,富人和时尚人士到此避暑。其他人则来寻找治疗呼吸道疾病的方法,包括肺结核。泽尔达·菲茨杰拉德(Zelda Fitzgerald)来到此地,被诊断为精神分裂症,于1947年死在阿什维尔精神病院的一场火灾中。1958年,罗伯特·米彻姆(Robert Mitchum)来到这里,拍摄了一部名为《雷霆之路》(*Thunder Road*)的电影,讲述的是斯莫基山(Smoky Mountains)上的威士忌酒厂与烟酒局(Alcohol and Tobacco Board)之间的斗争。

人们仍然成群结队地来到这个城市,既有游客,也有在这里安

冷观静思美利坚

家立业的人。这个城市看起来（且很可能是）与美国任何其他城市都不同。艺术的、绿色的、新潮的、推崇素食主义的阿什维尔给人一种嬉皮的印象，就像那些建筑或因山间空气而治愈的哮喘患者一样，以某种方式设法坚持了下来，现在享受着第二次生命。当然，这些只是印象。为了获得更多成功的具体证据，我们最好看看房地产市场。2005年年底，《阿什维尔公民时报》(*Asheville Citizen Times*)的一位专栏作家曾写道："出售西阿什维尔平房这样的房屋所获得的净利润，足以让他们的卖主在马里布（Malibu）舒适地安家。"

奥斯卡·王尔德（Oscar Wilde）很喜欢社会主义的想法，但他料想没有多少人决心放弃他们的晚间时光。他的观点与托克维尔对美国民主的冷静观察遥相呼应。托克维尔认为，美国的民主是一种"温和的"专制形式，"有辱人格，却不对其折磨"。他认为边疆持平没有问题，但当人们忙于获取"那些充斥在他们生活中微不足道的享乐"而没有积极的兴趣去管理自己时，又会发生什么呢？在他看来，他们摆脱依赖状态的用时刚刚够选出他们的主人，然后他们又恢复了依赖的状态。在贵族托克维尔看来，美国的民主威胁着要把一种权力强加给人民，而这种权力"压迫、削弱、消灭和麻木"人民。不是暴政，而是"一种巨大的保护力量"，可以让人民"永远处于童年时代，无须费心思考"。

有时，仅仅坐在电视机前看一小时节目，似乎即可证明托克维尔对美国民主最黑暗的疑惧是合理的。在每个门廊都飘扬着旗帜的贫困社区开上一小时的车，也会引发同样的思考："其（人民所赋予的'权力'）因人民感到高兴而心满意足，只要他们仅只想着高兴。"然而，也有一些时候，美国的民主——以及美国的电视——

第六章

似乎比其他任何时候都更有活力；再一次借用托克维尔的话，当人民"不受任何因对日常事务行为施加永久性影响而产生的永久性障碍阻碍"的时候。

比方说，12月30日晚上7点，当我在阿什维尔的一家汽车旅馆打开电视时，跳出的第一个频道正在播放一场关于隧道公路重新规划的听证会。许多居民站出来反对这项提议。一名残疾妇女告诉法庭，为了生活方便，她刚刚翻修了自己的房子，可现在要修建隧道，她可能会被赶出家门。尽管她一边哭一边说，但她的理由很清楚，房间里的几个人也流下了眼泪——毫无疑问，还有一些在汽车旅馆里观看节目的人也落泪了。接下来的三个频道播放的都是各种各样的福音节目。在其中一个频道的节目中，一名女子说，在她的教堂里，人们伴着"当代福音"歌舞升平，这把她从"毁灭的地步带到了胜利的境地"。第四个频道是公共事务频道（C-Span），有个关于大西洋奴隶贸易的节目，公共事物频道二台则把12月6日关于卡特里娜飓风的国会听证会重新播放了一遍。

伊什梅尔·穆罕默德（Ishmael Mohammed）对由康涅狄格州共和党人担任主席的专家小组说，新奥尔良有80名黑人公民被受命的士兵开枪打死。他说，"抢劫者"正在为他们的人民寻找食物。主席说，他对这样的人寄予一定同情，但对那些偷电视机的人绝无怜悯。他问道，对于那些因为暴徒而不敢外出的人又该作何解。三名黑人证人都表示，种族歧视是他们回应的核心。主席说："市长没有履行他的职责，州长没有履行她的职责，总统没有履行他的职责，他周围的人也没有履行他们的职责。"黑人目击者称，他们希望政府调查有关堤坝被蓄意炸开的诸多报道。令专家小组感到关切的是，关于堤坝的报道带有阴谋论的性质，可与刺杀约翰·肯尼迪

– 157 –

冷观静思美利坚

相提并论。其中一名目击者讲述了他的陆军上尉父亲如何在战争结束时从欧洲返回美国,回到一个不允许他站在公共汽车候车亭的社会。他的父亲告诉他:"从来没有哪个国家让我如此深爱,却对我如此无情。"

　　穿过灰蒙蒙、光秃秃的山丘,我从玛吉谷(Maggie Valley)出发,沿着山路蜿蜒进入切罗基,不知道走这条路,而不走蓝岭公园大道(Blue Ridge Parkway)上的大斯莫基山风景线是否明智。这些定居点现在致力于旅游、户外运动和赌博,它们是从切罗基印第安人的余部发展起来的,当部落的其他成员被迁移到俄克拉何马州并最终获得了一些土地的所有权时,切罗基印第安人则躲在深山里。当你看到一个宽敞的大厅里悬挂着一块牌子,上面写着"部落宾果游戏",你就知道你来到了切罗基人的领地。还有一系列令人沮丧的汽车旅馆,名字叫酋长汽车旅馆、勇士汽车旅馆、切罗基汽车旅馆。这里有大酋长礼品店、奔熊穴(Running Bear Den)[①]和切罗基赌场,规模如此之大,与小镇的其他地方和其所在的山谷完全不成比例。然后是玩具商店、战斧购物中心、大海狸营地、海华沙公园、赞美上帝咖啡厅。方圆15或20英里之内千篇一律,一直到北卡罗来纳州的布赖森城(Bryson City),首先映入眼帘的是一块粉色的招牌,上写"烤肉",其上方还画着一只粉红色的猪。几个标牌上写着"向你的长辈咨询关于糖尿病的问题",在拐弯处还有一块牌匾,上面写着"死后怎么办?"

---

① 具有乡村特色的旅店。

第六章

这条路与一条美丽宽阔的溪流并行,当它到达布赖森城的时候,你可以在"朱迪美甲"做指甲。(在阿什维尔,你可以在像银行一样大的"免下车"美甲沙龙里做指甲。)布赖森城不是一座城市,而是一个只有1300人的小镇,其中百分之九十的人口是"白人或西班牙裔",平均年收入为2.3万美元。这里有镇公所和战争纪念碑,还有许多教堂,其中有一座教堂挂着国旗和一个白色的大十字架,还有一个装在盒子里的耶稣诞生场景。有山腰浸礼会教堂、中途浸礼会教堂、福音礼拜堂等,在它们之间有乡村购物中心。

夏天,人们来这里划独木舟、钓鱼或徒步旅行,在小得连制作个家庭比萨饼的地方都没有的棚屋里,当地人卖给他们煮花生米和山胡桃烟熏排骨。葬礼结束了;所有的哀悼者都开着皮卡或越野车,许多人系着黄丝带表示对驻伊部队的支持。有些丝带系在十字架上,还有一些系着红色和黄色的丝带,以表示佩戴者对国家的热爱。人总有选择的余地。在广播中,一位操着澳大利亚口音的传教士说,他的教会做了大量"研究",让越来越多的人接受"新创造",从罪孽的束缚中解脱出来。他引用《诗篇》(Psalms)、《启示录》(Revelation)和《以赛亚书》(Isaiah)作为对"未来某些灾难性事件"的"绝对权威"。但那些接受基督救恩的人,只要他们今天接受,从此便无所畏惧。"不要推延。"他说,仿佛恩典的给予是有时间限定的,还让听众参考《哥林多后书》(Corinthians)第六章第二节:"现在正是拯救的日子。"

在一个似乎只有少数常住居民的地方,教堂的数量多得令人眼花缭乱。其中许多都是新建的。有些是巨型的,它们的十字架高耸在数不清的褪色的广告牌、二手车停车场、汽车零配件商店和文身店之上:仿佛是某种新兴文化刚刚超越了一种正在衰落的文化。虽

冷观静思美利坚

然已是新年前夜,但在与田纳西州接壤的州界两侧,房屋上依然点缀着圣诞节的饰品。充气的圣诞老人大概在感恩节后不久就"上岗"了,所以现在前草坪上的许多圣诞老人都泄了气,有些已经前倾,悲伤地俯卧在地上。

查塔努加的布罗德街(Broad Street)上有一家星巴克,所以我把车停在了附近的一条小巷。当我停车时,一个戴着棒球帽的黑人正在人行道上和一对亚洲夫妇聊天。他们走开后,他转过身来,不分青红皂白地为我停车提供没必要的指引。我很肯定他在行骗。他轻敲窗户,一副生气的样子。我问他有什么事。

"那些家伙,"他说,"不相信克利夫兰(Cleveland)在田纳西州。他们说在俄亥俄州。"

"嗯,大多数人都是这么认为的。"我说。

他看了看车后座,说道,"克利夫兰离这儿20英里,田纳西州的克利夫兰。"他要去克利夫兰,因为他的妻子和孩子在那里,他想和他们一起过新年。他没有钱买汽油。我知道他在胡说八道,但还是给了他5美元。

"上帝保佑你——如果你像我一样相信上帝的话。"他说。

"我不信。"我说道。

"我有一辆吉普车,"他说,"整洁的吉普车。"他笑着走开了。

我把车停在两个街区外,然后走回星巴克。那个骗子和一个白人同伴坐在一家意大利餐馆的台阶上大笑。我出来的时候他还在那儿。

沿着布罗德街再往前走,水族馆和大河重建项目就在那里,他

第六章

们正在为长跑的终点做准备。这是托克维尔二分法。在街道的一端，我们看到了社群主义者，他们要好好利用晚上的时间。他们或是单打独斗，或是成双结对，或是举家出动。还有些人推着婴儿车跑来跑去。扬声器里播放着圣诞颂歌，自从11月初以来，这情形已经传遍了整个美国。在街道的另一端，则是另一种公民——他们不愿参与，但对参与的人了若指掌——妻子、孩子、上帝、吉普车和圣诞节——他们凑热闹行骗。

查塔努加是另一个复兴的城市。水族馆的义工告诉我，复兴查塔努加刻不容缓。他说，15年前，这座城市是一片废墟，近乎贫民窟。沿着马丁·路德·金大道（M. L. King Boulevard）走过几个街区，当你看到保释金办理处、典当行、钉死的商铺和灰色的破败，你就能了解到查塔努加的旧面貌。这里与商业区形成了鲜明的对比，几乎与大道更远处查塔努加国家公墓（Chattanooga National Cemetery）里那些保存完好的墓碑的规整曲线对比同样鲜明。谈及墓地，美国人无人能及——其复兴后的墓地无出其右。在可口可乐公司的资助下，查塔努加市中心的新艺术中心、新体育场、新跨河桥、新翻修的码头，当然，还有水族馆，在450名志愿者的帮助下，每年吸引100万名游客。再加上一所大学、贝茜·史密斯文化中心（Bessie Smith Hall）和一座非裔美国人博物馆，对于一个拥有10万人口的城市来说，这是一笔巨大的馈赠。

美中不足是缺少一条铁路。最后一列火车在20世纪70年代从终点站开出，而旧的联合车站在那之前数年就被拆除了。昔日的查塔努加火车站（Chattanooga Choo-Choo）现在是一家假日酒店和餐厅。

他们在1918年到20世纪60年代之间建造了九座水坝，驯服了田纳西河，其中多半是由田纳西河谷管理局（Tennessee Valley Authority）在20世纪30年代建造的，作为罗斯福新政（New Deal）时期公共工程的一部分。铁路于1849年从亚特兰大延伸至此，就像有人在庆祝活动上说的那样，它"联结了大西洋和密西西比河"。由于需要同时指挥铁路和河流，内战时期的军队在查塔努加周围不断发生冲突，直到联邦取得胜利，查塔努加成为"通往深南的门户"，进攻亚特兰大及其以南地区的补给基地。

查塔努加有一家河流水族馆和一家海洋水族馆。我去了河流水族馆。在其中一个区域，游客仿佛置身于田纳西河岸的原始森林之中，上游某处积聚力量，河水流向密西西比河三角洲。鸟儿叽叽喳喳，飞来飞去；水龟、水蝮蛇、铜头蛇和响尾蛇在岩石和朽木间打盹；水獭打滚。这个水族馆里生活着无数种类的生物——哺乳动物、鱼类、青蛙、软体动物、爬行动物、鸟类、蝴蝶——所有这些种类的生物中，鲜有与挪亚方舟相关的。一千年来，这些不使用马匹的、种植玉米的神秘部落，也称"筑墩者"，一直生活在田纳西河岸。鲇鱼、蝾螈和作为鱼子酱来源的软骨匙吻鲟——或美国白鲟——在这里生活的时间比任何种族都要长得多；白鲟嘴巴大张，鼻子里有电感受器。早在恐龙灭绝五千万年前，它就张着嘴在河中上下游动。

在尝试理解创世的概念时，观察那些似乎对时间免疫的生物是很有用的。一只年轻的雌性钝吻鳄一动不动地趴在一个巨大的玻璃水箱角落里。一只140岁的鳄龟在钝吻鳄所在的角落和她想要去的地方之间盘踞了三天时间，把她的尾巴咬掉了几小片。告诉我这件事的讲解员解释说，水族馆尽量不干扰自然规律。他说，在接下来的一周左右的某个时候，鳄龟可能会开始打盹，然后钝

第六章

吻鳄就会抓住这个机会。当然,她可能不够勇敢、不够敏捷,她可能缺乏必要的自信。或许至今钝吻鳄仍然生存在一个不适合她的地方:在这种情况下,事实上,她就不能算作"适者"。当时的官方政策是运用达尔文的理论,而不是八福(the Beatitudes)[①]的教训。

[①] 见《新约·马太福音》。

第七章

"你以为你已经用教育打消了这些人的迷信吗?"
"我确实是这样想的。"
"好吧,那你或需改变想法了。"

马克·吐温,
《康州美国佬在亚瑟王朝》

教堂里装点以金色的圆柱和硕大的红金丝绒皇冠,看上去像是为一场初登社交场之名媛的舞会而装饰的。摇滚三人组一边弹着班卓琴一边唱着:"我们很快就会到另一个世界,亲眼见到耶稣。"我把电视关了。我听到隔壁房间从另一个频道里传来一个传教士的声音:"温柔的母亲走过来对他说:'我女儿被魔鬼折磨得心力交瘁。'"那是查塔努加市元旦的早上8点。"还有耶稣,"传教士说——又停了一下,"耶稣说,'孩子们必须先来'。"

他们要么穿着睡衣,要么穿着睡衣加毛衣,面带微笑,身上散发着滑石粉和睡眠的味道。一家六口挤进电梯,准备去楼下享用免费的欧式早餐。早餐室的电视里也有一个传教士用一种极其夸张的耳语低声说:"一个7岁的女学生……由于所谓的政教分离,她不能把这个名字带进学校。"他又一次熟练地停顿了一下,用麦克风

第七章

放大呼吸声,然后说:"随便你怎么谈论佛祖。你爱怎么谈论穆罕默德就怎么谈论。可是你不能提——"他又停顿了一下,直到他们都渴望着这个名字——"耶稣基督。"

会众低声抗议。

"够了!"

他们欢呼起来。

"我要说出来。"这位传教士说,仿佛他可能会因为异端而被自由派活活烧死。他真的说出来了:"这个国家是建立在全能的上帝的话语之上的!"

他的观众欢呼雀跃,高呼"哈利路亚"。

"这个国家是一个基督教国家!"

传教士讲到此处博得了满堂喝彩。

一年中的每一天,数以百万计的美国人都会在2000年或历史更久远的圣地度过一小时或更长时间。一天24小时,他们都能听见保罗在去往大马士革(Damascus)路上的声音,听见好心的撒玛利亚人(Good Samaritan)的声音,听见耶稣复活拉撒路(Lazarus)的声音。或者他们可以了解《以赛亚书》中的意思:"看哪,我一斥责,海就干涸,我使河流成为旷野"——他们可以听到这句话,就好像以赛亚[①]是《拉里·金现场》的嘉宾一样。

在美国,宗教是有诱惑力的,即使对非宗教人士也是如此。

---

① (《旧约》中)公元前七八世纪的希伯来大预言家。

冷观静思美利坚

"与神同行"（In Touch Ministries）[①]的查尔斯·斯坦利博士（Dr Charles Stanley）说："当你执行神的旨意时，你就不会失败。"你可以和斯坦利博士一起乘坐游轮去阿拉斯加（Alaska），感受他的智慧和"上帝创造的无与伦比的美"。你想去。"保罗说，'主啊，你为什么把我从驴背上赶下去呢？'"这是你那天在收音机或电视上听到的最好的问题。它与你同在。明天再听一遍，你会听到另一个问题。可能来自《约伯记》（Job）、《创世记》或《启示录》。如果你没有太多别的事情要做，或者你正在做的事情不需要太多思考，而你厌倦了政治问题，那么，这样的内容会占据你的大脑。它将保持积极和活力。

对此，你不需要听。在民主国家，宣传参与市场竞争，听众有选择。如果你选择倾听，你则在教堂、个性、设计和音乐之间具有更多的选择。正是竞争让它们如此擅长它们所做的事情。竞争迫使它们在营销和展示上投入大量资金，它们会争夺你的注意力。如果你不喜欢福克斯新闻或乡村音乐，或者你不在美国国家公共电台的信号范围内，通常有十几家或更多的电台会给你提供宗教节目。上下移动调幅和调频按钮，过一会儿你就会想象自己生活在一个神权政治国家里。但这是一个多党制的神权政体，在这个政体中，上帝总是在你身边，履行着自己的职责，而人们每天都在思考上帝的意义和意图，或者倾听他人解释。这就是美国大部分地区的精神生活，在其他地区的人说这是一种讽刺之前，他们需要问一下，在他们生活的地方是否存在类似的智力探索精神。每天把恩典的概念、《以赛亚书》的诠释或世界末日大决战（Armageddon）的性质送至

[①] 宣传基督福音的宗教网站。

第七章

美国南部和中西部千家万户的做着传教工作的人文主义者是谁?

当然,这些传教士也告诉人们如何表现得体,谁或什么是邪恶和危险的;什么能被原谅,什么不可原谅。在很大程度上,行为模式是他们所谓犹太-基督教(Judeo-Christian)的大体上臆想出的价值观的媚俗组合。在2006年冬天的阿巴拉契亚山脉(Appalachians)以西,这种模式在美国总统乔治·W.布什身上体现得淋漓尽致。有时听起来他似乎是一位半神,仿佛他端坐在王座上。当然,任何被认为是总统的优点的东西都被自由派、人文主义者和世俗主义者认为是不好的。但是在这一带,信仰耶稣的人不会听他们的话。

在查塔努加以北50英里处,我来到田纳西州的代顿(Dayton)小镇。在共和党新办公室的窗户上写着"迈向未来"。但在新年那天,连一条狗都没迈进代顿。街上空无一人,货运线上空空如也。站在瑞亚县(Rhea County)新监狱门口的两名警察就像雕像一样。在附近一所房子的门前台阶上,立着三贤士的雕像:雪花石膏微雕俯视着一个小小的耶稣诞生的场景,其上方悬挂着一幅标语,上面写着"耶稣生日快乐"。在瑞亚县法院的红砖门前,矗立着一尊威廉·詹宁斯·布赖恩(William Jennings Bryan)的雕像。底座上的铭文将他描述为总统提名人、国务卿、国会议员、作家和演说家。他的手放在讲台上,台上写着他的口号"真理和雄辩"。

他确实能言善辩。据说,从1890年左右到1925年他去世,他做巡回演说时平均每天都要进行四次时长一小时的演讲,另外两小时则是简短的演讲。他曾经在15个小时的时间里讲了12个小时。这些演讲大多没有使用麦克风;事实上,麦克风的引入成全了布赖恩的对手与其竞争。布赖恩被称为"伟大的平民",因为他相信真理——至少是世俗的真理——存在于人民之中;他主宰民主党政治达30年之久,三次获得该党总统候选人提名。1912年,他为伍德罗·威尔逊(Woodrow Wilson)当选总统所做的工作比任何人都多,威尔逊任命他为国务卿。他反垄断,反金本位,反对铁路公司,反对华尔街,反对大城市(尤其是纽约),支持禁酒。他也不喜欢帝国主义。没有人能像他那样把这个论点表述得如此清晰:"一个共和国不能是一个帝国,因为一个共和国建立在这样一个理论之上,即政府的正义权力来自被统治者的认同,而殖民主义违背了这个理论。"

布赖恩是最虔诚的基督徒,但作为一名南方长老会教徒,他可能会发现,现代原教旨主义教会的崛起和现代长老会的自由主义同样令人困惑。(什么样的长老会会接受同性婚姻的想法,并呼吁其所有成员保持碳平衡?)他仍然是美国最著名的神创论者,但他的想法与当代神创论大相径庭。

他并不像他的自由-人文主义对手所说的那样愚蠢。关于第一次世界大战的书籍让他相信,德国人已经被弗里德里希·尼采(Friedrich Nietzsche)的无神论蛊惑,尼采的哲学思想可以追溯到达尔文——但他不能接受达尔文。布赖恩更不愿接受后来被称为"社会达尔文主义"的理论,即人类社会由保证自然界适者生存的进化法则所支配。布赖恩认为这是一条"仇恨法则":"我选择相信发展的法则是爱,而不是仇恨。"布赖恩的支持者可能会说,纳粹主义的兴起和优生学的广泛流行证明了他是正确的。然而,如果他曾旗帜鲜明地反对优生学家,或者偶尔将他对基督教的热爱和他那奇妙的演讲技巧用于美国黑人的事业,那么他的论点会更有说

第七章

服力。

草坪边的一块牌子解释了布赖恩出现在代顿的原因:

> 1925年7月10至21日,乡村高中教师约翰·托马斯·斯科普斯(John Thomas Scopes)在这里受审,因为他试图传授人类是低等动物的后代这一观点,违反了最近通过的一项州法律。威廉·詹宁斯·布赖恩协助了起诉。克拉伦斯·达罗(Clarence Darrow)……辩方。斯科普斯被定罪。

行文方式告诉你这块牌子有历史了。不过,布赖恩的雕像是由代顿大学布赖恩学院("一所排名靠前的全国名校,把基督看得至高无上")赞助的,直到2004年才揭幕,来自田纳西州的共和党参议院多数党领袖比尔·弗里斯特向雕像致意。两个月前,受过哈佛大学训练的心脏外科医生弗里斯特说,他相信"智能设计"——万能造物主的智慧可以在自然界存在的模式中被发现的学说,在学校里应该与进化科学具有同等地位,同样应该进行教授。

法院的前门紧闭,我来到后门,在地下室找到了斯科普斯审判博物馆的入口。门是关着的,但我一拉,门就开了。这扇门后还有一扇门,门上的纸条写着关闭,但我一推,门也开了。地下室一片漆黑。我摸索着寻找电灯开关,当我找到开关且荧光灯管停止闪烁时,在我面前的玻璃罩下面放着一本家庭《圣经》,翻开到《创世记》和"要有光"的字眼。在它旁边的墙上有一个牌子,上面写着"离开时请关灯"。除了《圣经》,玻璃罩下面还放着达尔文的《物种起源》。

冷观静思美利坚

对斯科普斯案的审判之所以举行，只是因为代顿的几个商人认为，公众的关注和宣传可能会使该镇摆脱衰落。他们招收了24岁的生物教师斯科普斯以掩人耳目；但明星们将是以布赖恩为代表的上帝，以及以近乎成名的达罗和另外两位杰出律师为代表的达尔文。根据达罗的说法，作为一个积极的反进化论者，参与制定田纳西州法律的布赖恩属于自我选择。布赖恩说："如果进化论获胜，那么基督教就出局了。"他在当地一家教堂的布道中重申了这一观点，法官和他的家人都参加了布道。达罗是在H. G. 威尔斯（H. G. Wells）拒绝之后才被选中为进化论观点辩护的。他告诉布赖恩，他想把这个国家从"地球上任何聪明的基督徒都不会相信的愚蠢想法"中解救出来。达罗说，这次审判是"我们停止巫术审判之后的其类首次"。

这将是世界历史上第一次通过无线电对一个法庭案件进行现场直播。成群结队的记者蜂拥到城里。来自巴尔的摩（Baltimore）的门肯是一个信奉尼采哲学的人，他认为上帝已殒，宗教是一种骗局，民主是一种把国家少数有才智的人置于其无数白痴脚下的制度。他称布赖恩为"某种意义上的原教旨主义教皇和白痴偶像"。各派势力剑拔弩张，反进化论联盟展开横幅，宣告"冲突——地狱和高中"。神创论者们开玩笑说，有人带了一些黑猩猩来作为辩方的证据。在7月的酷暑中，法庭几乎容纳不下500人，更不用说出庭的5000人了；于是，同那12名男性陪审员一样皆为保守基督教徒的法官终于把诉讼程序转移到了草坪上。卖柠檬水的生意火了。达罗把布赖恩叫来做证，在媒体的支持下，他迫使这位老十字军承认，创世的"日子""或许已持续数百万年"。

辩方打算以娱乐和公共教育为目的，推翻反进化论者的论点，

第七章

但却败诉，因而向更高一级法院上诉，并肯定其会认定该立法违宪。陪审团照做了，法官对斯科普斯处以罚款，辩方上诉至田纳西州最高法院：法院裁定斯科普斯有罪，但只是在一个技术细节上，因此案件在没有涉及其核心原则的情况下结案。威廉·詹宁斯·布赖恩在代顿案结束后的一个星期便一命呜呼，这是唯一得以果断解决的问题。他曾经说过："我对基督教非常满意，所以我没有花时间去寻找反对它的理由。"

80年过去了，尽管俄罗斯人在太空领域的先发制人促使政府极力鼓励科学教育，但神创论者比以往任何时候都更加强大，他们的对手仍然是一些自作聪明的傻瓜。加拉帕戈斯群岛（Galapagos Islands）的生物中，弱翅鸬鹚证实了达尔文的自然选择理论。从各方面来看，它都是鸬鹚，但它的翅膀小得可怜。由于栖息地的客观限制和天敌的缺乏使它失去了飞翔的能力。神创论者的情况可能也是如此。只要他们的栖息地是安全的，他们留在那里不受挑战，杰斐逊所言的"理性和自由探索"作为唯一有效防止错误的手段，可能会重蹈鸬鹚翅膀之覆辙。

当我出来的时候，警察仍然原地不动。我本可以把整个显示屏装到车后面，然后带着它开走。从某种意义上说，我就是这么做的。一个赞助商邀请广播听众加入一个零售计划，这将使他们成为"推动王国发展的收入流的一部分"。一个传道者在海啸灾区赞扬基督教传教士的工作。在印度尼西亚，这种方式从未如此开放过，那里有500个不同的语言群体至此才听说《圣经》。印度的进步是惊人的。在柬埔寨，政体的更迭和内战的破坏为福音的传播创造了绝佳的机会。由于卡特里娜飓风和丽塔飓风，去年上帝对那些选择为他做工作的人非常仁慈。

– 171 –

冷观静思美利坚

从代顿出发,我驱车穿过倒塌的棚屋、简陋的板房、基督教堂,还有那些被鲜花装饰得有点像盖了被子的墓地。那里有一户人家,他们有一个不寻常的姓氏——麻疹:他们的信箱上有"麻疹"字样,还有伯勒尔麻疹桥(Burrell Measles Bridge)。在林间,推土机正在为鹰崖封闭式社区扫清道路。在小山的高地上孤零零地有一家理发店,那是一间用隔板搭成的小屋,屋前有一根手绘的理发店灯柱。

麦克明维尔(McMinnville)电台从美国商会现场直播,唱诗班正在演唱《奇异恩典》(*Amazing Grace*)。古老的赞美诗里有某种力量,在某些情况下,它们似乎能将关于你的点滴联结在一起。我一边听一边驱车沿着装饰着黄丝带的长长的主街行驶。黄色的丝带缠绕在电线杆之间,悬挂在栅栏、树枝和交通灯上。在耶稣之名五旬节教堂(Jesus' Name Pentecostal Church),有一块牌子上写着:"要么正确行事,要么遭受舍弃。"唱诗班唱的是《有福确据》(*Blessed Assurance*),这首圣歌是由两个来自纽约的卫理公会妇女在19世纪70年代创作的:

> 这是我的故事,这是我的歌,
> 赞美我的救世主,终日唱和……
> 完美的顺从,完美的喜悦!
> 狂喜的景象……诸多诸多。

麦克明维尔的无线电发射台的信号并没有传到小镇以外的地

第七章

方,但那些质朴的声音却袅袅不绝。在麦克明维尔听过卫理公会教徒演唱《奇异恩典》和《有福确据》之后,很难理解为什么现代基督徒认为除了这两首歌之外,有必要咏唱其他歌曲,也许还有《与主同住》(Abide with Me)和几首诗篇。即使他们需要更多的赞美诗,他们并不需要更多的教派。麦克明维尔只有1.2万个灵魂,却有107个礼拜场所。

在《康州美国佬在亚瑟王朝》等作品中,马克·吐温表达了对任何一种官方教会的深切的普遍厌恶。他自称没有自己的信仰,并且大声地质问为什么信徒们要求我们去爱上帝,把他当作万物的创造者,而那些创造有许多是极其残忍的,比如绞死一个人类同胞。然而,马克·吐温认为宗教有益于社会的健康。他相信有一个超越可见的精神世界,因而认为人类与它交流是很自然的。宗教是没问题的,只要它来自个人信仰,而不是来自官方教会的权威。温斯顿·丘吉尔把自己描述成教堂的扶壁而非支柱,吐温则从外部支持教堂。不是一个教堂,而是很多:他坚持认为必须有足够多的教会来"互相监督"。

但是吐温认为107座教堂对麦克明维尔来说太多了。他认为全国有40个自由教派是理想的。事实是远不止如此,而且他一定已经看到,它们与其说是互相监督,不如说是制造一场自己的暴乱:每有100个"真诚正直"的牧师走进人民,就必然有50个骗子像乌鸦一样争夺理智的尸体,制造出国家半数的幻想和谎言。

那天早上,我在收音机里听到了五六个牧师的声音,他们是美国第四次大觉醒的声音。他们解释难以捉摸的隐喻;他们在《圣经》中领悟了为什么会有失去的痛苦、爱的困惑以及不忠和欲望的代价。他们奉献了一个世界,在这个世界里,上帝和撒旦永远——

冷观静思美利坚

而且显而易见地——交锋,而耶稣就像太阳、天空和超市一样真实而永恒。他们并非都是神创论者——至少,他们不都如此自我标榜——他们也不都宣称厌恶其他宗教或效忠总统。但他们又都让听众沉浸在幻想中,一个没完没了的肥皂剧里,剧中的英雄永垂不朽,古色古香永不褪色。我们很容易就能想象它是何等引人入胜,尤其是当它以人们熟悉的形式出现时,比如乡村音乐。耶稣在乡村音乐中似乎很自在,至少在所谓"励志的乡村音乐"中如此:

你祈求神的原谅了吗?
你把你的重担卸在神的脚下了吗?

他们整日整夜地哀号。这是无线电宗教的恩典状态。

　　对于那些似乎永远激动不安、好战,永远追逐和虐待敌人的传道者来说,恩典的迹象并不容易出现。他们的这种态度与那些世俗的激将派一样,他们可能曾经相信启蒙和理性,但你从他们的话中无从知晓。五旬节派信徒和脱口秀主持人都像被困在一场生死搏斗中一样咆哮。他们装模作样,夸夸其谈,充分展示可嘉的美国常识,但他们只是打动情感。他们利用听众的感受。你的感情是真实的;它们必然是真实的。它们可能意味着被撒旦或自由主义控制,在这种情况下,我们将帮助你们将其驱逐。然而,如果你们的感情与我们的一致,你们就得救了。这是"基于信仰"的思考。"价值观"这个骗人的词在这样的语境下很贴切。然而,我们真正谈论的,以及听了几天之后"感觉"到的,是宣传。威尔·罗杰斯(Will Rogers)说:"世界上没有任何争论能像宗教信仰那样带有仇恨。"

第七章

当我到达田纳西州的萨凡纳时,天已经黑了,我看到远处有一个被照亮的十字架。于是我驱车出了城,它就在田纳西河那边,在克伦普(人口1521)山上的一座巨大的五旬节教堂旁,这座教堂一定是以埃德·克伦普"老板"(Ed "Boss" Crump)命名的,他在20世纪上半叶的大部分时间里管理着田纳西州的政治和民主党。这是一个高耸的十字架,如果在它的底部有一堆火在燃烧,而且有戴着白色面罩的人聚集在那里,那么这一幕只会看起来更加凶险。

再往前走一点是亚当斯维尔(Adamsville),爱与真理教堂的面积和五旬节教堂相比,相差无几。这是一个"末日教堂",它的使命是"带来末日的收获"。我在黑暗中折回,再次过河,住进了萨凡纳旧法院附近的一家汽车旅馆。我能听到巨大的旗杆在英国石油公司(BP)加油站的桥旁嘎嘎作响,旁边就是尤利西斯·S.格兰特在夏洛战役(Battle of Shiloh)前曾驻扎过的樱桃大厦(Cherry Mansion)。1862年4月夏洛战役打响时,在下游几英里处发生了一场大屠杀。

汽车旅馆老板向我推荐了城外几英里处的一家墨西哥餐馆,但当我到达时,那里挤满了虎背熊腰的警察,所以我就去了马路另一侧的"家庭"餐馆。天色已晚,而且又是星期天,餐馆内早已聚集了很多家庭。我从没见过一块地毯上能有这么多蛋黄酱和薯条。我小心翼翼地绕过一条鲇鱼,择路而逃,开车回到汽车旅馆,决定去旗杆嘎嘎作响的英国石油公司加油站,买瓶啤酒或葡萄酒或别的什么东西来冲走那股味道。但当然,那天是星期天,所以所有的酒都被锁起来了。旗杆旁有两门大炮和一堆炮弹，孩子们在上面玩耍，把它们磨得锃光。

一辆车经过，一个人把头伸出窗外，发出一声使人惊骇的尖叫，真正触及了我的内心深处。这很可能是一个叛军士兵的后代，继承了世代相传的"叛军吼叫"。亨利·莫顿·斯坦利（Henry Morton Stanley）后来在非洲找到了利文斯通博士（Dr Livingstone），他曾在夏洛为叛军作战，他说那喊叫声"驱走了我们所有的理智和秩序"，这正是你在这样的战斗中想要的。当我来到法院，看到那座建于20世纪90年代中期为"哈丁县英勇的邦联士兵"竖立的纪念碑时，我仍然汗毛倒竖。纪念碑上写道，他们在"保卫自己的家园"。

当晚，在附近的纳什维尔（Nashville），8000名基督教青年聚集在一起做礼拜。他们围成一圈，对着摄像机祈祷，并向记者们赞美上帝的荣耀。除夕夜发现了一具半烧焦的女尸。如果事实证明她是被谋杀的，那就意味着纳什维尔一年就会有一百起谋杀案。与此同时，在纽约，市长布隆伯格向他的人民表示祝贺：包括谋杀在内的犯罪率下降了；在观众的欢呼声中，他接着说，现在纽约的每个孩子都接受了艺术教育。

一名来自田纳西州的男子给我正在看的电视台打电话，说有人在《纽约时报》上披露布什总统窃听电话，应该对"那些人"以叛国罪提起诉讼。不管他们在纽约想要的是什么，他说，"在这里，我们想要免遭恐怖分子的袭击"。

早晨，这家汽车旅馆的印度老板只穿着睡衣短裤，坐在一张大扶手椅上，看电视上的弗拉门科舞。他已经在美国待了十年，他喜欢这里的生活。起初他在加利福尼亚，但他更喜欢萨凡纳，因为那

第七章

里犯罪率较低。他父亲在几英里外还拥有一家汽车旅馆。发现我是澳大利亚人后,他从后门走出来,拿了一个板球,让我给他示范投球时的持球方法。

2000年的人口普查显示,萨凡纳百分之二十以上的居民生活在贫困线以下,百分之二十超过65岁,成年女子比成年男子多百分之二十。但它在白天看起来很宜人,没有旗杆的叮当声,也没有发着光的十字架,正如宣传册上所说:"一座美丽的古城,没有被商业主义破坏。"这里有各种风格的优美的老式住宅:安妮女王式、古典复兴式、殖民复兴式、希腊复兴式,还有一种被直接称为"南方"的样式,它着实很有魅力。樱桃大厦有战前的优雅,也有炫耀的气派,这取决于看它的角度,以及它能唤起多少你对昔日种植园时代的联想。19世纪中期以前,这些地方都是林地,到处都是野生火鸡、熊、河狸和鹿。1838年,一群切罗基人沿着泪水小道(Trail of Tears)一路西行。他们被转移到印第安领地。萨凡纳的一些人给他们肥皂和饼干。那时,《奇异恩典》已被翻译成切罗基语,并成为他们的非官方颂歌。传说,他们一边跋涉一边唱着这首歌。

我再次开车向西穿过克伦普,五旬节教堂旁边旗帜飘扬。十字架看起来不像在黑暗中那样可怕。一架真正的越战时期的直升机,上面画着鲨鱼的牙齿,还带有全套武器装备,成为路边小公园的中心。然后我又来到了亚当斯维尔和它的大型小猪扭扭(Piggly Wiggly)超市——"美国第一家真正的自助超市……1916年,克拉伦斯·桑德斯(Clarence Saunders)在田纳西州的孟菲斯创建",他是埃德·克伦普的政治对手。过了一会儿,一个手绘的标牌出现了,上书:"推选詹姆斯·米尔斯为霍恩斯比(Hornsby,人口约

30）治安官。"收音机里传出一个女人的歌声：

> 你觉得这个纸盘怎么样
> 你吃的猪肉和豆子又怎样？
> 在你开始偷情之前
> 你早该想到这一点。

突然间，高速公路上挤满了汽车，你便知道已经快到孟菲斯了。绕过这座城市，你就来到了密西西比河岸边。古代的筑丘者在那里留下了一个著名的土丘，但其现在却变成了一个玻璃金字塔，仔细想想，也不无道理。这个金字塔是你过河进入阿肯色州之前看到的最后一样东西，这个州曾被门肯称为"愚人天宫"。

阿肯色州东部尘土飞扬，空气干燥，道路坎坷不平。温尼巴格房车——这个名字来自威斯康星州西南部的印第安部落——快乐地驶向前方。你会情不自禁地喜爱他们：爸爸开车，妈妈跷着脚看书。大多数房车后面拖着一辆越野车。有时候你路过一个地方停下来时，发现你又与他们邂逅——也许这次轮到她开车。你有时会对他们产生某种依恋，好像家人般的感觉。

无论在马车还是马背上，太阳肯定不停地晒着你的左脸，但文学作品中从来都不这样描写。为了躲避没完没了的日晒，我沿着一条安静的路往南拐，来到一个似乎更像停车场的小镇。在小饭店里，老年人——主要是女性——戴着棒球帽，穿着格子衬衫，围坐在一起喝可乐，吃着塑料盘子里的炸鲇鱼、鸡柳和薯条，用着塑料

第七章

"银器"(托盘放置处上方的标牌上如此说道)。人们彼此说话不多,但似乎无碍交流。

在小石城(Little Rock)东部一个令人厌烦的平原上,有一个声音说,美国儿童每年购买价值150亿美元的商品,并影响另外价值7000亿美元商品的购买。这个惊人的信息消逝在空气里,然后有个男人像被指控犯有滔天大罪似的喊道:"你什么意思?你什么意思?你们这些人!我不知道你们怎么能这样做!"

打电话的人说了一些关于乔·利伯曼(Joe Lieberman)的事,又说了一些关于约翰·麦凯恩(John McCain)的事,主持人停顿了一秒钟,然后大开其火:"民主党的问题在于他们没有任何乐趣!他们没有乐观或希望!昨天有个女人打来电话,她是世界上最可怜的女人!我给她讲了个笑话,但她没有笑!她不会笑!他们就是这样!他们都是这样的!"

打电话的人当时已经被挂断,但主持人继续开火,以防他还在信号区内。当进入广告时段时,人们确认主持人是拉什·林堡(Rush Limbaugh)。

对于一个还算理智的人来说,一边听着拉什·林堡的节目一边直线行驶是很困难的。没有差别,没有变化,没有迂回。他狂吠、叫喊、咕哝,像一只下一秒就要挣断身上所缚锁链的大猩猩一样向你扑来。其效果富于冲击力,令人精神崩溃。至少,这是对非信徒的影响。对于那些与他持相同观点的人来说,他无疑是一剂补药。

我默默地经过了小石城边的一座令人惊讶的第一五旬节教堂。就像一个用柠檬奶油和白色大理石打造的世界奇迹,它有一个巨大的圆形大厅、带凹槽的大理石圆柱和高耸的窗户,这座建筑容纳了成千上万的崇拜者和奇迹,毫无疑问,二者平分秋色。

这是一次漫长而令人厌恶的旅行。我应该去欧扎克(the Ozarks)看看。我想,如果20年来你每天开车环游美国,你仍然会觉得,如果当初放弃了某条路,或者径直向前走而不是拐弯,你可能会发现一些重要或令人难忘的东西——比如阿肯色州牛顿县的布法罗河(Buffalo River),比尔·克林顿说那里是"美国最美丽的地方之一"。在那里,也许我会发现比尔·克林顿的一些老底儿。

俄克拉何马城西部的大火已经燃烧了一个星期。东部,土地干枯,光秃秃的树木像等待火柴的火种。尘土飘过大地,好似俄克拉何马州往日的幽灵。尽管场景很凄凉,但任何50岁以上的人来到俄克拉何马州时,电影中的歌词就像横扫平原的风一样闯入他的脑海。倘若歌声在此定格,情况还不至于如此一塌糊涂,但是,"Oh, What a Beautiful Morning""The Surrey with the Fringe on Top"和"The Farmer and the Cowman Should Be Friends",以及几乎其他所有歌都按它们在电影及唱片中出现的顺序被回忆起来了。确实,你7岁时看这部电影的那个晚上又回来了,而且你不禁要问,在这个遥远而平凡的地方,究竟是什么样的文化奇迹把它们自己移植到了你的大脑里,而如此多重要的东西却望尘莫及。

一个俄克拉何马州人曾经说过,社会学对于俄克拉何马州而言,就如同动物学之于澳大利亚。他指的是一个政治、行政态度和制度似乎逃脱了进化过程的地方,就像鸭嘴兽一样。直到1959年,俄克拉何马州才取消了禁酒令。在这个国家的其他地方都取消它之后,该州仍然坚持了很长一段时间,这可能与人们对浸礼会、卫理

第七章

公会和其他社群主义教会的依恋有关。从另一方面来说，在俄克拉何马州，每有一人信仰宗教，就有另一人信仰私酒，且无疑有些人同时信仰宗教和私酒。一种自然的平衡可能已经形成，并由国家决定许多事情所依赖的全民公决表现出来。威尔·罗杰斯过去说的，俄克拉何马州的选民只要能摇摇晃晃地去投票，就会投禁酒。

我遇到了一位俄克拉何马州的法官，他心胸开阔，崇尚自由，对俄克拉何马州的政治和思想史有着深刻的见解，他相信威尔·罗杰斯是20世纪最伟大的美国人。罗杰斯绝对是其所处时代最受欢迎的。他是好公民的典型。罗杰斯拍过71部电影，包括马克·吐温的《康州美国佬在亚瑟王朝》的第一个电影版，以及约翰·福特（John Ford）的《普里斯特法官》（*Judge Priest*），其中有一句至理名言："我从政治中学到的第一件事就是知道何时该说'不'。"罗杰斯将好莱坞电影明星身份与电台广播和500家报纸的专栏作家身份珠联璧合。他的母亲是切罗基人。可以说，两个最伟大的俄克拉何马州人都是切罗基人，另一个是塞阔亚（Sequoyah）——他们民族的诺亚·韦伯斯特（Noah Webster）①。正如韦伯斯特的《美式拼写读本》（*The American Spelling Book*）和词典对普通民众的意义一样，塞阔亚的字母表（或音节表）对切罗基人的意义重大。它使切罗基人具备了读写能力。

威尔·罗杰斯和另一位美国天才马克·吐温有些相似之处。他没有吐温那样的才智，他也不曾受迫于同样的愤怒和绝望；但是吐温不能像罗杰斯那样骑马或用绳子耍把戏。他们都具有同样的宽容、自由、世俗、民主和简洁的美国精神。"自由在实践中并不

---

① 美国词典编纂家。

像在演讲中那样有效"很好地概括了罗杰斯的风格。也许这与他有一半的切罗基血统有关,尽管发生在切罗基人身上的事情也可能使一个人变得恶毒。罗杰斯说,他从印第安祖先那里继承到的最重要的东西是面对逆境时的幽默感。"我的祖辈不是乘坐'五月花号'(Mayflower)从大洋彼岸过来的,"他说,"不过,是他们去接的船。"

在20世纪的二三十年代,罗杰斯并不赞同现如今美国人持有的很多价值观。他当时不支持共和党人,现在更不支持。他不太信仰宗教。他更喜欢马。在他看来,一个完美的周日下午就是"纵身跃上老马,奔上一个小峡谷"。他是个滴酒不沾的人,珍视家庭,与丑闻绝缘。当威尔·罗杰斯在阿拉斯加的一次飞机失事中遇难的消息传开时,有人说"美国的嘴角掠过一丝微笑"。

罗杰斯曾经说过,"我喜欢我所遇到过的每一个男人",他对此总是感到很自豪。在俄克拉何马州克莱尔莫尔(Claremore)的威尔·罗杰斯博物馆,他的墓碑上就刻着这句话。有人说,他在1926年第一次提到列夫·托洛茨基(Leon Trotsky)时说了这句奇怪的话。好吧,他可能喜欢托洛茨基,但他会喜欢拉什·林堡吗?他喜欢策划了印第安人迁移(Indian Removal)的总统安德鲁·杰克逊(Andrew Jackson)吗?还有那些欺骗祖先,骗取他们在国家东南部获得的土地,并因"转移"他们到印第安领地而导致他们中的十分之一死在跋涉中的人呢?或者,当所谓的五个文明部落在这片不那么肥沃的土地上建立起相对的繁荣时,那些再一次欺骗他们的人呢?

你可以冥思苦想几个小时,仍不解他钟情那句话的缘由。如果他的专栏文章可以作为参考的话,他不太喜欢约翰·D. 洛克菲

第七章

勒（John D. Rockefeller），也不太喜欢战争贩子、自动武器供应商，或者那些他认为剥削或压迫穷人的人。罗杰斯是罗斯福及其新政的支持者，他的一些观点与俄克拉何马州的一位同道、激进歌手兼词曲作者伍迪·格思里（Woody Guthrie）的观点相去无几。他甚至对苏联的五年计划进行了谨慎的赞扬，他说那是一个计划，而在1930年，美国还未做到如此程度。

也许这只是一篇说教，类似于"认识一个人，站在他的角度看问题总是有帮助的"，或者"每个人都有好的和不好的一面"。他出身于一个富裕的拥有土地的混血家庭，而在内战之前，他的家庭所属的阶层往往拥有奴隶。这种出身也许使罗杰斯懂得了道德世界是复杂的，且不屈服于偏见和教条。也许他是在用一种道德上的魔绳术拐弯抹角地对付那些偏执狂。

克莱尔莫尔的博物馆很有魅力，但并没有让人觉得威尔·罗杰斯不仅仅是个美国老好人或大众榜样。不过，去那里不仅可以了解为什么美国人在他去世时哀悼他，也可以了解为什么他们应该哀悼他。他不偏执，对人类和世界充满好奇。同时，他还是一个很有趣的人：一个能扮演康涅狄格北方佬或普里斯特法官的总统，一个滑稽而正派的南方人，并且能驾驭一头牛、一只鸭子或一个女孩的小手指，在目前的环境下是一个梦想中的总统。美国最受欢迎的人是自由主义者。他相信美国是自由的。"欧洲不喜欢我们，"他说，"但是……他们认为我们是开明的。"那是1931年，罗杰斯为失业救济发声。他说，"我不知道美国是否从根本上讲是健全的，以及那些饭后的胡言乱语，但我知道美国从根本上讲是自由的"。

这话去跟拉什·林堡说吧。或者对口无遮拦的主持人肖恩·汉

冷观静思美利坚

尼蒂（Sean Hannity）说，他最近出版了一本《把我们从邪恶中解救出来：打败恐怖主义、专制主义和自由主义》(*Deliver Us From Evil: Defeating Terrorism, Despotism, and Liberalism*)。或者还可以跟福克斯新闻的比尔·奥赖利（Bill O'Reilly）。又或对安妮·库尔特（Anne Coulter）说。这些人以及其他像他们一样的人，既套不住牛犊，又说不出趣话，也无法背下《古兰经》，但他们依然得到数百万美元的报酬，并被允许接触各种形式的媒体，以确保美国从根本上是狭隘的。顺便说一下，如果你在美国，想给肖恩·汉尼蒂打电话，别忘了说"你是一个伟大的美国人"。这不是强制性的，但就像给服务员和门卫小费一样，这是理所当然的。他可能会说，"谢谢你，夫人，祝你今天过得愉快"，或者"好吧，总得有人来拯救这个国家"。然后转身就会把自由主义者撕成碎片。爱默生（Emerson）说："怀疑论者占据的地方是神殿的前厅。"但听着耶稣和爱国主义的布道者，你可能会认为他们挤满圣坛。如果威尔·罗杰斯（或马克·吐温）走进他们的工作室并说美国是自由的，他们就会直接把他和泰德·肯尼迪打得粉身碎骨。

吉姆·汤普森也来自俄克拉何马州。在犯罪小说作家中，他是最阴郁、最尖刻的，而在他创作的巅峰期，他也是最伟大的。"在11月一个寒冷的夜晚，我，一个饿得半死、肮脏不堪的流浪汉，从俄克拉何马城的一辆货车上跳下来。我马上就被两个巡警拘留了。"这是他平常的语气。汤普森认为俄克拉何马州是"在政治上全国最腐败的州"。有这种想法的远不止他一个人。腐败和抢劫是非同寻常的——尽管，公平地说，俄克拉何马州有着更大的诱惑。俄克拉何马州人只是"抓住了大规模抢劫的最佳时机，这是摆在任何美国人面前的前所未有的机会"。三代的切罗基人、乔克托人、奇卡索

第七章

人、克里克人和塞米诺尔人赖以生存的所有土地都在这里——这些土地必须要从他们手中夺走。然后是石油。这不是俄克拉何马人的错,该州富产石油;他们城市的脚下蕴藏着巨大储量的石油。

在西部的胜利中,俄克拉何马并不是唯一一个理想主义和不屈不挠的勇气与贪婪、诡计、背叛和野蛮暴力混杂在一起的地方——更不用说点45柯尔特手枪和连发枪了。因为至少一半土地都是通过腐败、武力或纯粹的意外收获得来的。可以预料的是,最终,在俄克拉何马州乃至整个国家,人们难辨良莠,认为尝试只会带来伤害。他们更喜欢神话——边疆社会总是这样。相信神话比相信历史更容易;它是实用的,同时也是必不可少的精神需求。它包含了更多的抒情和更多的商业可能性。它千变万化,坚不可摧。在这方面,俄克拉何马州也模仿了美国的其他地方。

坐落在油井之上的议会大厦有一个新的圆顶,就像圣代冰激凌上的一颗樱桃。如果像历史学家安姬·迪博(Angie Debo)所说的那样,俄克拉何马州仍有一种挥之不去的羞耻感或自卑感,那么从议会大厦上是看不出来的。中庭有描绘科罗纳多(Coronado)[①]到来的画作;有关于印第安人的、小农户的画作;当然还有画着威尔·罗杰斯的画作,与他一同入画的是飞机而不是马;以及画着与罗杰斯一起在阿拉斯加去世的著名飞行员威利·坡斯特(Wiley Post)的画作。画作中没有伍迪·格思里和吉姆·汤普森。穿顶的捐赠者的名字刻在厅内底部。这是一件了不起的事;当你从下往上看时,你会感到头晕。在我的脖子抽筋之前,我看到的最后一个名字是哈里伯顿。

[①] 16世纪西班牙探险家,发现了大峡谷和美国西南部地区的其他主要地标。

冷观静思美利坚

在俄克拉何马城的其他地方,有一些献给拓荒者和牛仔的闪亮的纪念碑,还有一个巨大的新建的历史中心。1964年,著名的现代主义建筑师贝聿铭重新设计了俄克拉何马市中心。他使其看起来很时髦,但却没给餐厅留地方。换句话说,他令它"虚有其表"了。他扔下了一颗相当于建筑师设计的中子弹①,给俄克拉何马城留下了许多纪念它喧嚣历史的纪念物,但却无法重现它的生命力。尽管如此,世界各地的城市都有伤害自己的倾向,我们必须记住,财富是在这种伤害中创造出来的。当它们重建、复兴时,伤害将会有过之而无不及。

在其中的一个购物中心里,我遇到一个老人,他在20年前放弃了在企业界非常成功的事业,去开了一家书店。他认为下一代人可能会认为边界书店和巴诺书店(Barnes & Noble)是世界上仅有的书店。几年前他曾竞选市长。他说那一直是一场无党派之见的竞争,但在竞选的最后两天,他的对手进行了一些通力筹划的导向性民意调查(push-polling),目的是把书店老板和允许同性婚姻的旧金山市市长联系起来。他不认识旧金山市市长,但俄克拉何马城有2.5万名新选民参加了投票,导向性民调机构轻松获胜。这位书店老板说,民主党击败宗教右翼的唯一方法是以神学做武器:证明他们的解释的倾向性和信仰的虚假性。

1995年4月19日上午9点,当俄克拉何马城的办公室职员们

---

① neutron bomb,可杀人,但对建筑物损坏不大(《牛津高阶英汉双解词典》第9版)。

第七章

在电脑屏幕前安顿下来时，蒂莫西·麦克维（Timothy McVeigh）把一辆租来的卡车停在俄克拉何马城市中心九层楼高的阿尔弗雷德·P. 默拉（Alfred P. Murrah）大楼外的一个落客区。他走开了，留下两个定时雷管嘀嗒作响。9点02分，满载硝酸铵和硝基甲烷的卡车爆炸了。这次爆炸的威力相当于里氏六级地震。50英里外都能感觉到。它炸碎了默拉大楼的北立面，造成168人死亡，800多人受伤。麦克维无意中把卡车停在了大楼的日托中心下面，导致19名儿童死亡。他称之为"附带损害"。

随着这则消息传遍全国乃至全世界，人们普遍认为，这起当时在美国本土发生的最致命的恐怖主义行动一定是拥有外来意识形态的外来者所为，但爆炸发生后的两小时内，蒂莫西·麦克维便被捕，而三天后，美国人得知该名恐怖分子是纽约州西部一个萧条工业小镇的29岁本土居民，他宣称自己的行动是为了捍卫美国的自由，"制止政府滥用职权"。麦克维说："我借鉴了美国的外交政策，决定向一个日益充满敌意的政府传达一种信息。"

不久后，公众也了解到麦克维的母亲在他10岁时离开了家；他的父亲在他13岁时给了他第一支步枪；他找不到女朋友，找不到一份体面的工作，所以他参了军，在那里他学会了控制自己的情绪；他在第一次海湾战争中表现出色。人们了解到，他从中东回来时大失所望，特别是美国军队对逃跑的伊拉克军队的屠杀。他试图加入美国陆军特种部队的努力失败后，便成了各种右翼"生存主义"组织的成员。他目睹了得克萨斯州韦科市（Waco）的大卫教派（Davidian）被包围，以及联邦特工杀害80多名教派成员，其中包括多达25名儿童。部分出于为这些人报仇的原因，他在韦科大屠杀两周年之际引爆了默拉大楼。那天他穿的T恤上写着，就像布鲁图（Brutus）刺杀恺撒大帝（Julius Caesar）时、约翰·威尔克斯·布思（John Wilkes Booth）暗杀林肯时所宣告的："这就是暴君的下场"，以及托马斯·杰斐逊的名言："自由之树必须不时用爱国者和暴君的鲜血来浇灌。"

麦克维被控八项罪名，包括谋杀、密谋使用大规模杀伤性武器并摧毁联邦大楼。大约300名幸存者和受害者的亲属观看了他在印第安纳州特雷霍特（Terre Haute）被执行注射死刑的过程，他们当中有些人作为官方证人出庭做证，有些人聚集在俄克拉何马城的一个房间，通过加密光纤电缆的特别广播提供证词。麦克维的主要同伙特里·尼科尔斯（Terry Nichols）也是海湾战争的老兵。他被判终身监禁，现在科罗拉多州监狱服刑。

在审判中，麦克维不仅将自己的暴行与韦科大屠杀相提并论，还将其与美军在伊拉克和塞尔维亚（Serbia）针对平民或全面撤退时绝望的士兵所采取的致命行动等而视之。至于人们常说的美国人在俄克拉何马州的爆炸事件中失去了他们的纯真（我们在"9·11"事件之后又听到了），麦克维提出了一个合理的观点——尽管任何人，包括一个切罗基印第安人，都可能会更好地提出这个观点。开国元勋们口中所述的或从美国（或俄克拉何马州）历史中一跃而出的所有令人愉悦的品质中，纯真并不会立刻脱颖而出；它也并非来自街头、媒体、国会、白宫、华尔街或好莱坞。但不管怎样，旧调重弹和幻想往往会得逞。事实是，恐怖分子经常强化他们中最自欺欺人的人，这可能是他们所造成破坏的一部分。

尽管麦克维坚持说他和尼科尔斯，以及第三人——目前被纳入证人保护计划——是全部同谋，但自从他被处决后，各种阴谋论流传开来：例如，尼科尔斯可能与菲律宾的基地组织有关；麦克维

第七章

可能在他们都在佛罗里达的时候见过基地组织的特工何塞·帕迪拉（Jose Padilla）。美国联邦调查局被指责搞砸案件、丢失重要文件、未能对现场进行规范的法医检查以及掩盖证据。很多网站希望我们相信的真相，才刚刚开始浮出水面。

俄克拉何马城国家纪念馆建立在默拉大楼的原址之上，成功地超越了陈词滥调和阴谋论。纪念馆前筑有两座高墙，一座标有"9:01"，另一座标有"9:03"，高墙之间的大门代表爆炸的时刻。纪念馆中包含168把青铜和玻璃"椅子"，设成9排，面向一个倒影池。这些椅子代表了被杀害的办公室职员，那些坐在办公桌前的普通人。19把小椅子代表死去的孩子们。白天，池水中的椅子倒影也像墓碑；夜晚，内嵌的灯点亮，它们就像大教堂里的蜡烛。

获奖设计是由爆炸幸存者和受害者家属组成的委员会选出的，所有人都签署了一份"使命声明"，这份声明的条款是经过艰苦磋商的："愿所有离开这里的人都知道暴力的影响。愿这个纪念带给我们安慰、力量、和平、希望和宁静。"这些文字被镌刻在墙上，如果它们不像想象中那么扣人心弦，则大多数游客可能会说，纪念仪式本身就成功了。它足够抽象，以避免多愁善感；又足够具体，以震撼感官。

纪念馆旁边建了一座博物馆，马路对面有一座新的白色基督雕像，他用手捂着眼睛面向现场。上面刻着"耶稣悲泣"。在博物馆外的围栏上，人们挂着各种各样的祈愿物——毛绒玩具、衣物、徽章。博物馆之旅从俄克拉何马州水务委员会的一个重建房间开始，爆炸发生的当天早上9点，这里在召开会议。水务局在街的另一侧。参观者听了两分钟的会议录音，然后爆炸声响起，灯光熄灭。博物馆中还放置了一些玻璃箱，里面装满了从废墟中收集来的物品：更多的玩具、汽车钥匙、眼镜、电脑屏幕、百叶窗、文件柜。这是1995年办公室生活版的庞贝城。还有幸存者的想法。轰炸教会她"必须随时准备迎接基督"。还有人说："有那么一瞬间，一个人无论是白人、黑人还是棕色人种都不重要了；抑或是天主教徒、浸礼会教徒或犹太人，无论贫富——每个人都情同手足，紧密相连。"他们感谢上帝，对陌生人的善心感到震惊，他们本可以转身逃跑，但这些陌生人却挺身而出帮助他们。

这是一座奇怪的博物馆；绝不全是伤感，但带有一点日间电视节目中的集体唯我主义。广岛和长崎的纪念馆都表达了对毁灭时刻的相同的本能迷恋，它们代表着25万死去的平民和成千上万的儿童。不知何故，俄克拉何马州纪念馆的分寸感已经消失。与此同时，在宗教说教和无节制的悲伤中，利他者和自恋者变得不可分割——这一悖论可能正是蒂莫西·麦克维邪恶的根源。

第八章

上帝许诺我美好和希望，

他的话拨云见日，光芒万丈；

他将是我的佑护、我的臂膀，

只要生生不息，永世其芳。

约翰·牛顿（John Newton），
《奇异恩典》

我沿着35号州际公路向北前往堪萨斯边境。没有很好的理由去参观阿比林（Abilene）的德怀特·D. 艾森豪威尔（Dwight D. Eisenhower）总统中心，但艾森豪威尔是我的意识生活的第一位总统，而"我喜欢艾克"[①]是我的第一个政治口号。他是铁路时代的最后一位总统，也是最后一位在全国做巡回演讲的总统。同时，他也是最后一位担任总统的将军，还是最后一位具有无可指摘的常识，并能可靠地控制自己所有才能和本能的总统。也许是因为他的父母是和平主义者，或者因为他从未真正参加过战斗，但与巴顿、麦克阿瑟或蒙哥马利（Montgomery）——或者丘吉尔相比，他也

[①] 艾克（Ike），艾森豪威尔的昵称。

算得上是一位理智的将军。因为他看起来有点像我最喜欢的叔叔，所以我确实喜欢艾克，现在我仍然喜欢他。

前一天深夜，在克莱尔莫尔，电视新闻宣布，困在西弗吉尼亚州煤矿的13名矿工被发现还活着。萨戈（Sago）群众宣称这是一个奇迹。一名矿工的妻子说她从未失去信心，每个人都在祈祷，上帝拯救了他们。州长和国会女议员也参加了祈祷和庆祝活动。他们聚集在教堂的大厅里，唱着《你真伟大》（How Great Thou Art）。第二天早上，《俄克拉何马人报》（The Oklahoman）和全国各地的几十家报纸在其早报上打出了这样的头条："活着！"但那时矿长已经通知矿工家属，13名矿工中已有12名死亡。

收音机里播放了一整天关于萨戈煤矿的报道。的确，正如一些人所说，媒体本应更加谨慎。但是，如果公众不是如此如饥似渴地全盘接受媒体提供给他们的任何内容，媒体则可能会更加谨慎地为公众提供信息。报道以现代寓言的方式展开；当地的牧师说，他能理解这些家庭的愤怒，甚至是对上帝的愤怒。他说，上帝会原谅他们的。由于该公司在前一年被指违反了200多项健康和安全规定，当有证据说矿业安全与健康协会在执行这些规定方面并不严格，而且随着阿巴拉契亚山脉的煤炭价格在过去十年里翻了一番，看起来似乎上帝和媒体并不是唯一卷入萨戈矿难的人。

在阿比林，有两块标牌在黑暗中发光——成人书店，以及摆在书店正前方的另一块牌子——耶稣治愈。圣诞节的装饰品还挂在街上。艾森豪威尔成长的小镇恰好位于美国"大街"的中心。他说："我能说的最自豪的事就是我来自阿比林。"市中心有一座雕像把他描绘成一个13岁的典型美国男孩。他生长在大平原（Great Plains）上一个快乐的门诺派家庭的农场里，并不是一个特别聪明的孩子。

第八章

他后来去了西点军校（West Point），从没愤怒地开过一枪，就成为美国第一位五星上将，世界上最强大的军事力量的指挥官，西欧的解放者。后来，作为美国总统，他不仅是世界上最有权力的人，也是历史上最有权力的人——拥有终结地球上所有生命的权力的第一人。听起来难以置信，这就是伴随我们长大的故事——美国的总统，不管他是谁，都可以一举结束一切。

肯尼迪的神秘感、约翰逊的越南灾难和尼克松的腐败盖过了艾森豪威尔总统的名声。然而，他的成绩还算差强人意。这位总统在他的第一个任期开始时就提醒美国人，花在武器上的每一美元"从最终意义上说，都是从那些饥寒交迫的人那里偷来的"；在结束八年任期时，他警告他们"军工复合体"的危险。他很明智地认识到越南是一个陷阱，而英国、法国和以色列在1956年制造苏伊士运河危机是错误的。他足够开明，维持了罗斯福新政的大部分精髓；如果说他在民权方面的记录不是特别出色，那么在民主党控制的国会中，南方的民主党人则应对更多问题负责。

艾森豪威尔修建了公路系统，扩大了国家公园，严格控制了预算——他还鄙视乔·麦卡锡（Joe McCarthy）。这些政策可能会让他在今天的共和党中的受欢迎程度如同菲德尔·卡斯特罗。自由派可能永远不会原谅他，因为他击败了知识分子阿德莱·史蒂文森（Adlai Stevenson），或者因为他缺乏肯尼迪家族的魅力。他从不假装自己深不可测，但与他的所有后继者一样，他有着庄严的气质，而与他们中的大多数人相比，他的诡计、唯我主义和胡言乱语要少得多。在有些夸张的艾森豪威尔中心转了一圈之后，你会感觉如果当时他是总统，在"9·11"事件之后他会采取不同的应对办法，很可能在那之前就已经有所动作了。

- 193 -

冷观静思美利坚

当我沿着70号高速公路向西行驶时,收音机里继续播放着关于美国灵魂的伟大辩论。世俗右翼抨击自由主义者,宗教右翼抨击世俗主义者。我驶离干道,向内布拉斯加州的北普拉特(North Platte)驶去。沿途的房屋都没有避风物。它们坐落在荒芜的褐色草地上,其中许多旁边都有蜥蜴、郊狼、印第安人或想象中生物的简陋雕塑做伴。金属板制的印第安人和真人大小的马及骑手站在无人居住的高地上。一个小小的浸礼会教堂的告示牌上写着:"主已经显明他的救恩。恶人无平安可言。"一切都是光秃秃的,平淡无奇。一辆载着一车干草的卡车碾过这片土地:车上挂着一个心形挂件、一个十字架、美国国旗和堪萨斯州州旗,还有一块牌子上写着"腹地干草"。

这些小镇把它们的名字写在水塔上,有时它们也在水塔上画个十字。这些地方看起来很凄凉,但可能有些东西是游客看不见的。比如公民自豪感。普莱恩维尔(Plainville,人口2000左右)有一个漂亮的小公园,还有一个像阿灵顿一样保存完好的墓地,里面的坟墓比镇上的活人还多。那里有共和国大军的纪念碑,有一家名为《平原人》(*The Plainsman*)的报社,还有一家超级市场。有几个油泵孤零零地运转着,另几个没在用的泵嘴横七竖八地耷拉着,就像突然抽搐的动物一样。安格斯牛等在屠宰场的院子里。一间饱经风霜的两室小屋上挂着一块牌子,上面写着"工业发展公司"。

普莱恩维尔的商店没有阳台:这也许是一个标志,说明它们在某个时候现代化程度很低,或者是一场大火过后,重建房屋时舍弃了阳台。从19世纪70年代开始,随着一些草皮屋和草皮旅馆的建成,它成了著名的"天堂公寓皇后城",并被认为是一个狩猎水牛

第八章

和麋鹿的好地方。普莱恩维尔和这些平原上其他数百个城镇的不同之处在于，这里仍然有人居住——尽管大平原上的人口正在减少。许多生态学家和地理学家认为应该把大平原归还给水牛。

在这个阳光明媚的日子里，似乎有必要去看看这些大平原，感受一下吹过它们的凛冽寒风。不难想象它们对定居者的兴奋和恐惧：平原是一回事，但在平原上遭遇敌人则是另一回事。感到恐惧很容易，理解这些地方生活的宗教层面更加容易。事实上，很难想象，如果没有宗教，这些社区会朝什么方向发展。这些城镇无足轻重，然而，站在这可视的空旷之中，它们给人留下的印象是不可磨灭、令人感动的。当你沿着公路飞驰时，你会看到犁沟起伏，仿佛波浪荡漾，太阳渐渐沉入大地，七架飞机朝着太平洋海岸飞去。

北普拉特拥有全美最大的货场，天黑后开车进去，我想我能闻到牛的味道。也许是草坪上的血骨肥料。那属于动物，不管它是什么，每当我想到北普拉特，我就会想到那股气味。它加深了我对这个朴素而务实之地的印象——这一观点在我于某处读到的资料中得到了加强：住在那里的2.5万人中有一半是天主教徒或主流新教教徒，福音派教堂不超过30座。就像小普莱恩维尔和大平原上的许多其他地方一样，北普拉特大约有三分之一的居民是德国移民的后裔。

这对城镇的建筑和规划并没有什么影响。北普拉特商店云集，看上去和其他同等规模的城镇别无二致。汽车旅馆和快餐连锁店像通常一样聚集在城外的公路上。有一家戴斯酒店、一家优质酒店和一家舒适酒店（Comfort Inn）。开车穿越这个国家的时候，我经常凭记忆背诵所有旅馆的名字，然后就会背诵那些在汽车旅馆周围涌

冷观静思美利坚

现出来的快餐店，就像牛场周围的蓟草一样。传统的客栈倾向于坐落在大街上、溪流岸边、山脚下、橡树林中，其名字暗示着一个朴素的庇护所，可以躲避风雨和强盗。连锁酒店并非安乐窝，却力求打造一种归宿的形象。如果它们开在安静之地，便没有人会注意到品牌了。风吹雨打，日晒雨淋，旅店牌匾不再醒目；自信的人、盗用公款的人、离家出走的人和职业杀手经常光顾它们；只有无家可归的人才会觉得它们是家。然而，它们仍然是一个便利的奇迹，作为人们可以进入某种存在模式的地方，这不仅对旅者的生活，而且对整个国家的精神健康都大有益处。

1941年12月，在美国向轴心国宣战的几天内，军队开始穿过北普拉特前往战场：如果他们要在欧洲与德国人作战，他们会向东行进；向西则是前往太平洋与日本人作战。圣诞节那天，当地人建立了一个食堂。人们从100英里外驱车前来，带来食物、饮料、杂志和同伴。他们提供了音乐和场地；每列火车在北普拉特停留大约半小时，其间士兵们可以在那里和当地女孩跳舞。在五年半的时间里，北普拉特食堂为600万即将离开和返回的士兵提供服务。

从北普拉特开车到科罗拉多州的柯林斯堡（Fort Collins），再从柯林斯堡驱车到怀俄明州（Wyoming）的夏延（Cheyenne），你就会明白为什么大多数美国人都懒得去办理护照。既然有怀俄明州，为什么要去土耳其或巴塔哥尼亚（Patagonia）①？驿马快信

---

① "Patagonia"意为"巨足高原"，其大部分地区位于阿根廷境内。巴塔哥尼亚拥有多种著名的自然景观，比如莫雷诺冰川。

第八章

（Pony Express）过去常常在这些平原上疾驰——一封重半盎司的信要价5美元，10天内送到萨克拉门托。但它只持续了18个月。公司掌门人都是骗子，但其创意是极好的。还留有一些雕塑：马屏息疾驰，骑马人在马鞍上旋转，鞭打着马的臀部，仿佛要逃离一阵箭雨、一场雪崩或他的心魔。

一些土地被认定为波尼国家草原（Pawnee Native Grasslands），司机被禁止收集箭头和矛尖。印第安人在这些平原上生活了8000年。他们以野牛为生：野牛肉是他们的食物；他们用野牛皮制作房屋、衣服和器皿；用野牛骨制作工具和武器。野牛是他们的物质文化和宗教的基础。

1870年，大约有1500万头野牛生活在平原上。据安姬·迪博称，1868年，一列火车穿过野牛群时，足足行驶了120英里。十多年后它们就消失了。一头雄性野牛的体重接近一吨。就其体重而言，这一定是地球历史上物种间最大规模的屠杀。1873年有500万头被杀。人们猎取它们的肉和皮，并以猎杀它们作为消遣。在一年的时间里，"水牛比尔"·科迪（"Buffalo Bill" Cody）为堪萨斯太平洋铁路工人提供了4280张皮革。当铁轨通车时，铁路公司出售车票，为人们提供从火车窗口射杀野牛的特权。这或许是一项运动，但是残忍的运动。一位年长的猎人回忆起他们利用野牛具有较好直觉的技巧："当一头野牛被击中时，其他的野牛就会围着它转，如果有一群一百头左右的野牛，猎人就能把它们几乎全部拿下。"

在旧时的西部，夏延是一个铁路小站，也是向山区进发的勘探者和与夏延族印第安人作战的士兵出发点。这是一片这个国家必须争抢的土地——他们必须从印第安人手中夺取。1866年，谢尔曼将军在这里以东的某个地方说："天知道我们何时能为发动一场印

- 197 -

冷观静思美利坚

第安战争找个像样的借口,而我看不出如何找到。"过了一段时间,借口找到了。他们是为了草原、金银、铁路和商业而战,但似乎也可能是出于统治自然的原始需要。他们一定要得到它,就像亚哈一定要得到白鲸一样。印第安人谈论大神(Great Spirit),以及与之交谈的草、大地、风和天空,他们所言已成为西方传说中的陈词滥调或笑话。然而,白羚羊的死亡之歌——"除了大地和山冈,没有什么能万寿无疆"——可能是驿马快信的骑手向内华达山脉疾驰时唱出的。

这个地区的地图看起来像一份旧的电视节目指南。夏延之后,我想我该去看看拉勒米(Laramie)。于是开车穿过药弓森林(Medicine Bow Forest),听着福克斯新闻,这时,亚伯拉罕·林肯从路边的灌木丛中猛然显现,像一只可怕的猛禽一样瞪着眼睛。片刻间我看了看,它像是木头雕成的,大约有20英尺高。一辆褐白相间的大皮卡一直跟在我后面下山。当我们到达山脚时,它超过了我,然后突然拖慢了我的脚步——两个咧着嘴笑的牛仔,油腻的淡金色的头发从帽子里垂下来,他们的后窗上贴着一枚徽章,上面写着"怀俄明人",还有一条黄丝带、一条红丝带和一条蓝丝带——一条与卡斯特将军(General Custer)相连的精神链,他曾骑马驰骋在这片峰峦,在小巨角(Little Bighorn)走上毁灭之路。

冬季,只能从北部进入黄石国家公园。开车穿过怀俄明州,在你的左边是公园的山脉,在你的右边是绵延的平原。这是19世纪的战场,所有褪色的布什-切尼贴纸让它现在颇有些战场的感觉。

第八章

行驶了60英里左右，无线电广播中两个来自怀俄明州的人一直在讨论环保主义者：他们指的是那些已经渗透到政府和其他机构，正在施加邪恶和普遍影响的人。环保主义者致力于破坏美国人的自由，特别是狩猎的自由。环保主义者威胁着美国人的生活方式。他们珍贵的野牛因布鲁氏菌病威胁着美国的养牛业。他们珍爱的狼在牛群中四处掠夺。嗯，今非昔比了。这些人开始反击环保主义者，仿佛神创论者反击人文主义者，抑或是白宫反击恐怖分子。

开车穿过怀俄明州时会琢磨生命的起源，因为在怀俄明州的景观中，恐龙和绵羊同样容易想象，而收音机里有人将要谈论智能设计。是牧师或神父在谈论该话题；一开始你可能会误认为是科学家之间的对话。节目主持的方式与促销结肠清洗剂和健身器材无异：一个充满热情的新手会向一位知晓所有答案的专家提问。可以肯定的是，这位专家是探索研究所科学与文化中心（Discovery Institute's Center for Science and Culture）的成员。

探索研究所是智能设计运动的前沿阵地。大多数（如果不是全部的话）重要人物都是福音派基督徒，当他们对信教听众讲话时，他们喜欢展示自己的论点是如何为《圣经》创造论提供支持的。但当他们对世俗听众讲话时，则使用世俗的语言；事实上，他们避免将上帝称为智慧的设计者。对此有一个很好的理由。该运动的目标是将智能设计确立为有效的科学，并让它与进化论一起进入科学课堂。

你不一定会听到肖恩·汉尼蒂、拉什·林堡和比尔·奥赖利支持智能设计，但也不会听到他们谴责智能设计，或者阻止那些坚决支持智能设计运动的成员参与广播。如果你在2006年1月听过这个节目，你就会听到奥赖利把反对在学校科学教室讲授智能设计的组

- 199 -

织称为"塔利班"。"法西斯"是他给那些组织下的定义。"希特勒将是它们的正式会员。"

　　智能设计运动是斯科普斯与披着时髦嬉皮士新装的老反进化论联盟之间的博弈。20世纪20年代，在15个想要禁止讲授进化论的州中，只有两个州将此想法付诸行动，但人们不会为此就放弃上帝创造人类的信仰，尽管大城市的律师、美国公民自由联盟和东海岸媒体取笑他们的想法，某个万事通法官用某诉讼程序细节推翻了斯科普斯的定罪。即便与比那些人更出类拔萃的人相比，造物主也远为不朽，更遑论那些诉讼程序细节了。现在他们卷土重来了，以前媒体都反对他们，现在大媒体都站在他们一边了。很多媒体与他们一道讨厌同一波自作聪明者；媒体同样憎恨美国公民自由联盟；媒体像他们一样憎恨所有自由主义者。现在连总统都和他们一个鼻孔出气了。华盛顿的每个人都希望事情"以信仰为基础"，就像他们一如既往的那样。那些自作聪明的人再也不能用科学来迷惑他们了——因为现在他们有了自己的聪明人，也就是你所说的智能设计师。

　　保罗·纳尔逊（Paul Nelson），"智能设计运动的得力代言人"，最有发言权。他采访了汉克·汉尼格拉夫（Hank Hanegraaff），汉克的广播节目《圣经问答》（The Bible Answer Man）每天在各州和互联网上都能收听到。汉尼格拉夫是基督教研究院院长和董事会主席。近来，智能设计理论的"真实性"已被证明，两人都对此"科学发现""充满了热情"，尽管汉尼格拉夫指出，他们在这里谈论的不是任何新理论，而是历史上最杰出的思想家，包括柏拉图、赫拉克利特和西塞罗所达到的高度。我们的专家表示同意，并认为没有必要提醒听众那些家伙没有望远镜，更不用说回旋加速器了。

第八章

他还同意一位女士的说法，这位女士打电话说，她只需要看着一条鱼，就知道一定是有造物者创造了它。纳尔逊让她考虑一些更不可思议的事情，即人类从受孕到出生的发展过程。

汉尼格拉夫问纳尔逊，他对探索研究所的新DVD《解开生命之谜》(*Unlocking the Mystery of Life*)有何看法。纳尔逊认为这是一记绝杀。汉尼格拉夫说这很有趣，最棒的事情是你可以和家人坐在客厅里，拿着一袋爆米花，你会得到"你在公共电视网上永远得不到的生物学视角"。纳尔逊说，今天的达尔文即将失势。科学发现"它对于进化犯了一个错误"，它正要自我纠正。再过几十年，进化论——或"自然主义"或"达尔文主义"——将被扔进垃圾桶。

我们得知，《解开生命之谜》正在全球范围内发行。它已经被"翻译成多个语种"，最近被翻译成了中文和俄语。纳尔逊说，"就在去年，这张DVD在澳大利亚引起了轩然大波"。本澳大利亚人并没有注意到——这一定只是那些悄然而逝的小风暴而已。众所周知，上帝总是以神秘的方式行事。例如，没有人知道他为什么创造了白鲟和蝾螈，或冥王星。为什么他创造的我们，膝盖和鼻窦都很脆弱，如果我们用四肢行走，是否会加强膝盖和鼻窦的功能呢？3700万患有鼻窦炎的美国人可能会问自己，他们的设计是否显示了更高的智能。

药弓河结冰了，冰雪覆盖在鼠尾草丛生的山丘上。药弓镇最大的建筑上的标志提醒游客，这是"弗吉尼亚人的房子"，弗吉尼亚人开枪打死偷牛贼之前说："说这话的时候要微笑。"小镇的其他地方看起来就像它和它的270名居民被冰川时代抛弃了一样。人们来这里捕猎叉角羚、麋鹿和骡鹿，参观附近的恐龙遗迹，或者只是为了站在浩瀚的苍穹下，注视着天空无休止地从灰色变成蓝色再变成黑色的过程；最令人吃惊的是，西边白雪皑皑的山脉和峭壁上空是黑色的，东边草木丛生的丘陵上空是蓝色的。

开出小镇几英里，一辆巡逻车从我身边飞驰而过。等我过了山，看到警察正在跟一个司机说话，该司机的车正底朝天地倒在雪地里。再往前行驶20英里，一辆温尼巴格房车仰面朝天，八个轮子在微风中打转。另一辆巡逻车经过，不屑一顾。

林肯公路与博兹曼小道（Bozeman Trail）大致平行，卡斯特追击苏族（Sioux）和夏延族时在此经过。在卡斯特之前的60年，刘易斯和克拉克曾穿越苏族的乡村，毫发无损地返回。但到了1867年，平原印第安人已经了解了事情的真相，变得愈发可怕。他们杀害、抢劫定居者，诱使军队进入埋伏。对黄金的渴求使白人定居点不断扩张，军队在那里是为了保护白人定居点的扩张。当淘金者们向印第安人并不看重的保留地推进时，他们的军队也鱼贯而入。他们迫使谢尔曼宣布："我们必须对苏族人采取严肃的报复行动，甚至要把他们杀光，无论男女老幼。"但是谢尔曼并未兑现此言：当格兰特成为总统时，他被召回管理美国军队。小巨角是拉科塔（Lakota）苏族和夏延族歼灭卡斯特的士兵的地方，离怀俄明州北部的一个小镇只有很短的车程，这个小镇是以另一位联邦将军菲利普·谢里登（Phillip Sheridan）的名字命名的，他被派去代替谢尔曼。

站在印第安人一边比较容易；不仅因为我们喜欢看到恶霸被痛击，或是因为印第安人捍卫的是印第安人的土地和文化，还因为我们知道接下来会发生什么。在小巨角，美国遭遇了一场始料未及的劫难，这种劫难直到1941年才会再次出现。对拉科塔人、夏延人和基奥瓦人来说，这意味着一切的终结。

第八章

我来到了蒙大拿州的比林斯（Billings, Montana），最后来到了利文斯顿（Livingston）。在小镇产业区的边缘，在砾石停车场后面的积雪和烂泥中，你可能会看到当铺老板、保释代理人或吸毒者，这里有一家艺术咖啡馆。那是一间侧面有窗户的小棚屋，有两个女人在为"免下车"顾客提供意式浓缩咖啡和自制蛋糕。她们叫我注意路上的冰。世间的美好无处不在。在美国是如此。在蒙大拿州也是如此，那里有100万人口、600万支枪和艺术咖啡馆。

利文斯顿"历史城区"的大约三个街区保留得完好无损。离开时，你会经过新的基督教中心，旁边是橡皮鸭河租赁处，毗邻食品店和汽车旅馆，然后向南拐过蒙大拿州南部，直至你到达黄石河边的入口，在那里你要付20美元。河水处于半结冰状态。地球上最大的天鹅，白色的号手，在水流中滑行，仿佛它们从冰雪中诞生，由相同的元素组成，经由这些元素塑造而成。地上积有3英尺深的雪。它们洒落在黄色的悬崖和从悬崖上长出的松树上。一群野牛在河岸上吃草，它们用巨大的头和肩颈把雪拨开，找到青草。气团从山坡上升起。空气中弥漫着硫黄的气味。

黄石公园与怀俄明、蒙大拿和爱达荷（Idaho）三个州接壤，一望无际，面积有220万英亩。但是在冬天，你可以雇一辆雪地摩托和一名向导，如果你一大早出发，你可以走100英里，天黑返回时已被冻得半死了。你可以看到黄石瀑布和峡谷、广阔的被冰雪覆盖的平原、可怕的悬崖、燃烧和未燃烧的针叶林、色彩斑斓和细腻的温泉梯田、冰冻的湖泊。你还会看到野牛、麋鹿、鹿、秃鹰、红尾鹰、美洲鹫、郊狼，而且，如果你像我一样幸运的话，你还会看到狼。我只看到了一只狼，一只在白茫茫的寂静中的独狼，对我们的凝视无动于衷；还有两头野牛，仿佛陷入了沉思，沿着白雪皑皑的河岸奔向两英里外的森林山丘。西奥多·罗斯福声称,他看到过白色、红色、黄色、棕色、灰色和灰白色的狼。这只是深灰色的,可算是郊狼中的"狰狞老大哥",体形要大得多。狼体形硕大,有些体重可达70公斤。

黄石公园建于1872年,是世界上最古老的国家公园,也可能是人们最熟悉的国家公园。即使是在雪地里,在这辆蹩脚的汽车上,也很难摆脱似曾相识的感觉。我以前和唐老鸭去过那里。我在迪士尼的冒险乐园(Adventureland)看过弱化版的黄石。我看见一群鸟在吃绿色的松果,那一刻我开始怀疑它们是不是我在戴维·阿滕伯勒(David Attenborough)[①]的节目里见过的鸟,它们每次吃酸性松树时都会同食一定量的碱性石灰石,它们通过一起飞向空中对其确认,仿佛它们全部同时得到信号,向石灰石峭壁飞去。

《创世记》说:"你们要生养众多,遍满大地,制伏大地。"在驯服了大约两千万头野牛、几十亿只旅鸽和许多其他动物之后,一些美国人建立了黄石公园,以保护自然界的一小部分免受这些破坏。即便如此,阻止偷猎者还是花了好多年时间。到了1902年,公园里只剩下23头野牛,它们被当作农场动物饲养。进入20世纪30年代,黄石公园的狼已经灭绝。公园的管理者们似乎无法完全控制他们征服自然的本能:他们想要改善它,保护它不受自己的伤害。他们在天然无鱼的湖泊里引进了猎用鱼,这些鱼扩散到适宜产卵的溪流中,并吃掉了熊和鹰赖以生存的本地鱼类。他们打碎白鹈鹕的蛋,因为鹈鹕吃鱼。整个20世纪他们都在捕杀麋鹿,在过去的几十年里,他们用直升机把成千上万的麋鹿赶到院子里屠宰。他

---

① 英国自然生态节目的代表人物,BBC电视节目主持人及制作人。

第八章

们致力于预防和扑灭森林大火,并成为这方面的专家,直到20年前的一场大火之后,他们意识到火对于物种的有机更新是至关重要的。

虽然有时征服自然是很困难的,但对我们而言,我们更倾向于征服自然而非顺其自然。但是现在,在漆黑的森林里,一群新式的快乐护林员——都是进化论者——会告诉你啄木鸟为何喜欢枯树,麋鹿以烧焦的树皮为食而茁壮成长,新树如何已经有两米高。他们还会告诉你十年前在公园里放生的14只灰狼的后代是如何捕杀麋鹿、鹿和野牛的。而且因为它们会选择最弱的,所以会让每个物种变得更强壮。它们的猎物为郊狼、熊、鹰、渡鸦和狐狸提供了食物。游客们一看到这些动物便兴奋不已。

但是公园里没有围栏,狼看不到野生和家养猎物的区别。当它们漫游到牛羊牧场时,立刻就变成了恶棍——不仅是狼,而且是一种阴险的、非美国意识形态的生物。在过去的一年里,黄石公园毗邻的三个州的这些恶棍已经杀死了不少于112只羊和10头小牛。每头被杀死的动物的主人都得到了全额补偿。

有些景物,一旦见到,就会永远铭刻于心。黄石公园有三样这种东西。狼是其中之一。第二种是郊狼。坐在离野牛群50码远的雪地里,它的大耳朵倾听着老鼠的脚步声。它们会在野牛群附近等好几个小时,希望野牛能惊动一些小动物。马克·吐温曾写道:"他总是很饿,他总是很穷,没有工作,也没有朋友。"这句话就像在描述一只郊狼——一个受鄙视的局外人,一个对自然界的痴迷者。

第三个景象是几只渡鸦带我们看到的:它们坐在小路边的松树上,在它们下面陡峭的河堤底部,有一具野牛的尸体。几天前,狼

- 205 -

冷观静思美利坚

把它弄瘸了,但没能杀死它,所以护林员结束了野牛的痛苦,把它的尸体滚下了河岸。当我和向导往下看时,一只郊狼小跑着溜掉了。这并不是一具真正的尸体。那巨大脑袋上的皮肤没有受到任何影响,尽管耳朵不见了,嘴巴也被吃掉了;没有肋骨,只有脊椎和腿上还附有少许淡粉色的肉星儿。野牛的皮也被剥去了。

护林员来自爱达荷州的一个农场。在看了一部名为《黄石:美国的神圣荒野》(*Yellowstone: America's Sacred Wilderness*)的纪录片并阅读了巴里·洛佩兹(Barry Lopez)的《论狼与人》(*Of Wolves and Men*)之后,他决定加入这项服务。他认为农民和猎人都疯了。他更喜欢那些广受憎恶但又坚韧勇敢的郊狼。他告诉我,在爱达荷州,人们会猎杀美洲狮,尽管现在已经没有多少美洲狮了。猎人们在猎犬的项圈里植入微芯片,这使他们在与野兽的竞争中获得了至关重要的优势:这意味着他们可以一直待在皮卡货车里,直到他们收到猎犬们已围困一头野兽的信号。黄石公园护林员告诉我,有个猎人从东海岸的一个人那里接到了一份购买美洲狮的订单。当他的客户向西飞到最近的城镇住进旅馆时,猎人开车出去,把装有芯片的猎犬放到野外。一收到他的狗发出的信号,他就给客户打电话,叫他出动。所以这个来自东部的人射杀了一头美洲狮,做成标本后带回家了。边疆精神就这样得以延续。

当护林员想到公园是一个人们可以体验自然原始本性的地方,在它的奇观中感受兴奋,在它的神秘中找到存在的线索,便受到感动;在公园里,人们得以与自己本性的真相建立一些微弱的联系。对此他充满激情。黄石公园的确像是一种宗教。也许是感觉到了这一点,一些游客会在护林员描述公园的进化过程时打断他。他们

第八章

说,进化论只是一个"理论",并坚持认为他不应该把它作为一个事实提出。

护林员想要告诉游客进化是我们已知并且可以证明的东西;这是科学理解和进步的关键,包括医学进步,以及我们对啄木鸟、野牛和人类的理解。他想告诉他们,智能设计可能是宗教的一个实用的保障,但作为科学,它纯粹是胡说八道。然而,黄石公园是一个依赖公众赞助的公共机构,因此,这位护林员教会了自己一种听起来比他感觉的更为恭敬的语言表达方式。神创论者被安抚了。护林员已经学会了适应环境。

然而,如果如爱默生所言,"信仰包括接受灵魂的肯定;无信仰意味着否定它们",谁是这场交锋中的信徒?心被自然感动的护林员?抑或是只能接受经由教义修正过说法的来访的基督徒?也许我们中有些人太容易受到自然的影响,但想象一下,如果生命的起源就在这片泥土中孕育,那么一个灵魂——或者数百万个灵魂——也可能在这片泥土中孕育,这在我看来是很合理的,也不完全可怕。

我看到的最新民调显示,百分之五十四的美国人质疑进化论。然而,当狼群追逐麋鹿,泥火山在黄石公园发出嘶嘶声和放屁声时,数百万基督徒在憎恨中联合起来,比尔·奥赖利抨击不停。在宾夕法尼亚州的多佛市(Dover, Pennsylvania),针对11名家长(同样由美国公民自由联盟和为斯科普斯辩护的大城市律师组成)提起的,要求将智能设计从公立学校的科学课程中删除的诉讼,法官做出了对其有利的裁决。法官裁定智能设计在本质上是宗教的,而不是科学的。他还发现,在这个案例中,智能设计的支持者表现出了"惊人的愚蠢"和"无知",其中两人"在宣誓下多次公然撒谎……来掩饰他们的踪迹,并掩饰智能设计政策背后的真正目的"。

  与此同时,在纽约举办的达尔文展览吸引了大批人群,他们似乎丝毫也不为进化论的含意所困扰。在全国范围内,世界上最好、最富有的研究机构都在按照进化的原则进行研究。如果你不听、不看美国广播、电视中的小丑和暴徒,大多数方面的进步程度不会令你怀疑你置身于一个开明的、人文主义的,而且是,自由的国家。

第九章

> 在日常生活中，人际关系建立在平等的基础之上；每个人对自己美国公民头衔的自豪，都创造了一种随时表示理解的气氛。每个人都可以通过认为自己参与了一个伟大国家的生活来掩饰自己命运的平庸。每个人都承认他人是自己的同胞，并希望人类的和美国人的尊严在自己的同胞身上得到肯定，就像在自己身上得到肯定一样——因此，慷慨、仁慈和友谊的氛围是美国最可爱的特征。
>
> 西蒙娜·德·波伏瓦，
> 《美国纪行》(America Day by Day)

我驱车在冰雪覆盖的道路上行驶，路面上满是飞溅的雪泥和沙砾，途经高耸的山峰和结冰的湖泊，以及沃尔玛超市和耶稣基督后期圣徒教会的广告牌。在美国，每时每刻都有人在说"我们这个伟大的国家"，他们说得对：这个国家是伟大的，是属于他们的，不过这个国家究竟是什么，它的伟大之处又何在，以及它是否平等地对待每一个人，这些都是永远存在争议的问题。

"我们这个伟大的国家"是爱国心的咒语；当一个人的车在冰上失去控制，打着转撞向一辆卡车，或者从桥上飞下去时，他就

冷观静思美利坚

会和他的车同归于尽,和上帝共同毁灭,欲望、贪婪或绝望皆化为乌有。他们战死在沙场上,在永无止境的斗争中成仁取义。他们的车上挂着横幅:黄、蓝、红丝带;美国全国步枪协会徽章;国旗;宣告他们对神的爱以及他们与救主合一的贴纸。爱达荷福尔斯(Idaho Falls)外的一辆温尼巴格房车后写着"这是耶稣的财产"。

一些电台传教士试图帮助人们"与欲望或瘾癖做斗争"。他们的书既提供了实用的建议,也保证了好色之徒可以得到宽恕。一名男子打电话说,他"与上帝同在,与配偶相随",每天晚上在设置闹钟前,他们都在床上一起祈祷。

我驱车沿着黄石公园的西侧穿过爱达荷州,进入犹他州,然后向东到达科罗拉多州,向南到达新墨西哥州——一段令人精疲力竭的旅程。想象一下,对于那些自耕农、矿工、牛仔和妇女来说,生活是多么艰难,想到此,我颇感安慰;或者想想那些内兹佩尔塞印第安人(Nez Perce Indian),他们在铁了心的欧洲人的驱赶下穿越黄石公园,至令一端的保留地。我试着回忆我看过的每一部西部片。我试着回忆电视剧《朽木》(*Deadwood*)中的每一个角色,以及他们与最近的哪位总统最为相似。对比其他人很容易,直到想起乔治·W.布什——他似乎没有精神祖先。

在《朽木》中,塞缪尔·阿利托应该就是赛思·布洛克(Seth Bullock),一个自以为是的警长,被一个受到挫伤的超我主宰。参议院关于他提名的听证会一直开到了新墨西哥州;一直以来,电台和电视节目主持人肖恩·汉尼蒂把质疑阿利托是否适合这份工作的民主党人痛打出局。特别是,他打败了参议员爱德华·肯尼迪。准确地说,把他反击得落花流水,一败涂地。诚然,这些先驱者处境艰难,但至少他们没有被肖恩·汉尼蒂逼上绝路。

- 210 -

第九章

一个来自肯塔基州路易斯维尔（Louisville, Kentucky）的市民打电话给汉尼蒂，说他是一位伟大的美国人，汉尼蒂对此深表感激。打电话的人说："他们中的一些人很恶心。"汉尼蒂说："我很高兴有你的支持，别担心，我们正在赢得胜利。"他说，民主党已经被掌握在激进的左翼分子手中。阿利托是个好人。《爱国者法案》是一个好法案。伊拉克战争正在取得胜利。道琼斯平均指数上涨了。失业率下降了。他在和全国各地的人交谈。

文化战争还在继续：虽然没有让人流血，但有时人们会觉得自己更接近于理解，为什么一旦枪声响起，内战就会如此野蛮，如此难以停止。

在所有的山、湖和广告牌中有一幅两个快乐的男人抱着驼鹿头的照片。一面美国国旗在他们身后飘扬。标识照片上有句："我们团结一致。"这面旗帜的存在肯定是作为一种约束措施，因为人们走进树林射杀驼鹿，把它的头锯下来。在这片地区，每个城镇都有一名动物标本剥制师——火车站寥寥无几，但剥制师却比比皆是。爱上帝，坚持认为他是万物的创造者，然后砍下他创造的生灵的头，这似乎很奇怪。但这是一个古老的传统，它表明血液是强大的。

1861年，年轻的山姆·克莱门斯（Sam Clemens）[1]乘坐一辆公共马车到达了犹他州瓦萨奇山脉（Wasatch Range）的大山口。后来，当他成为马克·吐温时，他写道，从7000英尺的高度，"在一道灿烂的彩虹之下……整个世界都沉浸在落日的余晖中，最壮观的山峰全景映入我们的眼帘"。在他之前的14年，杨百翰（Brigham Young）曾带领144个摩门教徒（包括他的27个妻

---

[1] 马克·吐温的原名。

子）穿过同一道山口，并宣称他所看到的就是应许之地。他们在小溪上筑坝，很快就有了数千英亩的耕地。摩门教徒在灌溉方面很有天赋：在他们成立之后50年的时间里，他们灌溉了好几个州的600万英亩的土地。他们建造了教堂，教堂后来就成了盐湖城。我开着一辆庞蒂亚克从北边接近它，从大约30英里外，我看到天空中的一道明亮的光芒、灰蓝闪烁的薄雾以及其上方的一团金色的光环。

大约在20英里外，一座大型购物中心已经建成。我试图进去找家星巴克，或许还能去巴诺书店买本有声读物，带着它开车穿越犹他州。尽管有几个人给我指路，但我始终没有找到这两个地方，而且光是找我的车就花了三刻钟时间。美国可以让你觉得自己像个国王，但它也可以让你瞬间陷入困境。

然后它会让你再次相信你像个国王。那天晚上，就在盐湖城南部，我错过了路牌，发现自己在拥挤的交通中往西走，当时我想去东部见一个在帕克城（Park City）滑雪胜地度假的朋友。此刻我看不出有回头路可走。当时是下午6点，傍晚的通勤者潮水般地涌上高速公路，我从车流中拐了个弯，把车停在路边看地图。我坐在那里还不到30秒，就听见有人敲车窗。一个男人正盯着我看，他的面色发黄，在过往车辆闪烁的灯光下显得模糊不清。他安慰地笑了笑，这让他看起来更像是一个精神病患者，而不是一个警察。

我太累了，无法抗拒即将发生的一切，于是打开了车窗。这个穿西装打领带的男人长着一张善良、朴素、保守的脸，我猜他是摩门教徒。他说他看见我把车停在路边，觉得我可能需要帮助。他告诉我离下一个出口还有多远，如何找到去帕克城的路，以及要避免哪些陷阱。其实我并没有迷路，并且很快就会找到路的。可是，即

第九章

便他不是走回自己的车里,而是挥着天使的翅膀落地,我也不会感到惊讶的。一般人不会注意到有人从通勤的车流中挤出来,即使他们注意到了,他们也不会停下来。路上没有仁慈,但我却遇到了这个人。

我到达了帕克城。那是圣丹斯电影节(Sundance Film Festival)举办的前一周,这里的影片琳琅满目、种类繁多,像牛仔一样辨识度高,人们用电脑、手机和黑莓手机开展交易、参加会议。我想拍一部关于一个男人的电影,他即使在很远的地方高速行驶,也能感觉到一个司机的绝望。他在道德高速公路的一侧工作,而在另一侧工作的是一个诡变的天使,就像我在堪萨斯那家汽车旅馆的大厅里遇到的一个人。当他在我旁边的沙发上坐下,问我在用什么程序时,我正盯着我的电脑屏幕。他的胡子看上去有点像被虫蛀了,眼睛深陷在深蓝色的洞里,好像一个星期没睡过觉似的。他的做法只不过是一个借口,是为了告诉我在他的笔记本电脑里有一个程序,可以对大型半拖车里的程序进行重新编写。货运公司已经在车上安装好原动机,这样司机驾驶的时速就不能超过65英里。这个人在公路上和路边停车点巡行,寻找愿意花500美元把他们的卡车限速调到每小时85英里的司机。他说他每天都能找到一两个。

我向东出发,穿过犹他州,想起摩门教徒颇感温暖,他们占该州总人口的百分之六十以上;我还被白雪覆盖的悬崖、巨大的岩壁和从岩壁中伸出来的松树枝迷住了:这一切仿佛都是一个室内设计师的作品。我走的是东南走向的70号公路。几个小时后，我到达了卡本县（Carbon County），然后沿着普赖斯河峡谷（Price River Canyon）蜿蜒而下，河上有一个看起来很粗犷的碳工厂，还有一个叫"帮手"（Helper）的小镇。一个月前，加州微风号在我睡觉的时候停在了这里。小镇之所以被称为"帮手"，是因为在过去，要想让满载煤炭的火车爬上峡谷，需要额外配备一个引擎。布奇·卡西迪（Butch Cassidy）逃离了摩门教，成了一个亡命之徒，在抢劫煤炭公司之前，他待在镇上。在一个宏大的计划中，这是一个无关紧要的举动——人们认为帮手有可供美国使用300年的充足的煤炭资源。

当你在70号州际公路上向东走，方山（mesa）[①]在你前方若隐若现。一小时后，它们仍隐约可见，但现在它们既在你身边，也在你眼前。犹他州是一幅静物画；真正令人激动的是画中景物的形状、质地和结构。在犹他州，你可能会认为仿佛一块橡皮膏被从地球的皮肤上撕下来，并随之带走了一层嫩肉。你在古老的疤痕组织上开车。从路边的小山丘上，你可以看到东部科罗拉多州落基山脉上的积雪，以及广阔的平原和奇异的红褐色岩石教堂，让所有的生物都相形见绌，包括长达2400多米的货运列车。

犹他州的摩门教移民一定能看到这片土地与圣地的相似之处。约伯可能浑身长满毒疮地坐在这里。诗人华莱士·斯特格纳在1960年看到过：

这是一片妩媚动人又令人望而生畏的荒野，有如基督

[①] 常见于美国西南部的平顶山。

第九章

和先知们闯荡的荒野；粗糙而美妙的色彩，残垣断壁，支离破碎，它浩瀚的天空上没有留下丝毫技术官僚主义的污迹，在其悬崖下隐秘的角落里，突然迸发出春天的诗意。

70号公路以南，科罗拉多河上的一小块绿洲变成了摩押①，这很可能发生在罗得（Lot）与其长女乱伦生子，且在约旦河东建立拜偶像的城邑之后，其"不可加入耶和华教堂会众"。路得（Ruth）和她的两个女儿离开摩押。然而，有人说犹他州的摩押来源于一个印第安单词。

现代摩押人的生活依靠的是来此漂流和骑越野自行车的游客，以及想要约翰·福特式布景的电影制作人。重要的是，摩押，这个名字不能和世界上最大的卫星制导武器——"大型空爆弹"（Massive Ordnance Air Blast）（或"炸弹之母"，Mother of All Bombs）——可怕的缩写MOAB联系在一起。摩押城的元老们已经要求国防部更改这个缩写。他们还希望世界上最大的铀尾矿堆不会发生泄漏。自从世界上最大的铀矿离开此地，这个尾矿堆就一直留在科罗拉多河旁。在摩押，这条河向南转，进入大峡谷、胡佛水坝和其他为拉斯维加斯（Las Vegas）和亚利桑那州（Arizona）的大部分地区供水的水坝。这些水坝，以及依赖于它们的城市和农场，已经将墨西哥科罗拉多三角洲的面积减少到20世纪中期的百分之五。现在这条神奇的河流甚至还没有流入大海。

这个国家即刻以它的宏伟激励一个人，再以它的无情将其

---

① 此处指《圣经》中的地名，死海以及约旦河以东、亚嫩河流域和约旦河深陷的河谷地带。

消灭。你想要开得更快，就像20世纪50年代在博纳维尔盐湖（Bonneville salt lakes）上，唐纳德·坎贝尔爵士（Sir Donald Campbell）开着他的超音速蓝鸟汽车一样；否则屈服于它，完全停下来。或许最好是骑骡子，让它所激起的孤独将其塑造成一种哲学或宗教。之于我，它激起了几十年来我第一次感到的某种思乡之情。我想要青翠起伏的山丘、蒙蒙的细雨和无微不至的母爱。1861年，马克·吐温经陆路来到盐湖城，他写道，在格林河（Green River）的东边，他看到许多移民的坟墓和骡子、牛的骨架，它们在夜晚"散发出柔和而可怕的光芒"："这是最孤独的墓地。"这条古老的路线在今天的犹他州和怀俄明州的边界向北绕行：如果它一直向南穿过格林河——70号州际公路在犹他州与它交会之地，你可以想象同样多的坟墓和骨头照亮夜晚。

在你驶过科罗拉多河之后的一段时间里，这个地区大同小异，又过了一段时间后，地势逐渐升高，地貌开始变化，看起来像是由某种比任何岩石都坚硬的元素构成的东西。在公路下面展开的是一片广阔而孤独的平原。然后就到了科罗拉多州的大章克申。

大章克申的核心部分还岿然独存，因为加州微风号列车仍然停在老车站，还有一些同一时代的建筑保留了下来。这个地方已经商业化了，但并非全部，而且火车和铁路调车场的存在令它与其过去和其地理环境仍有千丝万缕的联系。它在视觉和感觉上都很真实且强劲。

我想在附近等着，看着火车进站，然后乘客们下车，微笑着伸懒腰，去餐车买苹果和香蕉。我想从另一个角度审视我自己的经历。事实上，我还想下车到火车上去看看呢。如果做不到这一点，我就想听到它驶进大章克申时鸣笛的声音。可惜那是美国铁路公司

第九章

的火车——要想听美铁的汽笛声,我可能要在那儿等到天黑。

～～

一个厌倦犹他州风景的人可能也厌倦了生活,但是科罗拉多州让他起死回生。他来到了山上,沿着铁路线穿过被雪覆盖的红色岩石。他向下瞥了一眼峡谷,想知道下面有多少年老淘金者的尸骨与恐龙的骨头共埋深谷。

我越深入山中,对塞缪尔·阿利托的拷问就越深刻——而且拷问者们为自己挖的这个洞也就越加深不见底,至少在这里如此。莫林·多德(Maureen Dowd)在当地《大章克申号角》(*Grand Junction Bugle*)的联合专栏中,提出了怀疑论者对阿利托的看法,而另一位评论人士则不屑地认为这些观点是曼哈顿意识形态。那些支持阿利托的人把他描绘成这样一个人:他从小就没有什么远大的理想,只是尊敬他的父亲,并按照他的准则和新泽西所有体面家庭的准则生活。在这个充斥着叛逆青年的世界里,他是一个好儿子,而那些年轻人只想让他们的父亲(和母亲)蒙羞,按照他们选择的任何外国准则生活。换言之,从心理上讲,他与总统及其身边的人非常契合。

听证会之后,你可以看出阿利托激起了爱德华·肯尼迪和他的同事们最深刻的本能。政治有天然的敌人:那些人就像狗一样,一见到对方便水火不容、狂吠不止。听起来阿利托就像一个恋母情结反射失灵的人。人们内心早该停止这种憎恶,却仍然气急败坏地恶语中伤。仅仅是感觉到与这样一个人同处一室,就足以令他们热血上涌,咬牙切齿。毫无疑问,当那些焚烧国旗、让父辈蒙羞和令人无法忍受的晚熟自由派进入议院时,这样的事情也会发生在保守派身上。这是文化战争的燃料棒，是乖儿子和忤逆之子的冲突。对阿利托的提名再次表明了这一点。

在雾霭和冰雪中，汽车在山上爬行，超过了那些因路面太滑而无法再前进的车。之前因侧翻、滑坡、打转而出事故的车辆都被卡车拖走，咔嚓咔嚓地向东驶向修车铺。最后，我穿过一条长长的隧道，跟在一辆贴着"自由不是免费的，保卫我们的边界"贴纸的汽车后面，翻过一座山——阳光普照的丹佛看上去就像一座圣城、一片乐土。有300万人（或者400万人，取决于哪些相邻地区被统计在内）居住在丹佛一英里高的平原上。在城市边缘低矮、起伏、长满野草的高地上，房地产开发正在蔓延。在《荒野大镖客》（*Gunsmoke*）和《马车队》（*Wagon Train*）的风景中，可以看到一排排整齐的米色和奶油色的两层新房子。这显然就是新的"孤树之城"（City of Lone Tree）：它建在广阔的天空下，俯瞰着落基山脉，坐落在高高的平原之上，至今仍能让人想起骡子和牛仔的身影。舍伍德·安德森（Sherwood Anderson）认为，这些地方给居住在其中的人们带来了一种"半宗教"的感觉：

> 神秘在草丛中低语，在头顶树枝间嬉戏，在傍晚大草原上的尘雾中被感知并被吹过美国的边界线……我还记得家乡的老人们深情地谈论着在空旷的大平原上度过的一个夜晚。它使他们不再尖酸刻薄。他们已经学会了保持平静的诀窍……

谁又能说得出，"孤树之城"技术至上的居民是否也会听到同样的神秘，他们的尖刻是否会被夺走呢？

第九章

　　丹佛依靠实力强劲的采矿业、石油业和运输业发展，现在它仍然依赖这些财富。新丹佛机场占地超过50平方英里，是美国最大的机场，也是第五繁忙的机场。建筑内部有一种强烈的全新的边境感，屋顶让人联想到落基山脉的山峰和成群的印第安圆锥形帐篷，从外部看像是古老的边境地区。如果你在"孤树之城"置业——如果你想融入当地社会的话，你需要有10万美元左右的收入——机场离这里只有几分钟的路程。丹佛正在进行多元化经营，特别是在电信领域。如果不这样的话，有一天这些新的社区可能会被风滚草碾过。就目前而言，这是城市发展的一种现象，而在那天晚上，它令观者感到大为惊奇。

　　我离开70号州际公路，沿着25号公路向南走。天空万里无云，一轮满月在东方闪耀。高达14 000英尺的派克峰在西边的积雪中闪闪发光。这个国家感觉自己本质上是自带圣光的。本尼·欣（Benny Hinn）牧师在卖他委托的一幅特殊油画的版画。该画名为《上帝带来灵魂》（*The Lord Bringing in the Souls*），听众可以花100美元买一幅。

　　对于这种天生自带不可侵犯感的态度，有一个词叫"酷"。美国有许多分界线：种族、宗教、政治、地理、性别和阶级。但它也分为酷和不酷。这并不等同于时尚和不时尚，虽然时尚是酷的一种表现方式，因此不可侵犯。但时尚只是一个替代品。真正的酷来自更深层次的东西——情况必然如此，因为不可侵犯、完好无损和坚不可摧即使不是必需的，其存在对于美国来说也是一种极大的益处。它们与镇定的、坦率的、不动声色的美国地盘相得益彰。这是游客首先感到自己缺少的品质。

"酷"是那些知道自己是谁、想要什么以及如何得到它的人。杰斐逊、林肯、谢尔曼、盖茨比、鲍嘉、米彻姆、唐·伊穆斯，所有的黑色英雄——美国男子气概的典型——不仅很酷，而且是完整、坚不可摧、神圣不可侵犯的永恒典范。当然，这些典型并不使用海洛因，但很多都饮用烈性酒，这在一开始会让你觉得自己神圣、完整、坚强。诚然，方法派创造了脆弱的性格，但这些性格的脆弱是完整的另一种形式。这是一种身份，一种以自己的方式面对世界的方式，同时又与身为美国人的身份相一致。

在20世纪后半叶的大部分时间里，"福音派"一词和比利·格雷厄姆（Billy Graham）这个名字几乎是同义词。格雷厄姆现在已经快90岁了，在北卡罗来纳州过着平静的生活。他的观点也已波澜不惊，尽管他的信仰没有动摇。他相信弥赛亚（Messiah）会再临，只是不知道在什么时候，而"几乎所有的"迹象"正在实现"，他承认这可能是"真实的历史"。格雷厄姆相信约拿（Jonah）确实是被鲸鱼吞下去的，但《圣经》中创世的日子只是象征性的。他的儿子富兰克林就不那么通融了，而更热衷于政治。比利似乎觉得政治不是福音传道者的主要游戏。他可以把这个问题留给杰里·福尔韦尔（Jerry Falwell）这样的人来解决。福尔韦尔是一位牧师，他不是福音派教徒，但他认为"面对文化"是他的职责。

比利·格雷厄姆比他的儿子更能反映普遍的情绪。尽管宗教右翼在美国政治中具有明显的影响力，但民调开始显示其影响力可能已经达到了极限。皮尤研究中心（Pew Research Center）发现，百分之九十的美国人信仰上帝；但同时，调查发现，百分之六十六的美国人希望国家在堕胎问题上达成"中间立场"，而福音派中也

第九章

有同样比例的人希望在这个问题上"妥协"。百分之四十四的福音派信徒支持干细胞研究。这些可能是自我纠正的迹象,表明美国的实用主义正通过美国宗教热情重新发挥作用。

但这种情况很可能不会出现在科罗拉多斯普林斯(Colorado Springs)。科罗拉多斯普林斯的海拔超过一英里,而且比丹佛发展得更快。至少当人们不在公路上的时候,他们可以在山顶上看看派克峰,呼吸新鲜的山间空气——科罗拉多斯普林斯的发展过快,以致交通跟不上其速度。他们在大型陆军和空军基地都有工作机会——北美防空司令部(NORAD)总部就设在那里,一旦洲际交火,这里就可以与奥马哈相提并论。电信是科罗拉多斯普林斯的大生意。尽管每周只有百分之二十的居民去教堂(全国平均为百分之三十五),离婚率也高得惊人,但另一个热门行业是宗教。在这个有35万人口的城市里,有80多个不同的宗教组织。这里有数百个礼拜场所:其中有十几个神召会,20多个"灵恩教会",9个基督神的教会,十几个拿撒勒教会和至少8个五旬节派教会。这里有很多天主教徒、浸礼会教徒、长老会教徒和卫理公会教徒,但科罗拉多斯普林斯的宗教活力来自一些新教会;其中最著名的是詹姆斯·多布森的爱家协会和泰德·哈格德(Ted Haggard)的新生命教会。

"现代信仰运动之父"是肯尼斯·哈金"老爹"(Kenneth "Dad" Hagin)[①],一位来自得克萨斯州的自学传教士,他看起来更适合待在石油钻井而不是在讲坛上。哈金生来心脏就有问题,大约在他16岁的时候,心脏就曾停止过跳动。一共停了三次,也就是

[①] 具有争议的美国传教士,被其追随者称为"哈金老爹"。

说，他三次被拉到鬼门关。但每一次他又被拉了回来。可以想见，这一经历改变了他的很多想法。

五旬节信仰的历史并没有超过一百年，但它的一些做法，如讲方言和驱除恶魔，却要古老得多。诺斯替主义（Gnosticism）也是如此，而哈金即被一些牧师指责为诺斯替主义。其他人，包括汉克·汉尼格拉大，指控他犯下了更古老的异端罪行，但这对成千上万的信徒来说并不重要，他们来到哈金老爹那里接受治疗。在这些集会上，满教堂的看起来正常的人都立刻陷入了疯狂。他一挥手，他们就会笑起来，然后仰倒在兄弟们的臂弯里，或者抽搐着从椅子上滑下来。哈金称之为"神圣的笑声"。他自己的笑声听起来就像是他在某次地狱之旅中听到的。这种技术也被称为"心灵折服"和"精神醉酒"，据说对各种常见的病痛都有很好的治疗效果。有点像给不会跳舞的人演奏塔兰台拉（tarantella）舞曲①。

哈金老爹的心脏是在2003年恶化的，但在那之前，他向肯尼斯和格洛丽亚·科普兰传授了"神圣的笑声"，这对夫妇现在继承了信经事工会（Word of Faith Ministries）的传统。他们具有一种将永恒救赎的承诺与经济繁荣的前景联系在一起的天赋，并能将这一天赋与信经事工会的传统相结合："随着繁荣的种子在你的头脑、意志和情绪中播下，它们最终会产生巨大的经济收获。"

现代福音派的王子是本尼·欣。"本尼牧师"出生在以色列，信奉希腊东正教，他有一个电视节目，每周五天在全球播出，并在世界各地组织"传教运动"。他穿着一身白色的衣服走出来，同时群众唱诗班在唱着《你真伟大》——恭顺的人有福，反之则不然。

---

① 流行于意大利南部的快速旋转舞。以前被认为是治疗毒蛛病的一种方法。

第九章

上帝对本尼讲话,告诉他观众中需要治疗的人的名字,本尼则从舞台上呼唤他们。他模仿哈金老爹的风格,施展"心灵折服",当他驱除了癌症、艾滋病、风湿病和失明之后,仍有多达60人依旧躺在地上。即便他们还躺在那里,钱却被收走了,由幕后的事工查点。

上帝告诉本尼不要现身《日界线》(Dateline)电视节目。本尼说,他的教会支持世界各地数以万计的贫困儿童,但《日界线》只找到247名。《日界线》还找到了被本尼治愈后不久便死去的人。这个人就像他的假发一样虚伪。他住在加州一栋价值一千万美元的豪宅里,购买一套西装花的钱足够养活一个印度村庄一整年,他有两辆奔驰汽车,乘坐私人飞机环游世界,在著名的度假胜地入住3000美元一晚的房间。

无论我们如何定义本尼牧师——狂热分子、恶棍、骗子、邪教徒——宗教史上有很多像他这样的人。通常他们会在绝望和被遗弃的地方茁壮成长。他们和耶稣一样,在被排斥者和穷人中找到了他们的追随者。那么,为什么这些五旬节派教会会在科罗拉多斯普林斯这样人均年收入达4.5万美元的地方兴旺起来呢?也许他们的抵押贷款和信用卡让他们感到贫穷。但如果他们觉得自己很穷,我们可能会期待更多关于登山宝训(Sermon on the Mount)主题的说教。"心灵折服"似乎并没有给恭顺的人提供安慰,也没有给心灵纯洁的人提供建议,但它可能会给那些不觉得自己神圣不可侵犯的人提供一些东西:不是给恭顺的人,而是给不酷的人提供的补救办法;不是针对穷困潦倒的人,而是针对缺乏自信的人。那些不会跳舞的人。它告诉他们,他们不需要变得脆弱和不堪一击;上帝知道他们是谁,以及他们想要成为什么。上帝引领他们。

冷观静思美利坚

在一个完美的冬日,透过"众神花园"汽车旅馆的窗户,群山近在咫尺,阳光照在雪峰上,照在绿树成荫的街道两侧的平房上。人们尽其所能友好地端来了上好的燕麦粥,那些与他们无异的人走来走去,外表看不出有上帝或撒旦在他们内心活动的迹象。这让你感到诧异,为什么这么多美国人觉得需要上帝的存在?感恩。当然是寻求恩典。但为什么总是缠着上帝呢?他们为什么不放过他呢?是因为在一个人人都想——甚至需要——身份认同的地方,你很难知道自己缺乏身份认同吗?一种人自我控制,另一种被他人控制——耶稣、撒旦、本尼·欣、摔跤狂。不是每个人都能冷静:不冷静的状况就像麻风病一样,为各种各样的信仰治疗者创造了供其发挥的丰饶的沃土。

但这个想法仍然存在:如果有一天,福音传道者决定把他们的力量用于某种社会目的,这会对美国产生什么影响?如果他们说出"拿起你的十字架,跟我去商场"呢?或许有人会在《新约》中看到比个人治愈、个人满足、个人终结、反对堕胎和民主党的"同性恋议程"更多的东西,这不是不可能的。如果他们开始追求天国并认为帝国如同基督时代的帝国,与天国相反;购物中心就是神庙;政客、大亨、媒体主持人和福音传道者都是伪君子和假先知;对名人的崇拜是一种盲目崇拜;那么这面旗帜提供元老院和罗马人民(SPQR)[①]的所有保障和道德力量吗?如果腐败、反动的福音传道者和他们的政治寄生虫为他们自己的灭亡创造了条件呢?

在某种程度上,历史的悲剧性重复由于讽刺而变得可以忍受。几乎是命中注定,那些不可避免地建立在道德妥协、谎言和亵渎之

[①] 拉丁语"Senātus Populusque Rōmānus"的缩写。

第九章

上的甚至违背了它们自己的信条的庙宇,应该被一群忠于天国的新一代激进清教徒从内部拆除。现在又有了另一个电影构思——一部以科罗拉多州为背景的《圣经》式史诗。

❦

基督圣血山脉的景色蔚为壮观,伴随着悦耳的乡村音乐而不是老家伙肖恩·汉尼蒂的声音,生活很美好。在那种咆哮的声音中有某种东西——半约德尔调——会让某些人脊背发凉,尤其是在南科罗拉多州这样的地方。这不是约德尔调,而是它的回声。它至少必和交配的叫声有关。在这里,你穿过古老的圣达菲小道,那里有许多纪念骡子列车和西南部拓荒者的纪念碑和博物馆,值得注意的是,一两代以前的作家们在向开拓者们表达敬意时,并没有感到有义务代他们祈求上帝。

特立尼达(Trinidad)是到达新墨西哥州边境前的最后一个城镇。当你把信用卡插进加油泵时,一个标志闪过:"快速取下信用卡。"加油站里自动取款机上的标志上印着:"慢慢取卡。"特立尼达是一个大约只有一万人的小镇。多年以前,巴特·马斯特森(Bat Masterson)是圣达菲小道的警长,当时人们都叫他巴特。20世纪60年代,一名医生开始在特立尼达做变性手术,后来这个地方便以"世界变性之都"闻名。这是一个保守的城镇,但人们肯定认为名声欠妥总好过默默无闻。

这名外科医生叫斯坦利·比伯(Stanley Biber),他说他在韩国当陆军野战医院的医生时练就了自己的整容技能。1969年,在一名社区工作者的要求下,他在科罗拉多斯普林斯做了第一台手术。一等他名声在外,他平均每天就要做四台手术。他身高还不到1.6

冷观静思美利坚

米,戴着牛仔帽,穿着牛仔靴,在特立尼达到处跑。但他不只是外科医生:他还有一座牧场和牛群,在从内布拉斯加州卖牛回来的路上,他得了肺炎后去世,享年82岁。这就是我经过此地时的那个星期发生的事。我听到广播报道说,人们之所以接受他,是因为西方的传统是让人们做自己喜欢做的事。

在我去买地图的信息中心,我和柜台后的一名女士以及一名似乎是在值班的男士聊了起来。他们向我讲述格洛列塔山口之战(Battle of Glorieta Pass)和新墨西哥州的边界,后来萨姆·休斯敦(Sam Houston)为了得克萨斯的利益重新划定了这些边界。该女士以为墨西哥已经延伸到现在的怀俄明边界,但那名男子却说墨西哥边界止于阿肯色河(Arkansas River)。她笑着说:"我想你是对的,你一贯正确。"

当我浏览地图的时候,我听见她说:"哦,你看见那个可怜的女人了吗?他们把她弄哭了!"她说的是塞缪尔·阿利托的妻子。

男子说:"是啊,看看是谁把她弄哭的!那个来自马萨诸塞州的人。那个应该被判处终身监禁的人。那个可怜的女孩在他喝醉的时候淹死了。他们应该把他永远关起来。"

这正是一个女孩死在爱德华·肯尼迪的车里那晚一个脱口秀主持人评论肯尼迪的话,但这位主持人也注意到,如果是在今天,"结果可能会不一样"。今天的媒体会彻底毁掉他。

过多风景令人审美疲劳。如果这对那些把它从全无形态可言的单调中拯救出来的岩石来说不是不公平的话,偶尔有一座星条旗飘扬的朴素房舍,给无聊、棕色起伏的平原上带来了唯一点缀。其中

第九章

一块岩石被称为马车丘（Wagon Mound），在它周围形成了一个小镇。那是一个下午，在美国家庭电台，有人唱道：

> 上帝啊，我厌倦了哭泣，
> 带着所有的泪水，
> 独自承受这一切苦疾……

我知道她的感受。拉斯维加斯在阳光的照耀下熠熠生辉——新墨西哥州的拉斯维加斯。我想去看看，看看霍利迪医生和大鼻子凯特住的地方，还有他做牙医的地方。但有时没有什么能让你停下来。就像那些划过天空的飞机，你无法停下来与生者、死者或风景交流。

我想我应该给朱莉打电话，只为听听她的声音。我不知道她是否喜欢乡村音乐。她是五旬节派教徒吗？在收音机节目里，有人一边开车一边打来电话，一开始就说他在哪里，播音员说："哦，你看到了吗，仙人掌在你的左边？再往前大约10英里有一块很好看的岩石。留心别错过了。"

一会儿工夫，我路过一辆大型"荷兰之星"温尼巴格房车，后面还拖着一辆吉普车。司机和乘客都闷闷不乐地坐着。这是一幅轮子上的维米尔（Vermeer）画作。我有一种感觉：自从他们6个月前出发以来，就没有说过话；他可能一直在历数她的缺点，她记得他们小时候唱的赞美诗；他们默默地回想自己原来的生活，仔细筛选那些他们可能嫁娶之人的姓名和长相。然后有一天，他们会回家。

现在到处都是灌木丛，还有更多的房子，有些是土坯房。在其中一栋前面的灌木丛中，竖着一个警告路人提防"害拉里"

("Hellary")·克林顿的牌子。

D. H. 劳伦斯（D. H. Lawrence）说，在新墨西哥州，"灵魂的一个新的部分突然苏醒，旧世界让位于新世界"。除非你准备好面对一场个人灾难，并且有几年的空闲时间无事可做，否则不去那里是有理由的：去参观废墟；研究克洛维斯（Clovis）文化和其后发展而成的印第安文明；领会科罗纳多的思想；把科马克·麦卡锡（Cormac McCarthy）所有的书通读两遍，把薇拉·凯瑟（Willa Cather）的《大主教之死》（Death Comes to the Archbishop）读三遍；如果不会西班牙语，可以去学一学；并克服历史和普韦布洛印第安人（Pueblo Indian）的建筑所带来的忧郁感。

在20世纪60年代末，伴随美国宗教移民的伟大传统，成千上万的嬉皮士迁移到了新墨西哥州，特别是来到基督圣血山脉。他们反对商业文化，因为他们认为商业主义破坏了人类生活在大自然中所需要的许多感知。那是一个古老的观念。与奥尔德斯·赫胥黎（Aldous Huxley）一致的新观点是，他们可以通过摄入各种药物来重新发现这些认知。他们建立公社，建造土坯房屋，焚烧松果，借助佩奥特仙人掌和曼陀罗的帮助，透过感知的大门窥视"奇迹，一刻又一刻，赤裸裸的存在"。他们中几乎没有人在这里居住超过一两年，但在圣达菲，你仍然可以看到人们的目光中有一种奇怪的东西，表明他们曾经非常重视卡洛斯·卡斯塔尼达（Carlos Castaneda）[①]。

圣达菲仍然是一个诱人之地。事关建筑的颜色和规模、柔和的空气、闷燃松树的气味和一种明显的感觉——生活中有比商业、宗

[①] 美国作家。著有一系列描述其师从萨满巫师唐望的经历的作品。

第九章

教和国旗更重要的东西。

　　这是一个旅游小镇，游客仅需安心游览，并无视当地人偶尔流露出的不屑。你可以去参观非凡的总督宫殿；你可以在卖地毯和珠宝的印第安人中间游荡；你还可以景仰由法国大主教建造的大教堂，他是凯瑟引人入胜的小说中的主人公；在大教堂旁边，你可以看到小教堂和它"神奇的"螺旋楼梯。教堂初建的时候并没有建造楼梯，镇上找不到一个人知道如何在不破坏建筑内部的情况下补建楼梯，修女们便祈祷得到解救。那天晚上，一个陌生人骑着头小驴来了。他只使用随身带来的锤子和锯，便建造了美丽的无柱楼梯。修女们相信这是一个奇迹，难道不是吗？这是个很适合收录在《新约》中的故事，和加夫列尔·加西亚·马尔克斯（Gabriel Garcia Marquez）[①]的风格也很相衬。

　　早在13世纪就有证据表明，干旱塑造了西南地区定居的历史，而2006年1月就发生了一场干旱。菲尼克斯已85天没有下过一滴雨。达拉斯（Dallas）的情况相差无几。圣达菲也是难兄难弟。旅馆里的人说，"我们不用担心。我们有一位直接与上帝对话的总统"。那天晚上我在电视上看到的牛仔竞技会上的那个牛仔也有这种本事。鲁迪·洛奇（Rudy Lortsch）在"懒河"（Lazy River）上坚持了8秒钟，一落地，他便单膝跪地，仰视苍穹。

　　西班牙人在1540年占领了菲尼克斯这个地方。他们在精神方面带来了方济各会（Franciscan），在实用方面带来了羊。一个多世纪后，普韦布洛人起义，将西班牙人驱逐。而后西班牙人卷土重

[①] 哥伦比亚裔墨西哥小说家，拉丁美洲魔幻现实主义文学的代表人物。他于1982年获得诺贝尔文学奖，代表作有《百年孤独》等。

来。它曾是新西班牙的一部分，直到墨西哥独立战争才成为墨西哥的一部分。1846年，美国从墨西哥人手中将其夺走，并与阿帕切人（Apache）、卡曼契人（Comanche）、尤特人（Ute）和纳瓦霍人（Navaho）作战，直到战至最后的杰罗尼莫于1886年投降。新墨西哥州历史上发生过最可怕的屠杀、暴行和其他形式的苦难，几乎可以肯定，这恰好浓缩了它的吸引力。暴力的痕迹历历在目；更多的矛盾悬而未解。

第十章

先生,先生,你知道我们要去哪里吗?
林肯郡路还是世界末日?

鲍勃·迪伦,

《先生》(Señor,来自专辑

《扬基力量的传说》,*Tales of Yankee Power*)

2005年5月,当我第一次乘坐西南酋长号来到新墨西哥州的阿尔伯克基(Albuquerque)时,一场脱轨事故导致线路关闭,美国铁路公司调派了三辆大客车,载着我们走了300英里到达亚利桑那州的温斯洛(Winslow)。他们给每位游客一盒"金色骄傲"(Golden Pride)烤肉和一大杯可乐。我们穿过风景如画的红色方山和艾灌丛,在炸鸡的热气中沿着古老的66号公路飞驰。恐龙模型等在路边。我们经过了脱轨现场,一路驶向温斯洛,长长的货运列车在平原上无声地伸展开来,仿佛它们被外星人的干预、热核爆炸或阿帕切突袭——所有这些新墨西哥州的知名事件——所摧毁。

许多加州人搬到阿尔伯克基,以逃避激烈的竞争和烟雾。大约有80万人居住在阿尔伯克基及其周边地区,但由于阿尔伯克基发展太快,他们不得不搬到更远的地方。这座城市坐落在桑迪亚山脉

冷观静思美利坚

（Sandia Mountains）之下，不知何故，这座山虽低矮却雄伟。有一个艺术博物馆、一个自然历史博物馆和一个原子能博物馆。艺术博物馆里陈列着17世纪和18世纪西班牙大师的画作，楼下永久性地陈列着一个真人大小的西班牙征服者塑像，他骑着与实物等比的战马，人和马都身着铠甲。四个世纪前，成百上千的这些外乡人穿过平原，进入祖尼人（Zuni）和霍皮人（Hopi）的聚居地，并做了必要的事情来纪念耶稣。震慑和敬畏是策略。

自然历史博物馆里有一头35米高的地震龙（之所以这样称呼，是因为它走路时大地都震动），它与三叠纪时期的一个更小的恐龙争个"你死我活"。新墨西哥州被认为是原始之州：既是恐龙之都，又是原子之都。原子能博物馆里有"小男孩"和"胖子"的复制品，这两枚原子弹是在此地以北100英里的洛斯阿拉莫斯（Los Alamos）研制的，在以南200英里的阿拉莫戈多（Alamogordo）进行的试验，以及1945年被投放在广岛和长崎。这些天，在洛斯阿拉莫斯国家实验室，新的70枚核弹头正准备投入生产，其爆炸所释放的能量相当于2200枚投放在广岛的原子弹。加上现有的一万枚核弹头，这应该足够了。洛斯阿拉莫斯也似乎是"上帝之杖"和"神圣船板"正在开发的地方，后者可能作为"坚实型核钻地弹"的常规替代方案。"上帝之杖"，正如你所料，将从太空发射。

这次在新墨西哥州，我开车。在阿尔伯克基南部，电台播放了《我脸上的泪痕》，然后是《黄金乐队》和《敲了三下》。斯莫基·罗宾逊（Smokey Robinson）一生中每天都在创作歌曲。他说，他时时刻刻都想着写歌。这是一个民族的习惯，而且一直都是：人类的心是另一个有待发现、争夺、征服、耕耘、传播福音的边疆，最后变成一个停车场或一首诗。世界上没有人能像美国人那样演奏

第十章

音乐——没有人能比得上他们。这是又一个其他国家无法与之竞争的地方——几首振奋人心的赞美诗对抗一万首关于爱和痛苦的歌曲。当反美情绪不期而至,当你认为民主有点虚伪时,人民被无知和恐惧统治,这个地方没有任何好处——想想音乐吧。

我驱车向南经过阿尔伯克基,然后从25号公路往东拐,来到新墨西哥州的圣安东尼奥小镇,在这里,只有几百人沿格兰德河(Rio Grande)[①]河岸而居。这是突然的心血来潮,最后一秒我决定转向左边,而不是去我今天一开始打算去的地方——埃尔帕索(El Paso)。在圣安东尼奥的加油站,我找到了真正的三明治,里面夹着真正的火腿和新鲜的生菜,在阳光下吃着三明治,我感觉自己想写首歌。

在马路的另一边,一个身材苗条的年轻女子穿着牛仔裤和绣花牛仔夹克坐在外面,一边抽烟,一边凝视着群山。那样子很像是琳达·朗斯塔特(Linda Ronstadt)在她早期唱片封面上的扮相。这个地方以艺术画廊和咖啡馆著称。她说她在那里想为什么她从来没有到那些山里骑马——马格达莱纳山(Magdalena Mountains)。我们走进咖啡馆,她煮了咖啡。除了经营咖啡馆,她还驯马。她的丈夫去年在世界套索比赛排名第18位。他现在就在那儿,在竞技场上,而且还要在那里再待上一两个星期。我点了第二杯蒸馏咖啡。

她的店里还有奶油煎饼卷。我刚刚吃了两个三明治,尚有饱腹感,但我说我想尝尝奶油煎饼卷。她说我应该品尝一下,因为从那里到纽约之间我再也吃不到奶油煎饼卷了。从她的话里,我觉得她对有些事情不是很满意。虽然她的丈夫去年在套索比赛方面做得

---

① 位于美国和墨西哥之间。

冷观静思美利坚

很好，但最赚钱的还是骑牛。在牛仔竞技会上，骑牛是他们的所谓"招牌"活动；这也是人们喜欢在电视上看到的节目。

她认为，与套索公牛相比，骑牛是一种虚伪的活动，因为那不是牛仔在他们的职业生涯中从事的活动。她认为带我们去骑牛的人想到骑牛的时候可能正坐在那里喝得烂醉。她认识一个曾两次摔断脖子的男人，但为了名利，他还不停地骑牛。她的丈夫并没赚多少钱，咖啡馆和画廊也没赚多少钱。她说日子过得很辛苦。我走之前她又说了一遍。

我开车出了城，脑海里回荡着歌曲《我脸上的泪痕》。如果有一个还算像样的汽车旅馆，我可能会登记入住。我以为我会在圣安东尼奥快乐地待上一两个星期。格兰德河只是一条长满野草的棕色小溪流：平淡无奇，但显然比其在埃尔帕索的下游部分好看。为了在洪水泛滥时保持边境稳定，埃尔帕索在该河上修建了水利工程。走到一两英里外的平原上，就会看到一个标志牌，上面写着："注意阵风。"

如果你向左转，沿着格兰德河和贝可斯河（Pecos）之间的这条公路向北行驶10分钟，就到了博斯基雷东杜（Bosque Redondo），那里曾经是一个印第安人的集中营。詹姆斯·卡尔顿（James Carleton）将军说，两个部落的所有男性"都要被杀死，无论在何时何地找到他们"。——除非，也就是说，他们愿意被赶进营地。1863年，卡尔顿的人杀死了300多名阿帕切人，并关押了700名幸存者。基特·卡森（Kit Carson）带领一支小分队进入亚利桑那州，突袭了纳瓦霍人。他砍倒了他们的3000棵桃树，烧毁了他们的庄稼，将其中的2500人以及3000只羊和400匹马统统赶了400英里到博斯基雷东杜，把他们和他们的宿敌阿帕切人关在一起。有6000名

- 234 -

第十章

纳瓦霍人在这个营地里度过了他们的一生。

纳瓦霍人适应性强,注重实效。阿帕切人则不然——他们设法逃走,并与仍然在逃的卡曼契人发动了一场注定要失败的、更加残酷的战争。然而,任何读过科马克·麦卡锡《血色子午线》(*Blood Meridian*)的人都知道,与1850年左右墨西哥边境的印第安人猎杀相比,战争的最后时期显得还更文明。

另一位著名的法国大臣拉罗什富科(La Rochefoucauld)说:"美德迷失在自身利益中,就像河流迷失在大海中一样。"但利己之河也常常迷失在美德的海洋中。对牲畜和原油来说最好的事,对异教徒来说则是最坏的。因此,对个人利益最好的事情,对上帝庇佑下的国家也是最好的。对于一个由企业家和宗教绝对主义者建立起来的国家,有什么想法更适合呢?与异教徒——从裴廓德人到阿帕切人,再到越共,再到伊拉克人——作战,有助于巩固这样一种观念:在战争中,就像在商业中一样,最实用的手段可以产生最幸运的结果。这样一来他们诚实地依从偏见——借用N. 斯科特·莫马代(N. Scott Momaday)的一句话——并且,既然已经到了这种程度,就无法肯定地说,究竟是他们追求利益,还是利益激励了他们。

共和国本身就是由一种必要的暴力行为创造出来的。80多年之后,又有一个人重申了这一点。"一切必要的力量"在美国历史上具有深远的影响力,美国最伟大的领导人都曾使用过它,不仅为了保卫国家和追求国家利益,也为了捍卫个人利益的追求。这并不令人费解,即使"必要"的定义引发了争议。基督教与军事力量并肩作战也不足为奇。

有时令人吃惊的是,拥有世界上最强大军事力量的人民对他们敌人的漠视。我们期望士兵们在必要的情况下冷酷无情，但我们对媒体评论员的此类期望却较低。听到他们祝贺美国军队杀死一定数量的敌人着实令人瞠目。他们听起来像是来自早期文明的声音，来自十字军或罗马——或者像基地组织（al Qaeda）。令人震惊的是，人们在讨论战争时没有提到平民的伤亡，而且听起来美国领导人不认为他们应对由其入侵所引发的另一个国家的内讧负任何责任。

在这样一个国家，人们更能意识到这一点，因为那里的电波中充斥着人们想要谈论的内容：他们的感情、他们的痛苦、他们的同情、他们的爱，以及他们想要"了结"的愿望；每个礼拜日教堂里都挤满了人，向人们宣扬耶稣的荣耀。当老布什在沙漠风暴行动（Operation Desert Storm）前与比利·格雷厄姆一起祈祷时，他只为美国军队祈祷，而不为他们即将消灭的愚昧的应征军队祈祷。对他们的上帝劝告他们去爱的敌人没有同情，对异教徒不予宽恕，但是对于爱达荷州那些淫荡的丈夫来说，却听之任之。美国就像一块棉花糖——里面软软的、黏糊糊的，外面却烤得像钛一样坚硬。

向贝可斯河左转，你就会看到萨姆纳堡（Fort Sumner），对印第安人的战役就是从这里开始的。向右转，走同样的距离，你就到了第一颗原子弹爆炸的地方。这是一个令人望而生畏的乡村，不难理解为什么当印第安人被赶出河边肥沃的土地时，他们基本上都选择了政府的口粮而不是自由。虽然往北去的乡村不好，却比南边的好。南边是白沙导弹基地（White Sands Missile Base），再往南是阿拉莫戈多。

在一条一马平川、飞沙走石的路上，我停了下来，望着栅栏那

第十章

边,想起了罗伯特·奥本海默(Robert Oppenheimer)。眺望沙漠的同时想着一个身穿灰色西装、戴着帽子的人有些奇怪,但原子弹之父在我们脑海中留下了如此马格里特式的印记。阿拉莫戈多的新一代物理学家正在建造太空电梯,雅各的天梯真的实现了:一条10万公里长的碳纳米管带固定在地球上,这样人们和货物就可以通过它上上下下,进出太空——所有这些都不需要火箭,成本只有目前的一小部分。科学家们说,它可能在15年内建成并运行。

路的另一边有两个44加仑的垃圾桶。这里是野餐点,但许多野餐者找不到桶顶部的开口,所以搞得灌木丛中到处都是垃圾和粪便。一辆温尼巴格房车驶过。司机向我挥手示意。我早些时候见过他们,但他的旅伴现在不在前面——我猜想她正在床上打瞌睡,或者在做煎饼。

去阿拉莫戈多,你要在卡里索索(Carrizozo)拐弯。在到达那里之前,你会经过一条一英里宽的在我看来像是泥炭的流域,但结果却是"火谷"——地震引起的熔岩流。信息中心的女士说:"他们说在我们有生之年,新墨西哥州可能会发生另一次大地震。"新墨西哥州似乎每年都会"撕裂"半英寸。加州撕裂两英寸。

我正想着这事的时候,一个长得像野牛似的男人从摩托车上下来,带着一个很矮的女伴走进信息中心。他腰部以上的一切似乎都是一体的,仿佛是用高温熔化的斧头做成的。他穿着牛仔裤和黑色T恤衫,衣服前面绣着"耶稣也爱机车党",后面绣着"为耶稣摩托车俱乐部支持你当地的士兵"。他不喜欢闲聊,只是想知道这一切是如何发生的——这些黑泥是怎么来的。他忠实的女友带着一种咄咄逼人的怀疑目光注视着。那名女士告诉他熔岩流是由地震引起的。

- 237 -

冷观静思美利坚

"什么时候?"耶稣的士兵问道。

"他们认为是5000年到1500年前。"女士回答说。

"公元前还是公元?"

此刻历史变得有点混乱了。很明显,摩托车手在他的脑海中开始创造,而那名女士可以感觉到她脚下的土地在移动。

从卡里索索出发,右转,我驶向阿拉莫戈多。外面刮着大风。信息中心的女士告诉我,如果去阿拉莫戈多,我应该戴上非常结实的太阳镜,保护我的眼睛不受飞沙的伤害。至于汽车,她说可能会被"喷砂"。她还告诉我,"记住,离这儿还有一些距离"。在离镇大约3英里的地方,沙子在拍打着我的车,我在想,如果我把一辆掉漆的车还回去的话,我在阿拉莫汽车租赁公司的信誉将会如何。懦夫,我掉头回到卡里索索。

卡里索索是林肯县的所在地,像许多坐落在令人生畏的平原上的城镇一样,它也有自己的特色。该县历史上所有的报废汽车都堆在一个欢迎标志附近,但它的其他一切似乎都与其位置格格不入。镇中心是一个十字路口,在那里,道路有四个方向,其中一角的汽车旅馆叫"四风"。其他三个角落都是加油站。还有其他汽车旅馆、城市牧场主银行、一座共济会教堂、一个高尔夫球场、印第安之夏拖车村、一个市场和一个自助洗衣店。

这是一个不断发展的城镇。道路的每一个方向都由园丁打理。高尔夫球场旁边的一长条土地正在开发用作住宅。有一个扶轮社(Rotary Club)[①]和一个妇女俱乐部。富国银行(Wells Fargo

---

[①] 由商人和专业人士组成的社交与慈善组织分支(《牛津高阶英汉双解词典》第8版)。

第十章

Bank）的墙上写着这样一条标语："每次拿到工资，我都要为未来存钱。"小镇拥有一切。它有一条联合太平洋铁路。两年前，一列向东行驶的货运列车在卡里索索与一列向西行驶的货运列车相撞。东行的工程师和乘务员都在此次事故中殒命。一项调查发现，两列火车相撞时，这两个人都睡着了：他们已熟睡了一段时间，而且工程师吸了毒。他们在他的裤子里发现了1.88克毒品，一根装有大麻的铰链木管，以及一把0.22口径的手枪。

在卡里索索以西，道路稳步攀升，直到接近7000英尺，但并没有感觉那么高。我开车进城时，路边的牌子上写着："在卡皮坦，耶稣即上帝。"斯莫基熊州立公园（Smokey Bear State Park）气候干燥，环境恶劣，但似乎有很多人住在散布于针叶灌木丛中的小木屋和拖车里。这座公园是斯莫基熊的故乡，幼年时，它在一场森林大火中被烧，但幸存下来，成了一个传奇。斯莫基熊虽然一生的大部分时间都生活在华盛顿特区，但死后被埋在了它出生的森林里。

罗伯特·奥本海默、斯莫基熊和杰罗尼莫三个景点都在同一条路上，再往前一点就是斯坦顿堡（Fort Stanton），基特·卡森和杰克·潘兴（Jack Pershing）将军曾多次住在那里。斯坦顿堡建成的头30年里，它是一个与阿帕切人作战的基地；后来，它成为治疗患肺结核的海军陆战队士兵的医院，而在第二次世界大战期间，它又成为德国人和日本人的拘留营。卢·华莱士（Lew Wallace）[①]在斯坦顿堡创作了《宾虚》（Ben Hur）的大部分内容。比利小子

[①] 美国内战时期的将军。受战火洗礼后归信基督。根据他创作的长篇小说《宾虚：基督的故事》改编的同名电影曾获奥斯卡金像奖最佳影片奖。

（Billy the Kid）本应在斯坦顿堡被处以绞刑，但他从烟囱逃走了。

下一站是林肯，比利小子曾在那里射杀了两个人。林肯是林肯县的中心，林肯县战争（Lincoln County Wars）是发生在县里一个强大的商店老板和县外一个强大的牧场主之间的争斗。他们俩都想要拥有更多权势，并为此雇用了人。农场主雇用了曼哈顿人比利。他杀了一些人，也许没他说的那么多。他在林肯越狱时杀了两个人。帕特·加勒特（Pat Garrett），曾经的水牛猎人，是当时的警长。他追着比利到了萨姆纳堡，并将他击毙。随着时间的流逝和电影的盛行，情况也有所变化。林肯法院博物馆被完好保存，甚至墙上那个据说是由比利小子开枪射出的洞都保留着。我问那位女士对比利有什么看法，她说得很清楚："他出于自卫开枪打了两个人，又射击了两个试图逃跑的人，他才21岁。他还是个孩子。"

楼上的房间是以前共济会聚会的地方，从这里看出去，你可以看到马路对面有一间带篱笆的小别墅。那位女士告诉我，小道格拉斯·费尔班克斯（Douglas Fairbanks Junior）在筹备一部关于比利小子的电影时住在那里。她说，他从来没有打开过大门，而总是跳门进去。这部电影很可能是霍华德·休斯（Howard Hughes）的《不法之徒》（The Outlaw）。简·拉塞尔（Jane Russell）的胸脯让这部电影声名狼藉。关于她的胸脯，需要说的一切是，其之所以声名狼藉，并非因为厌女、纯粹的变态行为以及对比利和霍利迪医生作为同性恋的演绎。

法院博物馆还专门为民用建筑兵团（Civil Construction Corps）开设了一个展厅。20世纪30年代，民用建筑兵团为300万美国人提供了工作和教育机会，其中5万人生活在新墨西哥州。失业人员学习的科目包括考古学、西南历史和西班牙语。我问这位女

第十章

士对民用建筑营地和新政有什么看法,她明确表示她是坚定不移的支持者。她支持比利小子,也支持富兰克林·罗斯福。

这种情况发生在美国:你遇到了一些人,你想在他们的镇上定居一段时间。这可能是因为恶劣环境下自由主义信念所带来的魅力。严酷给人类以恩典的光辉。它催生出天使的概念。

在新墨西哥州罗斯韦尔(Roswell)以西大约15英里的地方,广播里播放着一个男人的歌声:

> 我终日朝思暮想——
> 从未有过如此强烈的情感。
> 难以置信的欣喜若狂
> 只是为了成为你的情郎。

他接着唱到要将"灯光调暗,放一些柔和而缓慢的音乐";听到男中音唱出如此学院风的歌词,真让人感到困惑。过去两周,到处都在播放这首歌。我相信每当我在路上看到一只死狼,他们就播放一次。这首歌钻进了我的脑袋,把鲍勃·迪伦挤了出去。

不过,罗斯韦尔很有内容。这里有五家博物馆和美术馆、一个交响乐团、一所大学和一所军事学院。还有一个赛马场、一条赛车道、一个综合运动场和一个高尔夫球场;各种各样的体育俱乐部和社区组织;众多的文化节日和集市;世界上最大的马苏里拉奶酪工厂;以及养牛大王约翰·齐兹厄姆(John Chisum)和他的领头牛的宏伟雕像。但是罗斯韦尔还有1947年的飞碟和据说从残骸中出现的外星人；任何负责任的城市都能把握住这些事件固有的竞争优势。罗斯韦尔（人口5万）每年都会举办飞碟节，为了纪念使其城市出名的"坠毁的飞碟"60周年，他们决定在2007年举办为期四天的飞碟节。信徒和怀疑论者都受邀参加，预计有5万名游客。该市有一个专门为外星飞船设立的永久博物馆，并宣称有很多可展示给"来自这个星球或遥远星系"游客的内容。

大约有五分之一到四分之一的美国人相信外星人绑架，其中很大一部分人相信他们见过外星人，而且有相当数量的人确信他们被外星人绑架过。一些心理学家认为，这些信念是生动梦幻的产物，梦者把这些梦幻当成了现实。如果是这样的话，那么这些梦幻很可能在外星人比较接近人类意识表面的地方更为常见，仿佛他们肯定在罗斯韦尔。罗斯韦尔的人梦见的是外星人还是乔治娅·奥基夫（Georgia O'Keeffe）①的形象？如果他们梦到外星人，是不是和他们的祖先梦到印第安人的大脑部位相同？在印第安人、恶魔和女巫之前，他们又梦见了谁？外星人和花园里的蛇是从同一个阴影里出现的吗？同理，怪物是不是也属于这种情况呢？那么多人相信有怪物是因为他们梦见过怪物，而他们梦见怪物是因为怪物从一开始就在那里吗？

然而，至少从外界看来，罗斯韦尔对1947年外星人事件的重视比人们所预期的要轻描淡写。乍看之下，这是一个如此常见的典型城镇，你会开始怀疑它们是否被规划过，或者是否有某种美国式的审美，将汽车修理厂、废品回收站、汽车旅馆和餐厅集中在主要

---

① 美国艺术家。她的绘画作品是20世纪美国艺术的经典代表。她多以半抽象半写实的手法呈现美国内陆自然景观。

第十章

街道上。这肯定是他们喜欢的方式。我对此思考甚多,因为我也渐渐喜欢上了小镇的布局。它表达了一种荷尔蒙的自由,显得粗鲁和丑陋。

在罗斯韦尔的偏僻街道上,旗帜在房子的正面飘扬,信箱上装饰着宗教布道。一家店铺已经关门,另一家还在营业;一家汽车旅馆还开门营业,另一家停业了;一个车场里堆满了丰田车,马路对面的那个车场里空空如也,仅有一个标志——尼桑,和一英亩的空地。人生是一场赌博,一系列的转变;成功、失败、破产、恢复;罪恶、宽恕、悔改、新生——或者如他们所说的"重生"。资本家的骚动寄托于上天的恩宠。在国旗和上帝的庇佑下,每个美国人都可以选择一切。这是自由。

我在罗斯韦尔洗了车。是两个看起来应该去上学的十几岁男孩洗的。他们一句话也没说,我们任彼此默不作声。我给了他们5美元小费,其中一个说:"谢谢您,先生。"开车经过成片成片的停车场和巨大的广告牌(还有一个写着70亿美元将用于公路改善的广告牌)时,我在收音机里听一位牧师讲道:"你问,人为什么必须重生?嗯,因为人类有一个问题,那就是罪恶。"

这里有空荡荡的家具店和汽车旅馆。D. H. 劳伦斯恳求道:"给我们一些有活力的、灵活的东西,它们不会持续太久并成为我们的障碍和厌倦。"罗斯韦尔和其他成千上万的美国城镇似乎听从了他的这番劝告。

牧师谈到了上帝惊人的宽恕。他说:"让我们拥有一些宽恕吧。上帝说:'你不应该杀人。'但如果我们中间有人杀了人"——他温和地说——"上帝会原谅你的。你的双手沾满鲜血,多年来犯下的罪行,他会宽恕你的。"在掌声中,他接着讲起了偷窃。

冷观静思美利坚

在罗斯韦尔东边，我开车经过一座低矮的建筑，就好像造物主拿起了另一把刷子，或者是由另一个造物主粉饰的它。土地是鼠尾草色和稻草色的，而且更加柔和。先前这里有鹿，它们白色的屁股闪着光，它们低着头，腿优美地弯着。现在这里只有牛和石油泵。金属雕塑变得流行起来。有牛仔、金属船、马、飞碟和外星人。泰特姆（Tatum）小镇——得克萨斯州边境以西，似乎还保持着一丝生命力，拥有一座海军陆战队在硫磺岛升旗的金属雕塑，底座上写着："支持我们的军队。"在这个遥远的小镇，在巨大而孤独的苍穹下，在衰落的迹象中，这些美国生活的陈词滥调有一种凄凉的力量，不是因为它们所描绘的，而是因为塑造它们的机械般的冲动，就像吉他手在演奏乡村音乐时拨出的和弦一样。

对于金属艺术品来说，没有什么能和油泵相比。1900年巴黎世界博览会上，亨利·亚当斯（Henry Adams）站在一台发电机前，开始向它祈祷，他说："遗传的本能教会了人类在沉默和无限的力量面前自然表达。"在发电机中，他看到了一些神秘的东西："神秘能量的揭示"，就像科学前时代的十字架或童贞马利亚。当太阳落山，黑暗笼罩大地时，他站在油泵前或许也能看到同样的景象。这些泵才不管昼夜、天气、狼、飞船、旗帜或罪恶。在那个可笑而简单的运动中，它们不断地把财富抽出来。

越过边境，在得克萨斯州的普莱恩斯（Plains，人口53），一种通常用于指示道路施工或交通延误的便携式数字信号板已经被放在了主街上。信息在黑暗中闪过——"送礼聚会（Shower Tea）[①]。肖娜·博克斯的婚前送礼会"。月亮呈深红色，似乎带着盐

---

① 为即将结婚或分娩的女性举行的。

第十章

的味道。在广播里，有人说如果吉米·亨德里克斯（Jimi Hendrix）今天还活着，他会意识到我们有很多敌人，他会支持我们的军队。

一个在美国铁路沿线用钝器打死了至少15个人的墨西哥人说，他让撒旦统治了他的生活。得克萨斯州准备处决他，尽管已经废除了死刑的墨西哥对此表达了抗议。得克萨斯州每年大约有20人被执行死刑，比其他任何州都要多。虽然暴力犯罪在孤星之州（Lone Star State）[①]稍加普遍，但这远远不足以解释这种差异。这只能归因于得州人做事的方式。得克萨斯是古老的南方和狂野的西部，两者都喜欢即决裁判——且得克萨斯人不缺少传统感，也不缺少州长，不管他们来自哪里，都想要遵循传统生活。得克萨斯州大量的福音派基督徒增加了公众的呼声。福音派认为死刑是与撒旦斗争的必要武器，是上帝的要求。没有哪任得州州长会拒绝上帝的要求。

制冰机和可乐机是汽车旅馆生活的源泉。在它们旁边，经理们堆放着旅游宣传单和宗教小册子。在西得克萨斯的大斯普林（Big Spring），我拿了一本关于撒旦的小册子。上面说他每天从早到晚不间断地工作。年龄的增长让马克·吐温对撒旦的兴趣随之增长。他创作了《来自地球的信》（Letters from the Earth），仿佛他就是撒旦。他说："撒旦没有任何领薪水的帮手；反对派则雇用了一百万个。"但是有了像新原教旨主义者这样的敌人，撒旦可能认为他不需要朋友。

这家汽车旅馆的印第安老板说，他选择大斯普林，是因为这里比新泽西更便宜、更安静。这里有三所惩教机构；两所州立联邦监狱和由康奈尔（Cornell）公司运行的大斯普林监狱。康奈尔公司是

[①] 指得克萨斯州。

冷观静思美利坚

一家总部位于休斯敦的上市公司，在全国拥有78所监狱。该公司的座右铭是"人改变人"。这是一个前景很好的行业：在全国范围内，囚犯的数量在过去30年里增长了7倍，现在美国的囚犯和监狱数量比世界上任何其他国家都多。似乎没有人能为这种显著增长提供一个合理的理由。尽管人们普遍认为零容忍政策和更多的监狱降低了犯罪率，尤其是在大城市，但它们并没有将犯罪率降低七成，甚至还不足两成。

我提前走了。如果他们愿意把旅店建在公路上，他们就不能指望游客发现城市的乐趣。路面上到处是刚刚被车撞死的动物：火鸡、兔子、臭鼬和许多死鹿，那些鹿的头向后弯折在它们纤细的脖颈上，姿势令人心碎，它们的眼睛在阳光下灼灼发光。去得克萨斯州圣安东尼奥的道路漫长而乏味。农场主们在大门上方用20英尺高的拱门宣布自己的身份。塔米·威妮特（Tammy Wynette）在广播中唱道：

> 我撞坏了车，我很伤心
> 害怕你会生气……

美国国家公共广播电台收不到信号了。我听了一会儿，一个人引用了《哥林多书》来支持他关于美食的观点，并感谢孤星电力公司（Lone Star Electric Company）赞助他的节目和"团结西得克萨斯的基督徒"。

几乎每一天都会有一本关于美国政治、历史、社会、外交政策的新书问世；而且每一周都有几篇高质量杂志上的"必读"文章；美国国家公共广播电台有几个"必听"节目，公共事务频道甚

- *246* -

第十章

至还有一些"必看"的节目。每周还有五六本关于阴谋论的精装书问世;十几本政治传记或自传;一些历史读物;对"9·11"的另一种解读;十几种对伊拉克战争的新看法;另一项针对华盛顿、教育或监狱系统的调查。有良知的公民必须在这一切中做出选择。这是在他们选择报纸、主流新闻网络、主流脱口秀、主流肥皂剧和讽刺剧等大众文化要素之前,必须看、听、读的内容,从而了解每一分钟、每一天、每一周发生的事情。既然做到了这一切,现在是时候上网阅读博客、观看"油管"视频网站(YouTube)和关注一些链接了。世界上没有哪个选民比知情的美国选民更了解他们的民主了。

但在得州的大斯普林,能收到的信息很少。在离开公路20英里的地方,不难想象,资源会更加匮乏。重大新闻昙花一现;廊灯忽明忽暗;推测、观点和理论滔滔不绝;人们写书记录事件、联系、巧合和动机的证据,如果这些都是真的,就会看到强大的力量从高处被击落,并在全国范围内宣布为期一周的祈祷和反思。然而,大片的乡村都被忽略了,或者居民们通过媒体接收到了他们的信息,由于各种各样的理由,这些信息被包装成新闻和观点——其中有一些是好的——删节、理解、稀释、诋毁,把它杜撰为一种被认为是大众口味的甜点。

这并不是说口味的主人生活在黑暗中,也不是说《"9·11"委员会报告》中所包含的信息应该送到每个家庭。认为信息能平均发布或达到预期效果是愚蠢的。然而,如果我们想知道为什么能够说服大多数美国人相信伊拉克应对2001年的袭击负责,那里被发现有大规模杀伤性武器以及很多其他令人匪夷所思的事情,我们只需看看美国媒体和美国政治的影响,以及它将全国辩论和全国性事件

冷观静思美利坚

转变成比对于"美国队长"（Captain America）[①]的看法争议更少的事情的能力。

这种对美国民主的腐败、财富集中和媒体垄断扼杀美国希望的抱怨由来已久——就像希望和腐败一样古老。老矣，但老当益壮：在过去的20年里，百分之一的人口积累了一半以上的财富，百分之二十的人口积累了其余的财富。民众非但没有抱怨，反而投票支持总统连任，而总统为这些超级富豪减税。

马克思主义者会说，财富的无情集中是资本主义的本质；门肯则会说，把别人的利益和自己的利益混为一谈是白痴的天性。而民主的本质是每个人都认为自己知道问题是什么。解决方案仿佛大海捞针。有时候，比如你在西南开车的时候，看起来美国存在着无限的可能性、矛盾和死胡同，我们看待它的唯一方式，就是把它看作一个寓言的力量：一个被原始的、不可改变的力量（包括宪法）统治的地方，这种力量对社会学或政治分析几乎没有让步。但对于生活的学习者来说，它揭示了很多。毕竟，这是美利坚合众国——南美洲的"血亲"，正如豪尔赫·路易斯·博尔赫斯（Jorge Luis Borges）曾经说过的："这片涵盖众多神话的深邃的大陆，是谢尔曼进军和杨百翰的一夫多妻神权统治的大陆，是夕阳下西部遍地黄金和野牛的大陆，是构建爱伦·坡焦虑的迷宫和沃尔特·惠特曼伟大声音的大陆。"美国人相信不真实的事情，并投票给他们的剥削者，因为这样做符合他们的历史，就像运用纯粹的理性一样。他们只是对现实做出回应。

[①] 美国漫画和电影中的超级英雄，被视为美国精神的象征。

第十章

美好的雨滴打落在圣安东尼奥郊区。一辆汽车冲出高速公路,在河岸的草地上来回翻滚,似乎肯定会滚回车流中去,但它停了下来,侧翻着,车轮还在打转。那天早上,两架军用飞机低空飞过圣安东尼奥,纪念马丁·路德·金日。这些飞机是由非裔美国飞行员驾驶的,这让在雨中游行的十万人中的一些人感到不满:他们认为这是一个纪念非暴力的日子,不管飞行员的肤色如何,军用飞机都与非暴力无缘。

许多因素使得克萨斯有别于美国的其他州,但最重要的是历史。得克萨斯州的历史,就像得克萨斯人一样,似乎遵循着一条独立的路线;尽管财富、发展和现代化改变了这个地方,但与其他地方相比,过去的时光挥之不去,在选举和烧烤时萦绕徘徊。这些主题是一个连续体,可以追溯到西班牙征服者时期。也许其中最具代表性的是约翰·塞尔斯(John Sayles)的电影《小镇疑云》(Lone Star)中一个角色讲的一段话:"要管理一个成功的文明,你必须明确区分对与错、这个和那个。你爸爸能理解……大多数人不想把盐和糖放在一个罐子里。"

1926年,有人拍了一张新移民局边境巡逻队(Immigration Border Patrol)的20多名新兵的照片,他们在格兰德河岸边他们的汽车前列队。除了一人手持机关枪之外,其他人都拿着步枪。他们被招募来阻止外国人和烈性酒越境。在20世纪的前30年里,有一百万墨西哥人越境进入美国。这种矛盾在当时和现在是一样的。美国,这个主权共和国,不能欣然接受外国人随心所欲地来来往往——美国的生意就是一切,没有生意是不行的。政府曾经禁止喝酒，就像现在禁止其他毒品一样，但是美国人想要喝酒，就像他们现在想要其他毒品一样——所以那时的酒和现在的毒品都是从墨西哥来的。美国是一个讲英语的"白人"国家，除了墨西哥人早在白人之前就在西南部存在，在那里和其他地方的许多县，"拉美裔人"的数量超过了他们——这确实模糊了"外国人"的定义。但这些移民局边境巡逻队的员工——今天美国边境巡逻队的前身——不是为了表现矛盾，而是为了解决矛盾。

早在2005年11月，火车驶进密西西比州杰克逊市的前一天晚上，我遇到了一个来自坦皮科（Tampico）的墨西哥小伙子。吃饭的时候，除了"谢谢"他什么都没说，而且他每次开口时都要低一下头。后来他告诉我，他和妻子以及两个女儿非法居住在密西西比州的牛津市（Oxford），在一家墨西哥餐馆工作。

他曾经去芝加哥找了一份墨西哥餐馆的工作。但他说芝加哥不是一个好地方。而牛津是个好地方，尽管牛津人对墨西哥人不友好。他们对在那里生活的波多黎各人、危地马拉人（Guatemalan）以及唯一一个古巴人（Cuban）都不友好。他发现他们对危地马拉人的粗鲁是最难以理解的，因为危地马拉人是"高尚的人"。

他说："住在一个人们都不欢迎你的地方太难了。"但在墨西哥生活情况更糟糕。墨西哥非常腐败，"如果你违反了黑帮分子的任何规定，你就会被他们杀死；你无法赚钱养家"。

虽然非法居留是不合法的，但他和他的兄弟、母亲都在牛津工作。他的母亲在一个法官家里做事，全家人都很喜欢她。当她因为没有工作签证而不得不离开时，法官全家都拥抱了她。他和他的兄弟在同一家墨西哥餐馆工作，他的老板在密西西比州开了好几家餐馆。"老板不是个好人。"他说。

第十章

我问他餐馆老板付给他们多少工钱。

他说:"没有工资。只有小费。"

他的收入比餐馆工作人员的法定最低工资标准还少2.13美元,说明餐馆老板的确非常吝啬。

"他的行为是不合法的,"他说,"但我们也不合法。"

那他为什么不去加州或者墨西哥人更多的西南部呢?

"因为那里的人恨我们,"他说,"奇卡诺人(Chicano)不跟新来的人说话。他们彼此说西班牙语,但如果我用西班牙语和他们交谈,他们告诉我他们只说英语。然后转过身去。"

普里莫·莱维(Primo Levi)在奥斯维辛(Auschwitz)集中营看到了同样的情况:囚犯们通过迫害新来的囚犯来表达自己的屈辱。

这个年轻人说,被自己的人民憎恨比被密西西比州的美国人憎恨更糟糕。他只想工作赚钱养家。他是一个善良的墨西哥人,他憎恨那些来到美国触犯法律的坏人。他说那些人让所有墨西哥人的日子都不好过。

我们握了手,他回到车厢里他的座位上,那里坐满了各种各样的低收入人群,他们盖着大衣和毯子,把头靠在随身带的任何柔软的东西上。

纽约的一个朋友告诉我,在美国西南部自驾,我一定得去拜访一下鲁宾·索利斯(Ruben Solis)。我叫了一辆出租车,来到他那座曾经富丽堂皇的维多利亚式住宅,它位于圣安东尼奥郊区,此区域曾是富裕的德国人聚居之地。现在这里是不那么富裕的墨西哥人社区，也就是现今的墨西哥裔美国人，被称为"拉美裔"。从语言、文化、种族和外貌来看，鲁宾是墨西哥人。但他也是得克萨斯人，来自一个古老的家族。在得克萨斯和得克萨斯人存在之前，他的家族就在得克萨斯州：在美墨战争之前，在萨姆·休斯敦和得克萨斯共和国之前，在阿拉莫（Alamo）之战之前，在石油和长角牛之前——在得克萨斯州被所有这些历史和传统共同定义之前。

鲁宾说，"'拉美裔'是个笑话"。就好像我们都是从伊斯帕尼奥拉岛（Hispaniola）来的一样。"拉美裔"是一个任性的神话，它掩盖了历史的真相，贬低了数百万人的地位。"我们没有越过边界；边界越过了我们。"在这一点上，他认为他和他的拉美裔同胞的处境类似于巴勒斯坦人。

鲁宾管理着西南工人工会。他有点托洛茨基的味道，一个令人敬畏的激进分子，有着深刻的历史视角，给人一种讽刺的感觉。工厂条件和环境危害是他的工会最关心的问题之一。当凯利空军基地（Kelly Air Force Base）附近社区的居民报告癌症、肾衰竭和其他疾病的高发病率时，该联盟发起了长达一年的基层运动，促使空军清理该基地关闭后留下的毒素。该联盟吸引人们参与政治和社会行动，以及参加围绕边境和移民问题等特定利益创建的"社会论坛"。我在纽约的朋友称他们为"不待别人请求的慈善家"。

鲁宾用讽刺的简略口吻讲述了这段历史。1821年，墨西哥从西班牙手中赢得了独立，但15年后，这一地区被萨姆·休斯敦一伙人占领。在圣安东尼奥的阿拉莫，墨西哥人战胜了美国人，但不久之后，美国人又把他们赶回格兰德河对岸，占领了后来的得克萨斯州。他们把阿拉莫变成了美国勇气和牺牲的伟大胜利。他们使戴维·克罗克特、吉姆·鲍伊（Jim Bowie）和比尔·特拉维斯（Bill

第十章

Travis)成为烈士。他们否认了墨西哥人唯一的胜利。十年后,美墨战争使这一征服成为永恒。

在我遇见鲁宾的几个星期前,他开车送三位客人回家时被警察拦住了。警察要求他们三位下车,出示身份证件,并接受审问和搜身,检查是否持有毒品。鲁宾说,开皮卡的白人男性从来不会受到骚扰。被发现携带"低档"强效可卡因的棕色人种会被判可长达十年的监禁。吸食高纯度可卡因的白人可获得守行保释令。酒后驾车的棕色人种会被关进监狱。白人在牧场上犯同样的罪却逍遥法外。在圣安东尼奥和得克萨斯州,墨西哥裔美国人每天都经历着种族主义的折磨。鲁宾说,这是一种地方病,就像腐败一样。

美国人有一个问题。他们需要墨西哥人来做脏活(在两国边境),而且他们希望支付尽可能少的费用和提供尽可能少的工作场所保障。目前,近500万墨西哥无证劳工正在做此活计——160万受雇于农场的工人占该行业劳动力供应的百分之五十以上。缺少签证等身份证明文件是当局严重关切的问题。它还给没有签证的人带来困难,使他们无法享受服务,也没有与雇主讨价还价的能力。但当然,正是由于缺乏这种权力,签证才成为一种不可或缺的商品。克林顿政府向墨西哥兜售的《北美自由贸易协定》(NAFTA)号称对商业和就业都大有裨益,但实际上,该协定在墨西哥创造的一些产业的工资甚至比美国的更低,给工人的待遇也更差。鲁宾·索利斯说,《北美自由贸易协定》对墨西哥和墨西哥人来说是一场灾难。更糟糕的是,此举令更多墨西哥人想要孤注一掷地越过边境。

然而,尽管美国人需要墨西哥人,并帮助创造条件,让他们不惜一切代价越过边境,可美国人也惧怕墨西哥人。他们在社区中的存在普遍与犯罪增加、种族对立、就业竞争不公平以及房价降低联系在一起。不管证实与否,在美国历史上,这些对"非法入境人员"的反应都是可以预见的,也是大家熟悉的。"9·11"之后,恐怖主义被加入了这个名单。但与其他群体相比,"拉美裔"制造了一种更普遍、更难以捉摸的恐惧。合法与否,他们一直是美国人口中非常重要的一部分。现在,他们也是增长最快的,大约有四千万,比黑人人口还多。如果他们继续以现在的速度繁衍,据信,拉美裔很快会比其他任何一种美国人数量都多,说西班牙语的人会比说英语的人多。因此,这个盗用了"亚美利加"名称的国家将更名副其实。

在圣迭戈(San Diego)和得克萨斯州布朗斯维尔(Brownsville)之间的每个主要边境城镇,已经有隔离墙延伸到城市边界之外。2005年年末,众议院通过了一项让隔离墙继续延伸的法案。这使得鲁宾·索利斯对西南部与巴勒斯坦的比较更加尖锐。目前的边界已经使无数家庭离散——未来,这堵墙将把他们更彻底地分开。

鲁宾·索利斯认为,开放边境不仅会更加公正,对那些和其他人一样有权居住在西南部的人更加尊重,而且也更实际。这样成本会低一些。目前,美国将直升机、飞机、无人机、人、马、狗、卫星和特殊的电子设备用于边境巡逻。它花费了数亿美元却没有什么实际效果——除非你把设备和武器制造商以及承包商的最终盈利看作实际结果。

鲁宾开着他那辆美国旧汽车载我回克罗克特酒店(Crockett Hotel)后,我走到阿拉莫,那是我8岁时想象中的黄金地点。阿拉莫博物馆是由"得克萨斯共和国的女儿们"建立的。它对得州历史的影响就像石油和牛对经济的影响、大帽子和蝶形领结对男性身份

第十章

的影响一样。作为最终的胜利者，萨姆·休斯敦的继承人和继任者得到了得克萨斯及其全部财富；作为阿拉莫之战的战败者，他们也做起了伪善的生意。

博物馆的一个玻璃柜里放着各种各样的鲍伊刀——也被称为"阿肯色牙签"，该叫法有时出现在禁止使用这种刀具的州法律中。它们规格不同，但平均长度约为18英寸，三四英寸长的刀身为双刃。这就是为什么与印第安人作战时，向上猛拉会如此有效——鲍伊刀很容易就能割断骨头。但有一本在售的修正主义教科书：书中对吉姆·鲍伊进行了贬损的描述，并以同样破坏政治正确的口吻向阿拉莫的现代学生透露，虽然桑塔·安纳（Santa Anna）处决了所有战斗幸存者，但他为堡垒内的妇女、儿童和奴隶提供了安全通道。

我是克罗克特酒店酒吧里唯一的顾客。酒保想和我聊聊。他在圣安东尼奥的一个贫困街区长大。犯罪、暴力和帮派斗争都是日常生活的一部分。当他还是一个学生的时候，一天晚上，他和两个朋友走在回家的路上，突然，一个男人拿着左轮手枪从阴影中出现，近距离地向他身边的男孩开枪。但是枪哑火了。他们站在那里，看着这名男子一边咒骂一边摆弄着枪，然后他们就夺路而逃。从那时起，他就一直在想死亡会是什么样子。

他参加了海军陆战队。在一家保险公司工作了9个月后，他意识到自己讨厌这份工作，于是决定辞职。他选择海军陆战队而不是其他军种，因为那里的新兵训练营更艰苦。他们答应他有时间学习，但从未给他时间。

他被派往冲绳（Okinawa），到达之前，三名士兵强奸并殴打了一名当地女孩，并把她扔在那里等死。冲绳人痛恨美国军队。强奸事件发生后，许多俱乐部和酒吧禁止他们进入。酒保认为当地人的做法无可指摘。直到他加入海军陆战队，他才意识到有如此愚蠢的人存在，尤其是那些来自美国小镇的人。我发现自己在为他们辩护。他说，他的伙伴们无知、暴力、偏执。军队就是洗脑；你入伍的时候越无知，就越容易被洗脑。

他的父母责备他不尊重他的墨西哥血统。他告诉他们，因为他出生在美国，所以他是美国人。他花了两年时间读取了得克萨斯州立大学的电气工程学位。他从海军陆战队退伍后得到的退伍费支付了他的学费，且支付了他所购买的价值为11.6万美元的房产所需的部分定金。他是他高中班上唯一一个摆脱贫困的人。

他说，无知是美国最糟糕的事情。学校从来没教过他们其他国家的知识，只教美国的一切伟大之处。只有当你上了大学，你才会了解到一些阴暗面。他对澳大利亚人在学校学习美国历史感到惊讶。美国的一个优点就是自由。

我告诉他，"世界上还有其他的地方也享有自由"。

"哦，是吗，"他说，"这些事情我们根本不知道。"

媒体报道说，修建2000英里长隔离墙的运动正如火如荼。18年前，罗纳德·里根曾将柏林墙（Berlin Wall）称为"伤痕墙"。他在演讲中倡议，"戈尔巴乔夫（Gorbachev）先生，请推倒那堵墙！"可现在美国却要建一堵隔离墙。没有人像里根看待柏林墙那样，把它视为"全人类的自由问题"。

圣安东尼奥当地报纸报道说，国会议员汤姆·坦克雷多（Tom Tancredo）"着眼于2008年的选举"，正在全国巡讲，提醒人们注意"漏洞百出的西南边境"。他在爱荷华州（Iowa）对共和党人说，"美国正处于危险之中"。他说，现在恐怖分子可以轻易出入。这将

第十章

是一个封闭式共和国。

当我离开酒店的时候,接待处的中年妇女——一个实习生,像家人一样温暖,说她希望那些鬼没有让我睡不着。我说我并没有注意到什么鬼,响动可能是空调的声音。我说:"在有空调的地方,没有鬼。"她说她不知道此说法。但阿拉莫肯定是有鬼的。她之所以知道有鬼,是因为她的丈夫曾经在那里做过保安。他只工作了一个晚上。他听到辘辘的车轮声、锁链的咔嗒声、人们的叫喊声和大炮的装弹声,他在凌晨三点半便回到家里,从此再也没有回去过。

第十一章

在民主国家里,人们很容易获得某种条件的平等,然而,他们的所求和所得永远不成正比。平等总是在他们面前退却,但又不离开他们的视野,离开时又吸引他们的关注。他们每时每刻都以为自己就要抓住它;它随时随地都会从他们的掌中逃之夭夭。平等之于他们,可望而不可即。未待尝尽其中的喜乐,他们便驾鹤西去。这就是为什么生活在富裕的民主国家的人们会感到奇怪的忧郁。

亚历克西斯·德·托克维尔,

《论美国的民主》(Democracy in America)

从休斯敦出发一个半小时后,道路变得异常拥挤。从前方100码远的一堆卡车中,一个巨大轮胎的轮辋在公路上弹跳着朝我飞来。它撞到柏油路时瘪下去,飞到空中时膨胀开,然后再变瘪再反弹,似乎在加速。我身后有一辆轿车,右边有一辆卡车,我没有办法躲开:只好盘算着,如果它在瘪下去时撞到我,我就会被掀到车流中去;它弹起的话则会撞向挡风玻璃,顷刻间将我砸死。最后,它在我前方10码处着陆,消失在引擎盖下。我想我躲过一劫。

一切风平浪静。没有撕裂的金属或打碎的玻璃,没有烟雾和

第十一章

橡胶的气味；没有人昏迷不醒。没有死亡——除非，像一个朋友说的，是博尔赫斯式（Borgesian）的死亡。那个轮胎不见了。从外后视镜看不到。内后视镜显示同一辆轿车仍在我后面。卡车从我旁边向前开去。除了没有人和我一起庆祝之外，这就像《非洲女王号》（African Queen）的结尾，正当鲍嘉和赫本就要被施以绞刑时，德国炮艇撞向了鱼雷。我继续在路上行驶，想着所有最近没有被奇迹拯救的人。

一个男人在收音机里唱道：

她觉得我的拖拉机很性感，
这真令她春心不安；
她总是盯着我看
当我正在驱车向前。

有两个人在卖枪。"我们有一把FN P90冲锋枪，半自动的。帅气。弹匣可装50发子弹。还有，我们有一把世纪武器公司产的巴力308，配有四个弹匣……我们还有美国军械的AK-47。好的，你需要做个决定——联系832237 GUNS。"FN P90是突击队和坦克队等喜欢用的冲锋枪。当然，AK-47是传奇的俄罗斯机关枪，是恐怖分子、自由斗士或变态狂人青睐的标配。

就在休斯敦西部，一辆车四脚朝天躺在灌木丛中，周围尘土积聚。当时是4点，海量汽车在路上疾驰而过。驾驶感觉不太像驾驶，更像是把木筏推入河流之中——而且是干流，因为那是10号州际公路，而其他任何东西都像是不受欢迎的支流，通向一些死水或无法穿越的商业迷宫。我们有时间看一眼城市的天际线，想想是否应该建造休斯敦。这并不是说这个地方没有可取之处：这里的上流社会人士和他们的俱乐部以及富人区；它的画廊、博物馆和体育场馆。他们把石油变成了严肃的东西。但是，花那么多空调费值得吗？

在我思考的时候，电台里有人说，作为美国的石油之都，休斯敦已经尽其本分，路易斯安那也是如此；但现在是其他州在石油行业发挥作用的时候了。他接着说，钻探必须从阿拉斯加开始，否则我们就会无油可用，而你认为我们的敌人不会利用这一点吗？不足为奇，他的同事对此表示赞同。他和其他人一样喜欢北美驯鹿——"可是该死！冷静点，伙计们！油价可能涨到每桶100美元了！"

在那天的广播中，民主党总统候选人之一，约翰·爱德华兹（John Edwards）在回答听众的问题。自从2004年竞选失败后，爱德华兹就把贫困当成了自己的事业，他与权威人士谈论成百上千万美国人的生活，他们每天都在劳作，但除了苦难，他们一无所获。所谓苦难，是说他们只能过着勉强糊口的日子，不幸或失败降临时，他们首当其冲；他们是疾病、犯罪、毒品、健康不良和各种社会捕食者的囊中之物；在最损害健康的和危险的条件下工作，没有居住和最低工资标准的保障，缺乏保护；还要承受剥削、骚扰和屈辱。

看看美国社会最富有的百分之十的人，他们的净资产中值约达100万美元，而最贫穷的百分之二十的人的净资产中值却不足8000美元。现在的贫富差距更甚于40年前林登·约翰逊向贫困宣战时的状况。美国现在的预期寿命短于、婴儿死亡率高于——随便选一个地区与之相比——中国香港。

犯罪率比较令人鼓舞。在全国范围内，犯罪率在过去15年里

第十一章

每年都在下降。像纽约和芝加哥这样的城市现在感觉更安全了,统计数据也显示确实如此。然而,不那么令人鼓舞的是,犯罪率下降的原因并不在于开展了解决贫困、债务和毒品泛滥等社区问题的项目,而在于设立了更多的监狱和更严厉的惩罚措施。美国人口占世界人口的百分之五,而其囚犯却占世界的百分之二十五。有700万美国人正在服刑、缓刑或假释中。

每一个希望成功的政客都必须对犯罪采取强硬态度——非常强硬,比尼布甲尼撒(Nebuchadnezzar)①之后的任何人都要强硬,但随着囚犯们回到他们未改革的社区,重新开始他们的犯罪和毒品生活(像士兵们从战场上回来时都充满了愤怒和创伤后应激障碍一样),似乎有理由认为争论可能需要变得更加深入。甚至可能有一天,当某个胆大包天的民粹主义者说,花在伊拉克的4000亿美元应该花在国内的扶贫济困上,他将得到在媒体上发言的机会,且不会被称为懦夫。

爱德华兹希望建立一个全国健康计划,为每个美国人提供保险,并提高最低工资。他想要一个更有效的安全网。他说:"没有人……应该终日工作却在这个国家生活在贫困中。这是不道德的。"他并不是美国政治中最具激情的倡导者:威廉·詹宁斯·布赖恩会对他不屑一顾。爱德华兹既不是约翰·肯尼迪,也不是罗伯特·肯尼迪,但他可能比他们更了解贫穷。那天早上,在得克萨斯州那条危险的路上,他是一道耀眼的光芒。然而,人们普遍认为,即使在那些喜欢爱德华兹的人当中,他也无法说服中产阶级为解决贫穷问题投赞成票。

---

① 通常指尼布甲尼撒二世。《圣经》中提到的新巴比伦王国的国王。

冷观静思美利坚

芭芭拉·埃伦赖希（Barbara Ehrenreich）在写《我在底层的生活》（Nickel and Dimed）时，采用了乔治·奥威尔在20世纪30年代写《巴黎伦敦落魄记》（Down and Out in Paris and London）时使用的处理方法。她假装自己是个穷忙族，像他们一样生活和工作，然后写了一部令人震撼的作品。在《穷忙》（The Working Poor）一书中，戴维·K. 希普勒（David K. Shipler）与卑微的工人（以及雇用他们的人）通过长时间的交谈以描绘他们的生活，评论家们称之为"令人心碎"。这两本书一经出版，便受到了广泛的好评。当然，国家并不缺乏良知，缺少的是践行良知的机构。

希普勒作品的副标题是"隐形的美国人"（Invisible in America）。这是媒体在难得谈论穷忙族——或无业游民时的常见说法。但是用"隐形的"来形容他们似乎有点奇怪。因为他们随处可见：在每个餐厅、超市和酒店。你可以看到他们在大街上，在繁华街区的公园里照顾别人的孩子；在公寓楼的门口，在豪华轿车的方向盘后，在美铁列车的车窗外。再仔细看一看，你会发现他们存在的证据：在拖车停车场，在昧着良心收回扣的发薪日支票兑现机构，在典当行，在保释公司，在止痛药的大力促销中。事实是，对于来自同样"发达"国家的游客来说，无处不在的穷忙族是美国生活中最明显、最令人不安的品质之一，也是最难理解的品质之一。监狱里的人我们真的是见不到的——尽管你可以从火车上看到监狱——但穷人总是随处可见的。

听所有那些关于将最低工资维持在如此低水平，拒绝提供全民医疗保险，以及拒绝保护养老金或帮助贫困工人储蓄的争论，这更像是在听神创论者的说辞。让人感到震惊的不是其论点的质量，而是这些争论竟仍然存在。在其他发达国家，尽管政客们仍在争论不

第十一章

休,但多年来在基本问题上已经达成了普遍共识,人民不会容忍任何根本的倒退。

但美国不同。尽管民意测验可能会显示,全国大多数人认为生活工资和全民医疗保险应该是美国人享有的权利,但他们似乎认为还存在一项更重要的权利。美国确实是发达国家,但"发达"得毫无意义。向冥王星发射的火箭飞船还没有研发。在沙漠中建造休斯敦;将芝加哥河向南转向;拍摄《黑道家族》(*The Sopranos*)——在美国成千上万的最伟大成就中,"发达"与其中任何一项都无关。而使这个地方充满活力的是一些"欠发达"的东西。美国人自认为"发达"的那一天,就是一切都结束的那一天。欧洲有发达的社会;美国有取之不尽、用之不竭的边疆。在一个边疆社会,无论发展水平如何,不朽的价值是个人的自由——自我的自治——没有任何权利比一个人雇用或拥有另一个人的权利更基本、行使得更多(或更矛盾),不论那项工作是多么丑陋或有辱人格,也不管工资有多低或是无偿。按照天意,在这样一个社会里,总有人来完成这些工作;当他们去世或找到更好的工作时,仍然有更多人前赴后继。

在高速公路的另一侧,又有两辆车被掀翻在地。两辆救护车和几辆警车聚集在现场,交通堵塞长达数英里。生命突然变得很廉价。在新闻广播中,美国国家航空航天局(NASA)宣布,向冥王星发射宇宙飞船将推迟一天。这似乎是一件小事,因为预计需要七年该飞船才能到达冥王星。美国国家航空航天局的一位发言人说,上帝设计太阳系的方式要求那些选择探索它的人有耐心。

纳金市长在新奥尔良的马丁·路德·金纪念日演讲中也提到了上帝。他说让新奥尔良变成巧克力色就是上帝的本意:"我不管富人区或任何地方的人们怎么说，最终这座城市都会变成巧克力色的。这座城市将成为一个以非洲裔美国人为主的城市——这是上帝所希望的。这是新奥尔良唯一的模样。"

在此提到上帝似乎很奇怪，但把他与冥王星探测联系在一起就更怪了。市长需要争取在新奥尔良占多数人口的黑人为他投票，在没有任何物质诱惑的情况下，比如收入或住房，他塑造了一些精神上的东西。这听起来有点愤世嫉俗，但也没有超出想象一种宽容解释的范围，即他对新奥尔良的关注与对自己政治命运的关心别无二致。

但是那天却没有什么宽容。愤怒的白人打电话给广播电台抱怨，称市长似乎认为白人是新奥尔良的二等公民；他们在城市中的存在不如黑人的存在有价值，也没有像黑人的存在那样受到上帝的眷顾。电台主持人也抨击了纳金。第二天，他道歉了。

被英国人赶出加拿大的阿卡迪亚人（Acadian），在路易斯安那州弗米利恩河（Vermilion River）河畔的拉斐特定居下来。这里是卡津人（Cajun）①的发源地。可为什么这家汽车旅馆的停车场却停满了那种可见于怀俄明州和内华达州的停车场的闪闪发光的皮卡货车呢？在8000英里的行程中，只有一次我在一辆皮卡的货厢中看到有东西——一台割草机和一捆干草，在堪萨斯州。我没在其他任何一辆皮卡车上看到过狗。拉斐特的皮卡车都是空的。有些人的后窗上贴着旗子，好像展示旗子是皮卡车的主要功能。皮卡车基本上是一个旗手。

我在拉斐特闲逛到中午。我还处在10号公路惊悚经历的恢复

---

① 法裔路易斯安那州人，讲旧式法语（《牛津高阶英汉双解词典》第9版）。

第十一章

期。致命轮胎事件已经过去两天了,但感觉它还在我面前跳来跳去,然后神秘消失。简直就是阴影中的恶魔。漫画式死亡。我听人们用他们温柔的口音说话,听着四处飘荡的舒缓的柴迪科舞曲(Zydeco)①。我走进一家小店,买了一份《新闻周刊》(Newsweek)。一个有300磅重的男人为我服务,另一个年长的300磅重的男人则坐在凳子上抽着雪茄,我认为他是为我服务的那个人的父亲。

他说:"我看到你买了一本书。"

我看了看《新闻周刊》说:"是的,我买了一本《新闻周刊》。"

我开车去了两家加油站,要求检查轮胎气压。他们都告诉我他们的胎压计被偷了。在第三家加油站,那个年轻人看起来像是刚注射了什么疯狂的东西。他盯着我看,好像我手里拿着一把FN P90冲锋枪似的。最后,他递给我一个胎压计:"75美分。"

我说:"我一会儿就拿回来。"

他说:"75美分。"

我把钱交给他,然后走回车上。结果胎压计是坏的,根本没派上用场。

我从拉斐特出来,上了伊万杰琳西南高速公路(Evangeline SW Freeway),这条高速公路一定是以朗费罗(Longfellow)的史诗中神话般的阿卡迪亚女英雄的名字命名的——"空气中弥漫着木兰的花香/和正午的热浪……"——然后转上了一条路,这条路会带你穿过支流以及查卡胡拉(Chacahoula)、德斯阿勒曼德斯(Des Allemands)、瓦利尔(Valier)、帕拉迪(Paradis)、布特(Boutte)和贝夫(Boeuf)等城镇。一块牌子上写着:"上帝保佑圣查尔斯教

---

① 最早由美国路易斯安那州的黑人演奏(《牛津高阶英汉双解词典》第9版)。

区",神召会也挂了一块牌子,上书:"爱你的敌人吧——这会迷惑他们。"驶出新奥尔良约60英里,一列美铁列车与公路平行行驶:三节双层车厢,但车厢内几乎没有乘客。无论如何,它还是驶向新奥尔良的,它的汽笛声令人欣慰。

驶过光秃秃的河湾,越过横跨密西西比河的老休伊·P.朗大桥(Huey P. Long Bridge),接着穿过相对富裕且几乎完好无损的新奥尔良郊区,一个男人在收音机里兴奋地谈论着路易斯安那州的一种新的教育模式。他说,它将由家长和企业组成的学校董事会管理,而不是教育家,因为爱孩子的人是家长,而知道学校应该如何运作的是商界人士。学校应该"按照资本主义模式"工作:"校长们的表现每个季度都要受到评估,如果他们没有实现预期的成绩,就会被解雇。"同样的标准也适用于教师。在这个全面的计划下,路易斯安那州将拥有全美一流的教育体系,他还说,"我们的房地产价格将会上涨,我们的生活方式也将随之改善"。因此,启蒙运动最终将会被飓风吹到路易斯安那州。正如一个智囊团所说,学校改革家们从没能做到的事情,"卡特里娜飓风一天就完成了"。

我去新奥尔良的一家男装店买袜子,经理被纳金市长惊呆了。"不可以那样对上帝说话,"他说,"不要妄以为知道主的意志。"

在这一点上,他与比利·格雷厄姆是一致的,后者相信没有人能说是否是魔鬼派卡特里娜来袭,而上帝允许这一切发生的目的可能在"未来多年"都不为人所知。经理问我是否信上帝。

我说:"不,虽然我是长老会教徒。"

第十一章

他笑着告诉我，在路易斯安那州，长老会教徒被称为"冰冻之选"。他相信神已经给我们留下了神迹，如果我们足够警觉去留意并遵循神迹，我们就会得救。他说，上帝热爱自由，这就是为什么他并不强制我们去寻找和追随他。经理认为地狱可能存在，也可能不存在。他似乎并不担心。没什么令他担心的。这双袜子他收了我26美元。

男装店经理毫不怀疑纳金的言论带有政治目的。这似乎是一个合理的解释；同样合理（也同样愤世嫉俗）的是，想象一下，新奥尔良的巧克力色人种比飓风前变少的前景，以及该前景和经理的满足感之间的某种联系。此外，似乎这位经理也像市长一样，看到了神圣意志将在新奥尔良起作用的迹象。

例如，难道将卡特里娜飓风造成的选择性破坏和随后无家可归的黑人的逃亡，解释为天意给予辛勤工作的白人中产阶级和创业资本的一个机会，这不可能吗？现在有机会选出一位支持商业的白人市长，他可能会带领新奥尔良走向现代化和繁荣——有那些以商业为导向的教育体系与之匹配。只要足够的可以取悦游客、保持城市文化特色的黑人遗产得以保留；但总的来说，按照我们熟悉的美国历史模式，如果绝大多数的黑人难民被他们所逃至的社区接纳，或者同样有可能的是，他们被允许回归他们的居住区，那么社会状况将得到全面改善。对于管理者和任何其他相信上帝留下了他意图的迹象的人，以及相信救赎属于那些看到并追随迹象的人而言，在目前的情况下，一定很难看不到恩惠的证据——就像雷·纳金忍住不去尝试他自己的一些想法那么难。

我已经3个月没来新奥尔良了。第七区那幢房子的主人还在等一位保险估价员。那棵树还横在她家后院的篱笆上。搬回来住的只有三四个人。树木仍然横躺在房屋之间,碟形卫星天线仍然挂在电线上。数千辆生锈的汽车停在高速公路和立交桥下面。垃圾仍然堆在街上。驳船还倒在河堤旁的校车车头上。整个第九区仍然像记录广岛惨状的第一批照片。有两三个人在废墟中搜寻。

1890年,老沃尔特·惠特曼在给澳大利亚诗人伯纳德·奥多德(Bernard O'Dowd)的信中写道:"在传统之薄釉表层下……一种巨大的、深不可测的民主人性存在着,思考着,行动着,起伏着……我想,哦,我很想自认我正在发表或试图发表意见。"但在州际公路上开车,或在商场里停车,或在小镇的汽车旅馆收看美国有线电视新闻网新闻里的总统,他迈着滑稽的得州式步伐,表演这些和许多其他现代美国生活中的传统需要,使得表面给人感觉深不可测,而民主人性就像釉。错误可能在于没能在表面的东西和所谓深层次的东西之间划清界限。

在公路穿过的地方,帕斯卡古拉河(Pascagoula River)更像是一条河道支流;深邃的溪流慵懒地穿过一大片美丽的芦苇丛。在两条溪流的汇合处,我看见了一条两端凸起的小船,船上坐着一个人。薄暮中,他在这艘古怪的船上钓鱼,船一动也不动。收音机里,有人唱了一首关于魔鬼驾驶黑色长火车的蓝调歌曲。就像我驾车离开新奥尔良去往比洛克西那晚,明月高悬于庞恰特雷恩湖上:这个场景提醒你,无论人们对犯罪、毒品、霉菌、白蚁、更多卡特里娜和丽塔发生的可能性做出何种客观评估,以及新奥尔良与"成功"的现代城市相比存在多少失败,总有一些地方的人们为光风霁月而生。他们沉溺于对这个地方的感觉。这是一种身体上的、精神上的或情感上的依恋,而不是任何可以被估量的东西。新奥尔良就是这种地方。船上的人将我拉回市长一方。

第十一章

比洛克西的赌场又开始运营了。他们第一周就赚取了1070万美元,这意味着其要为密西西比州纳税150万美元。那个州的立法机关刚刚决定密西西比人体重超标。为了给人们树立一个榜样,众议院的一方接受了另一方的挑战,看看谁能在一个特定时期内(集体)减肥最多。这一举措将被称作"为密西西比减负"。但此举还未蔓延到亚拉巴马州,那里卖猪排骨的小棚屋生意正火。

在一个国家,所有这些事情就发生在一天之内:科学家们宣布,几天前在犹他州着陆的一艘宇宙飞船从35亿英里的旅程中带回了一流的恒星和彗星尘埃样本;另一艘宇宙飞船从肯尼迪角(Cape Kennedy)起飞,飞往冥王星;一个电台牧师就"天启四骑士"(Four Horsemen of the Apocalypse)[①]进行了一场震撼的布道——依次针对他们中的每一个讲道。同样是在这一天,威尔逊·皮克特(Wilson Pickett)去世。

白天在公路上驾驶是一回事,晚上开车则是另一回事了。到了晚上,你会觉得自己与道路的联系——或者与任何现实的联系都不够紧密了。你周围没有什么实在的东西:只有红色、白色和黄色的光,一些阴影和反射,绿色和棕色的指示牌,指向不同角度的箭头,以及在瞬间闪过时告诉你各种信息——耶稣救世,或你正经过一个古战场,或前面半英里的5B出口处有一家华夫先生——的大广告牌。

你在快车道上试图超过六辆卡车,突然快车道不见了踪影。或

[①] 出自《新约·启示录》,代表人类的四大祸害——战争、瘟疫、饥荒和死亡。

冷观静思美利坚

者,本来明明是往北去的路,猝不及防地要把你往东、往西,甚至往南引领,或者把你带向某个你不想去的地方。不知什么风把你吹到一边去了。尾随你的那些越野车挡住了你的视线,对你构成威胁。一个迷途的、昏昏欲睡的、害相思病的或神志恍惚的司机出现在你面前,以你一半的速度行驶,迫使你在刹车和冒着被后面卡车碾压的危险之间做出选择,或者突然变道,冒着与邻道上拥有路权的车相撞的危险。在北卡罗来纳州夏洛特市(Charlotte)附近,当我从一排即将着陆的飞机下面驶过时,才发现一排高耸的悬臂式电线杆上安装了五盏看起来像泛光灯的东西。

你是千百万被照亮的蚂蚁中的一只:作为一只蚂蚁,如果你被撞倒或掀翻,其他蚂蚁就会冲过来把你拉出道路,这样总体进程不会被耽搁。但是,尽管蚂蚁看起来很疯狂,它们却是以自己的速度在适宜自身的生活环境中移动:你以每小时70英里甚至更高的速度在州际公路上行驶,这不是人类的速度,且这个环境抽象、动荡、反常,不是适宜人类的环境。蚂蚁除了脚步声什么也听不到,开车的人却听得到撒旦潜伏在堕胎诊所里;他利用自由主义者来达到他邪恶的目的,包括在人类生活的本质上欺骗美国人;或者泰德·肯尼迪无异于一口唾沫。

在美国,就像在所有社会中一样,有相当大一部分人早上几乎连床都起不来,更不用说看穿最愚蠢的政客、最虚伪的牧师和最糟糕的名人了。数以百万计的人相信地球是在六天内创造出来的,或者世界贸易中心是被犹太特工从内部炸毁的;那些怪物跟踪他们,以及吃大量炸鸡对人们真的有好处。有些人立刻就相信了这一切。然而,他们在这些公路上疾驰,在危险与混乱中穿梭,就像白鲟一样,他们的鼻子里有电感受器。大脑的某些部分必须进化以适应公

第十一章

路行驶的要求,这可能在一定程度上是以惠特曼所重视的部分为代价的。

辛西娅·塔克(Cynthia Tucker)是《亚特兰大宪法报》(*The Atlanta Journal-Constitution*)评论版的编辑。我曾在全国其他报纸上看到过她写的关于工资和工作条件的专栏。她写了新闻业难以启齿的东西:阶级。我开车去佐治亚州时给她打了电话,她给了我半小时的时间。她是非常引人注目和美丽的,她的凝视是毫不妥协的,甚至颇有股狠劲。因为她是黑人,所以她每天都会收到表达种族歧视的邮件。

我问她为什么美国媒体很少报道经济政策的社会后果,包括贸易政策和全球化。为什么不喜欢讲穷忙族生活的故事?为什么在一个所有公民都渴望改善自己状况的伟大民主国家,今天的重大话题不是直接影响他们成功前景的全球化、教育、健康、工资或贫困,却是堕胎和同性婚姻,而这在大多数情况下并不直接影响他们的成功前景?

她说,第一个原因是记者的薪水太高,或者至少足以让他们忘记贫穷的滋味和不得不去沃尔玛购物的感觉,他们对沃尔玛的低价如此感激,以至于他们忽略了沃尔玛付给其员工的工资,或其他任何道德失范。出于同样的原因,记者也不再渴求报道。因为深入挖掘那些通常材料复杂、调查令人不快甚至丑恶、撰写难度大的报道,没有任何有价值的回报。她说,关于工作和工资的文章并不性感。这是她的第三个理由:当记者确实报道经济政策的社会后果时,编辑们会把这些报道丢到记者们不愿看到的版面上。

另一个原因是阶级。辛西娅·塔克说,没有人谈论阶级,但阶级是现代美国——包括美国黑人——的事实。种族问题分散了美国人对阶级分化的注意力,或许是因为种族问题触及了更基本的恐惧。长久以来,没有人想过工人阶级或许会在这里泛滥——但是,一想到黑人可能会占领你的社区,新移民群体可能会涌入你的学校或抢走你的工作,或者"拉美裔"可能会占领整个国家,恐惧轻易就占了上风。更多人会谈论"拉美裔"带来的威胁,而不是自由市场的后果。克林顿和戈尔(Gore)说服她相信全球化对美国工人有利,但她说,自那以后,她看到的证据表明,全球化使他们的生活更加艰难,无异于发展中国家工人的生活。从表面上看,这并不是一个普遍的观点,但当人们很少就这个问题发表意见时,我们就不能确定了。

当然,为什么现代美国的"事实"不是任何人听到的版本,还有另一个原因:那就是,真正的"事实"长期以来一直与阶级截然相反。托克维尔对此很残忍地说:"在民主社会中,每个公民都习惯性地关注着一个非常微小的物体,那就是他自己。"在当代美国,改善一个人的状况不仅仅是一个经济流动性的问题。它可以意味着从总体上改善你的气色或体格、你的个人面貌、你的电视、你的牙齿、你的运动鞋、你的厨具、你的宗教信仰,以及你的购物习惯。一个人可以通过自我改造来改善自己的状况——这是一个具有无限商业可能性的事业。相比之下,阶级对于营销而言从来就不是什么好事。而地位及其密切关系——身份,则供不应求——但阶级对于营销是无用的东西。宗教、爱国主义、名望和创造力都是成为美国人的重要因素,也是促销活动的诱饵。阶级在这两方面都是异端邪说。更糟糕的是,这是一种失败主义,也属于异端的范畴。这就像放弃梦想。

我离开85号州际公路,绕道进入南卡罗来纳州(South

第十一章

Carolina）的森林。我去了名叫塞尼卡（Seneca）和克莱姆森（Clemson）的城镇，这两个城镇并不像它们的名字所显示的那样显赫。塞尼卡恰巧是约翰·爱德华兹的出生地，它并不得名于斯多葛学派（Stoic）的哲学家，而是根据切罗基人的聚居地埃塞尼卡（Esseneca）命名。克莱姆森是约翰·C. 卡尔霍恩（John C. Calhoun）的相对较为平平无奇的女婿之名。卡尔霍恩在1825至1832年间担任副总统，在其他时间担任国务卿和战争部长，他可能是美国历史上最令人望而生畏的政治家。他也是美国奴隶制最老练、最有说服力的倡导者，或许也是有组织的工人阶级的最狂热的敌人。

它们是这条路上细长条状的城镇，商业街上有各种各样的商店，还有长长的蜗牛般爬行的车流。在一座漂亮的有着常见殿前柱廊的老浸礼会教堂附近有一块牌子，上面写着："耶稣爱你"，另一块牌子上写着："无处纳新生？"同时提供了一家照顾孩子的机构的名称。一家"绅士俱乐部"声明："招收舞者。"从塞尼卡，十字门教会（Crossgate Church）的传教士们前往多哥（Togo）、埃塞俄比亚（Ethiopia）和洪都拉斯（Honduras）等地。教会的两名成员是放射科医生，他们希望"他们的信仰在（他们）日常的放射学实践中是透明的"。他们正在筹集资金购买超声波扫描仪，"以便让更多的放射科医生和超声医师把他们的技术，更重要的是，他们为基督做见证的能力，带到宣教区域"。

在这些毫无特色的城镇之间，森林里充斥着住宅开发项目，但仍有一些野地，看起来很美。路边的一间小屋出售煮花生、鸡肉和木柴。另一间卖山核桃和煮花生。还有一座小房子上写着——公证人、冰块、泡椒。在南卡罗来纳州边境附近的湖畔，几个穿着格子

冷观静思美利坚

衬衫、戴着猎帽的男人坐在湖边,把渔线放在水里,在暮色中顺着狭长的湖面向森林望去。收音机里传出一个女人的歌声:

> 我们扎马尾辫的小女孩长成了大姑娘;
> 如今一眨眼她就不见了。
> 她把肥皂水留在了桶里
> 还有晾在绳子上的衣裳。

整个上午,我在蒙蒙细雨中驱车前往华盛顿特区,这段旅程的终点在那一刻有了史诗般的气氛。在距华盛顿还有一个半小时车程的一个加油站,有个不会说英语的墨西哥人试图为他那辆破旧的面包车订购洗车服务,车上满载着其他不会说英语的墨西哥人。温尼巴格房车的鼻祖开进来了。它看起来比我儿时的房子还要大。司机熟练地把车停在雨篷下,只留了一两英寸的余地,坐在副驾驶座位上的她一直在埋头看书。司机摇摇晃晃地下车走到柏油路上,伸伸懒腰。只见车门上用大大的红色铜版体写着"阿尔法"(ALPHA)①。

美国幅员辽阔,既有广袤的土地,又有大量的人口,这对一个游客来说可能是最难把握的。即便对很多美国人而言都很难驾驭。然而,当你驱车穿过乡间时看到新的住宅区,与小木屋相比,每幢房子的面积都大如白宫,你确实会想知道这个地方还能承载多少充满希望的人。但人们不应该对美国人的能力怀疑太久。山坡上的一块地里摆放着一艘船的框架和一块牌子,牌子上写着:"上帝的平

---

① 希腊字母表的第一个字母。

第十一章

安方舟。挪亚方舟在这里重建。"

在那个星期天，汽车如潮水般无情地涌向华盛顿，就像服从下意识冲动的鱼群。突然间，风景中所有枯燥的、典型的、熟悉的东西都让位于古典。黄昏时分，我们这些"鱼"突然发现自己来到了宪法大道。国会大厦耸立在我们面前。这一定是进入华盛顿特区的最佳途径。坐着马车进罗马的感觉应该也不过尔尔。

第十二章

这是我的主张。然而，它的每一个角落都是自主生命的组织。自主的。为了使它属于我，除非得到我的许可，否则不得有任何事情发生。

科马克·麦卡锡，

《血色子午线》

在华盛顿特区的海峡旅馆结账时，服务台的那个人看上去很像里卡多·蒙塔尔班（Ricardo Montalban）晚年的模样，他看着我的信用卡说："你们那里的梭鱼可真够大的。"

"没那么大。"我说。

"哦，挺大的。"他说。

"好吧，没大到能吃了你。"我说。

"哦，不，它们可以的。"他说。

"鲨鱼才吃人。"我说。

"佛罗里达才有鲨鱼，别担心。"他说。

"我知道。还有短吻鳄。"我礼貌地说。

"是的，我们这儿也有。"他说。

"他们说所有的生命都诞生于水里，就我而言，这是好事。"我

第十二章

试探着说。

他的表情变了,脸色阴沉下来。

"我从不下水。"我解释说。

"谁告诉你我们来自水里的?"里卡多·蒙塔尔班成了愤怒的可汗。

"科学家们。"我回答道。

他说:"我是我父母生出来的。他们来自亚当和夏娃。你和其他人也是,不要听信另外的说法。如果有人不这么认为,那他们就错了。别听他们的。"

"说得对。"我说道。然后就走开了。

我去购物中心看反堕胎示威游行。这些人来自美国东部的各个地方,还有一些来自更往西的地方。肯定有不止三万人,其中很多是青少年和儿童。他们手持横幅沿着购物中心向国会大厦走去,横幅上写着"保护生命""不可杀人""儿童是上帝的遗产""密歇根热爱我们反堕胎的总统"。他们不断高呼:"推翻罗伊诉韦德案!"有些人边走边念《万福马利亚》(Hail Mary)。

一个组织曾借此机会宣布,新教徒将与无神论者和异教徒一起下地狱。还有一些人手里拿着残缺胎儿的照片,有时会与纳粹死亡集中营的照片,还有犹太人和游击队员在树上和灯柱上被私刑处死的照片一起展示。在队伍的边缘,一个身材魁梧的黑人男子吹着小号,希望为自己的事业筹到一笔钱,这一场面给游行添了一丝狂欢节(Mardi Gras)的感觉。

天气很冷。我穿过举行演说活动的广场,游行开始了。到处都是传单、被丢弃的横幅和食品包装纸。少数示威者站在周围。两个牧师在树下交谈。一个年轻的男子骑着自行车过来,喊道:"呸!

冷观静思美利坚

滚回中西部去,把你的垃圾带走!呸!"

<hr>

我给朱莉拨通了电话。已经有很长一段时间了。在路上时我偶尔会想她是否会是个公路旅行的好伙伴。现在,当她给我接通旅行代理时,她听起来还是一如既往。我和代理谈了半个小时左右。她喜欢凯斯·厄本(Keith Urban)。我要去芝加哥做最后一次西行,我让她帮我预订从芝加哥到俄勒冈州波特兰市(Portland, Oregon)的"帝国缔造者号"(Empire Builder)①。但我要先乘坐阿西乐去费城(Philadelphia)。

挂断美国铁路公司代理的电话后致电好订网(Hotels.com),就像从一个舒适的酒吧被运送到警察局的拘留所。要想在好订网工作,你必须在海军陆战队服役十年或可提供患有无法治愈的神经官能症的证据。很有可能,在好订网工作6个月后,这种病就会找上你。他们从来没有错,当他们叫你"先生"时,他们的意思是"混蛋"。如果他们的屏幕显示你的地址是圣迭戈,而你告诉他们你从未去过圣迭戈,他们会说他们只是告诉你屏幕上显示的东西,"先生"。当你说服他们你不住在圣迭戈时,他们会告诉你,他们会尽力改正,"先生"。但你知道,他们其实不相信你,认为你由于先前的犯罪目的而捏造了圣迭戈的地址。如果他们让你拿着手机等了20分钟,而这时你的火车就要开了,那是因为"电脑出了问题",好像这些困难都是你的不合理要求所致。

如果有那么一刻,你自己正在经历困难,比如,当你提着两

---

① 该列车运行于芝加哥与西雅图或波特兰之间。

第十二章

个行李箱上火车时是无法掏出信用卡读卡号的;或者,当你在火车站电车轨道上救出一个孩子时,他们要求你写下确认号码,他们会说:"先生,我正在为您尽我所能。没有这些信息我就无法进行预订,先生。"如果你气急败坏地抱怨你之所以落到这步田地,是因为你花了半个小时解释你不住在圣迭戈,而花40分钟的时间和三分之二的手机电量试图在费城订一间100美元的房间也不是你的选择——甚至连想都不要想。

当我还是个孩子的时候,我在一个乡村音乐厅的音乐会上听到歌唱家演唱《费城律师》(*Philadephia Lawyer*)。这是我第一次听说这个地方,也是第一次听说那里的律师。这首歌由伍迪·格思里创作,讲述的是一个持枪的牛仔撞见了一个花言巧语的律师在与他的好莱坞女友做爱。因此,这首歌直接出自巨大的地缘文化鸿沟,需要以20世纪30年代格思里的演唱风格唱出来——就像沙漠里的郊狼在月亮高悬的时候嚎出来的那样。当火车到达费城时,"我们认为这些真理是不言而喻的……"这句话并没浮现在我的脑海里,取而代之的是:

> 此时重归古老的宾夕法尼亚,
> 周围是那些美丽的松树枝杈,
> 今夜的古老费城
> 少了一个律师呀。

一个美国白人朋友告诉我,如果他年轻一点,就会搬到费城生活,因为费城比纽约便宜,并具有古老的魅力和现代的活力。方方面面都在好转。一个在贫民窟长大的美国黑人朋友说,费城是一个种族主义城市，没有什么能说服他回来生活。他小时候睡在地下室的一个煤炉旁边，能够闻到在楼上房间酣睡的父亲身上的酒味。他还能听到父亲殴打母亲的声音。他不明白为什么他认识的一些没睡在煤炉旁的人死于癌症，而他却没有。他的生活还有其他的谜团。当他的朋友们永远考不及格时，他却能够通过考试；他还参加了几次警察入学考试。当别人都不读书时，他就会因为背着一大袋子书而受到嘲笑。当别人都不喜欢古典音乐时，他却对其爱如珍宝。他发现了一套78转/分钟的唱片，当他姐姐买了一台手摇留声机时，他就在上面播放。他学会用口哨吹出德沃夏克（Dvořák）、勃拉姆斯（Brahms）和贝多芬（Beethoven）的曲子，但他父亲却禁止他吹，因为那不是美国黑人的音乐。一天晚上，他父亲醉醺醺地回到家，砸碎了所有的唱片。

他把这一切归因于恐惧。他的父母害怕踏出美国黑人的传统舒适区。但他不怕。他不知道为什么。50年前，他离开费城到密歇根去打职业篮球；自从他放弃篮球以来的40年里，他一直是一名画家。他在哈莱姆（Harlem）工作室的画作都是巨幅、微妙、复杂的抽象画。其他黑人艺术家和白人艺术经销商并不认为他的作品是"黑人"画作。黑人画作不是关于伯罗奔尼撒战争（Peloponnesian War）的。黑人画家或许可以画塞隆尼斯·蒙克（Thelonius Monk），但画不出他的音乐。他说，黑人作品应该是用基色画的，包含性感的、衣着鲜艳的人物形象。他觉得这很有趣，但也令人沮丧。当年轻的黑人试图动员他来从事新瓶装旧酒的事业时，当咄咄逼人的黑人青年穿着透出自我厌恶和挫败的服饰时——牛仔裤的裤裆掉至膝盖下，帽子倒戴着——他也有同样的感觉。他感觉自己的一生都在为同一件事而战：对抗形象固化和恐惧，对抗向这两者屈服。

第十二章

他这一代的很多人都是通过参军逃离贫民窟的，但这是另一件他不愿意做的事情。河边的战争纪念馆讲述了一些故事。500名费城人死于越南战争——也就是说，在美国一个城市中死亡的人数相当于澳大利亚死亡人数的总和，而澳大利亚是美国在越南战争中最热心的盟友。逝者的名字铭刻在纪念碑上，同样铭刻着这些晦涩难懂、带有奇怪意味的责备人的话："对于那些为自由而战的人来说，自由有一种被保护者永远品尝不到的味道。"

格什说，每个生活在城市里的人都有自己的体验。他到芝加哥机场接我，在我赶上火车之前又带我快速游览了一番：1936年，"机关枪"杰克·麦格恩（"Machine Gun" Jack McGurn）被其黑帮同伙杀死的地方曾是一家保龄球馆；波多黎各学校以伟大的棒球运动员兼人道主义者罗伯特·克莱门托（Roberto Clemente）的名字命名；路易斯·沙利文（Louis Sullivan）设计了俄罗斯东正教教堂；最后看了一间小砖房，其周围停满了出租车。他说，里面是巴基斯坦男人，他们告诉妻子他们在工作，但却整天整夜坐在那里抽烟、喝咖啡。他想知道他们是否会成为第一批生活在芝加哥却无法融入其中的人。

那天是国情咨文（State of the Union）发表的第二天。总统说柳枝稷可以用来代替石油。人们问："柳枝稷到底是什么东西？"《纽约时报》指出，自从这届政府开始在中东地区推行民主以来，那里已选出了三个新的原教旨主义政府。报道还说，平均每天有30名受重伤的美国士兵被空运到德国医院。也许这就是总统的言辞听起来空洞的原因。这些威胁非常明显：如果你反对战争，反对本

冷观静思美利坚

届政府采取的任何措施，包括非法窃听电话，你就是一个失败主义者、孤立主义者，一个怀有前"9·11"心态的人。但国情咨文透露出一些非常糟糕的东西。

不只是因为说了什么，还有周围上演的一切。坐在总统后面的是副总统那张神秘的、肥腻的脸。国会议员们站起来鼓掌的样子就像在舞台经理指导下的电视观众，或像挤满克里姆林宫（Kremlin）的聆听勃列日涅夫（Brezhnev）宣告在阿富汗（Afghanistan）进展顺利的政务人员。但在华盛顿，这并不是强制性的：你可以有条件地赞成，甚或反对，而不会造成危及生命的后果。那么，为什么要假模假样的呢？

在这趟"举世闻名的"帝国缔造者号离开芝加哥之前，卧铺车厢的乘务员和另一名服务员站在月台上讲述人们在火车上吸食大麻被抓的故事。这里只有一个连接全车的通风系统，所以如果你在最后一节车厢抽大麻，第一节车厢的乘客就会闻到它的气味。

对2月初来说，天气太暖和了。在芝加哥，如果人们说："多么美好的一天！"其实，他们的意思似乎是："这天气怎么了？"在密尔沃基（Milwaukee）北部：精心整理过的房屋和草坪，美观地排列着的针叶树和枫树，赭石色的谷仓，半冰冻的池塘和小溪，巧克力色的休耕地——没有一片雪花。我们在威斯康星州的一个小镇上停了下来。夜幕降临时，主街上的一串彩灯开始沿着屋檐闪烁。接着，一面电动美国国旗亮了起来，每隔两秒钟就闪烁。但是仍然没有雪。

晚餐时，我坐在一个强壮的、蓝眼睛的打捞员旁边，他一直在墨西哥湾修理钻井平台。我什么也没问他，但他还是滔滔不绝地告诉我：迈克尔·杰克逊（Michael Jackson）是个"怪人"，他住

第十二章

在伯利兹（Belize）并不是因为那里的气候；在黄石公园寻找熊的游客发现了大麻种植园；安吉丽娜·朱莉（Angelina Jolie）收养了一个"索马里小暴君……苍蝇之类的"，这孩子长大后肯定会变成一个瘾君子。他说，他再也不会去南方了，因为那里的人"好逸恶劳"。

"他们就喜欢在那儿闲坐着，把船吊在树上，什么也说服不了他们去弄个梯子和绳子把船弄下来。尽管是用半天的时间就能打扫干净的活儿，他们也宁愿磨磨蹭蹭地坐在那里与垃圾为伴。你付给他们一小时10美元，两小时后他们就说：'伙计，这活儿太辛苦了，10美元不行啊，你得多给点儿。'"他会对他们说："那就闪开！有的是人等着干。"然后他们就跑掉了。

坐在同一张餐桌的还有一个来自澳大利亚昆士兰的年轻人和他的南非白人女友。打捞员问昆士兰人澳大利亚是否"真的完全被日本占领了"。当得知很多日本人去澳大利亚的目的是旅游，之后大多数人都返回日本时，他说："不像来我们这儿的游客，那些讲西班牙语的游客。"他告诉那个南非女人，他听说在她的国家，"原住民会向人开枪，不管你是坐在拖拉机上、骑在牛上或马上，还是坐在马桶上。现在还是那样吗？"

她点了点头，严肃地说："是的，还是老样子。"

打捞员说他经常搬家是因为他可以做到。这就是美国的魅力所在：你可以跨越任何边界，找一份工作，在任何你喜欢的地方安家。没有政府或警察会阻止你。以这次旅行为例：他离开格尔夫波特（Gulfport），去了华盛顿，坐上了火车，现在他正在去俄勒冈州的路上，要在太平洋上钓鱼；之后他可能会找一份工作，很可能从事海上打捞，因为这份工作很有趣。关键是——没人会阻止他。

冷观静思美利坚

虽然这些事情在世界上许多其他地方都是可能的，但多说无益。没什么意思。

乘务员告诉我们，明尼阿波利斯—圣保罗（Minneapolis-St Paul）双子城位于赤道与北极的中间。在圣保罗的大教堂是仿照罗马的圣彼得大教堂建造的。美国最大的购物中心就在双子城外。明尼阿波利斯——一个美丽的城市名字——源于印第安语单词"minnie"，意思是"水"。当我们在黑暗中接近双子城时，他向我们讲述了这些事情，而打捞员则告诉了我们他的世界观。透过他身旁的窗户，在山坡上一排排亮着灯的房屋之间，我看见一所房子上有一个发光的十字架，它的高度和宽度几乎和房子一样。我能依稀看到密西西比河以及三四百米长的驳船，我想，它们也许正载着大豆驶向墨西哥湾。我希望我在其中的一条船上——或者，如果不可能是我，想象是那个打捞员吧。

吃早饭时遇见的那对夫妇来自明尼苏达州。他们经常乘坐美国铁路公司的火车，而且每年都要乘坐帝国缔造者号。他们乘这趟车的次数之多，以至于他们知道我们的早餐女服务员是一位65岁的奶奶。这位奶奶骑一辆哈雷摩托车，及腰的长发塞在假发里。一天晚上，他们坐在餐车里，服务员领班的精神出毛病了，开始迈着正步走来走去，用蹩脚的德语发号施令。他被带走了。

明尼苏达男子名叫杰夫，他做了27年的犯罪现场调查员，专门从事血迹分析。现在他已经退休，他说他的心灵和精神正在从长期目击的暴力犯罪和死亡中恢复。大多数时候，他为控方提供证据，而且一直以来令他更加担心的是给一个无辜的人定罪，而不是

第十二章

未能给一个有罪的人定罪。我猜他大概50多岁了,身材瘦小,留着胡子,他的牙齿不符合通常美国人对牙齿美观的标准,我因此更喜欢他了。

他宣称自己是"某种意义上的自由主义者",她夫唱妇随。他们认为美国人希望布什能对伊拉克速战速决。当我说我认为布什可能骗了他们,让他们认为伊拉克是"9·11"事件的罪魁祸首时,我有一种感觉,他们确实上当了。让杰夫生气的不是欺骗,而是当这个"基本上逃避了"军事责任的总统说:"让他们来吧。"这让他很不舒服。现在他们都认为布什已经"完蛋了"。在接下来的六年里,这个国家会重新转向左派。它会自我纠正。总是如此。杰夫破旧的浅蓝色衬衫口袋上有一面小的美国国旗,其下绣着:"9.11.01 永志不忘。"

在北达科他州的威利斯顿(Williston, North Dakota),到处都是证明畜牧业存在的牧场,生锈的汽车和黄色校车可以看出衰败。威利斯顿位于密苏里河与黄石河交汇处的蒙大拿州(Montana)边境,那里有1.2万人愿意忍受温度可能降至零下40摄氏度的冬天。其中近百分之八十是挪威人或德国人的后裔,除了其他设施,城市和周围大约有80座教堂为他们服务。威利斯顿的经济来源是石油、农业和来此打猎、捕鱼、参观附近美军营地的游客。这个城市倡导"低生活成本,家乡价值观——皆实现在一个技术先进的社区里!"

没有雪似乎使这个国家更加荒凉:棕色的草,灰色的天空,灰色的建筑,灰色的树木。北达科他州当地报纸报道说,1月的气温比平均气温高出4度,是有记录以来最暖和的1月。那对来自明尼苏达州的夫妇说他们的家乡也是这样,而且已经好几年没怎么下雪了。他们认为这无疑是全球变暖的结果。他们还说,在这些荒凉的

冷观静思美利坚

地区有很多非常贫穷的人。进入蒙大拿州，到处都是废弃的牲畜围场、倒塌的茅舍和篱笆、有着五六头牛的零星的房子或棚屋——或某次是野牛——站在附近破败的院子里。偶尔有一幢大房子，视野开阔，牛羊成群，对比之下似乎更能说明这里的赤贫。

隔壁隔间的男人有一台便携式电视机。他把电视机放在对面的座位上，耳朵里塞着耳机。每次我经过时，他都带着一种挑衅的神情盯着电视看。饭后，他摘下耳机，给妻子打电话，告诉她他都吃了什么，但即使他正通着话，眼睛仍然没有离开电视。如果没有音乐，火车窗外的场景会引起人们的疑问和感觉，但听着MP3播放器里的音乐，整个世界就像背投时代的电影一样逝去。如果"狂野比尔"·希科克（"Wild Bill" Hickok）[①]或一只恐龙从窗户旁疾驰而过，似乎很可能大多数乘客都不会在意。这是美国人给世界带来的另一个福音：尼尔·杨（Neil Young）吉他的音符和蒙大拿天空之间的模糊区别。耳机使我们远离了世界上许多无须关注的事物。

在哈佛（Havre）郊外的某个地方，我们穿过一片可可色的平原，这片平原不仅被开垦过，而且看起来像是被精心犁耕过。乘务员宣布，将在餐厅为所有卧铺车厢的乘客举行"葡萄酒和奶酪招待会"。我们准备一离开哈佛就去参加招待会，因为这是一个"有时间限定的活动"。最后一节车厢即卧铺车厢，在马路对面停下来。那里有一家"Tire Rama"轮胎商店、一些筒仓和一个大幅广告牌，牌上写着"恐龙，自耕农，不法之徒，印第安工艺品"。一名开红色雪佛兰小货车的男子一动不动、面无表情地等着火车开动。深入蒙大拿，在无云的、苍茫的天空下，仍然没有雪。

---

① 19世纪美国富有传奇色彩的快枪手。

第十二章

在暮色中，低矮的山丘越来越近；草地显露出轮廓，叶片也变得清晰起来。黑色的牛微微地泛着光。在平原上一条长一英里的轨道尽头，有一座漆成乳白色的单层房子，屋顶是灰褐色的，上面还有一个阁楼。离房子30码远处，有两间同是灰褐色的室外厕所；在离厕所30码远处，有四个钢筒仓。在离房子大约5英里的地方，两座圆锥形的山在沙色的平原和渐隐的蓝绿色天空衬托下，显得格外醒目。房子和上帝之间没有任何隔阂：在既无遮蔽也无装饰的环境中一成不变。

这些房屋仿佛依照大脑中一个荒芜而真实区域的模型建造；抑或直接从《旧约》中的住所继承而来。它们是心灵的居所，爱德华·蒙克（Edvard Munch）式的房子，既令人生畏又充满诱惑。你被牵引着来到门前，欲推门而入登上楼梯。一群鹿从山坡上跑下来奔向火车。平原消失在黑暗中，好似被一层面纱遮住。房子和拖车里的灯都亮了，整个世界变得孤独起来。"光明之路在哪里？黑暗定所又在何方？"上帝问约伯，明知他会无言以对。

第二天一大早，火车开始沿着哥伦比亚河峡谷（Columbia River Gorge）缓慢前行。上午9点，这条河宽达一英里，看上去就像苏格兰高地（Scottish highlands）上的一个湖泊或瓦格纳（Wagnerian）歌剧的一处布景。仿佛一条条丝带般的水流——就像高地上人们常说的那样，"奔腾燃烧"，从几百英尺高的悬崖上倾泻而下。雄鹰在天空盘旋。成群的野鸭和水鸟在柔和的雨光中四处嬉戏。一觉过后便从蒙大拿州的平原来到了哥伦比亚峡谷；刘易斯和克拉克以及成千上万的移民在前往太平洋的途中艰难跋涉而过的山

- 287 -

冷观静思美利坚

脉却未见踪影。现在,在观景休息室里,打捞员在旅客中穿过,嘴里还念念有词,就好像他必须发泄一番,不然就会大发雷霆。那天黎明时分,我醒来时听到了他那偏执的讽刺语调;我拉开窗帘时,火车已停在华盛顿斯波坎市(Spokane, Washington)的站台,我看见他穿着一件红色衬衫,向空中吐着香烟烟雾并哈气,对着一个无辜的、睡不着觉的旅客大发议论。

波特兰已经连续下了37天的雨了。刘易斯和克拉克在1805年11月到达那里时,也经历了类似的天气。在上游,他们看到河岸上和河里漂浮着数量"惊人的"死鲑鱼。强大的"哥伦比亚号"(Columbia)停靠在波特兰一角,在它的边上,"惊人的"成堆的垃圾被机器吞噬,并作为细瓦砾装入集装箱。这场景并不好看,但大致上符合我们代代相传的野蛮本性。货船在雾中抛锚停泊。购物中心进入视线,快餐连锁店也呈现眼前。

波特兰给人一种富足的感觉,不仅仅是雨水。在丰富的农业和原始的自然之中,这个城市有各种各样精致的装饰标志,比如优质的咖啡店、黑皮诺和精酿啤酒。加州人来这里是为了能够以相对便宜的价格享受一种自由的生活方式,就像打了折的圣莫尼卡(Santa Monica),且大自然更近在咫尺。在美国的其他城市,你还能从商业区看到像胡德山(Mount Hood)一样完美的山,或者在晴朗的日子从高处看到圣海伦活火山(Mount St Helens)吗?这是布什共和党地盘上的一块自由主义飞地(enclave)[①],这块飞地的中心可能是非凡的鲍威尔书店(Powell's Books)——有点像书店

[①] 某国或某市境内隶属外国或外市,具有不同宗教、文化或民族的领土(《牛津高阶英汉双解词典》第9版)。

第十二章

中的乌菲齐（Uffizi）[①]，是世界上最大的独立书店。

波特兰的规划管控比大多数其他州都多。它不像大多数美国城市那样沿公路扩展，这是一种美学上的恩赐，也使这个城市与农业和自然腹地保持联系。波特兰有农贸市场、完善的公共交通——甚至有轨电车——以及广泛的城市重建计划。一些人认为它是美国最"可持续"的城市。在美国所有的城市复兴中，波特兰的可能是最成熟的——也就是说，它最不像是一种纠正或事后反思。

我从波特兰开车去拜见作家巴里·洛佩兹，他住在麦肯齐河（McKenzie River）河畔一个古老的道格拉斯冷杉和雪松林中，距尤金（Eugene）大约有一个小时的车程。他生活在麋鹿、鹿、水貂、郊狼、啄木鸟和鱼鹰之间，时不时地，在周围的树林里，还会有北美野猫和美洲狮。他还曾在后院看到过黑熊。但真正的生命力蕴藏在这条河流中，它呈蓝绿色，宽一百米，深两米，穿过他家前门外的马路。每年，奇努克鲑鱼（Chinook salmon）都会到麦肯齐河产卵。36年来，他一直在观察它们；雌性鲑鱼筑造砾石"巢穴"，它将创造微电流，并把卵固定在适当的位置，等待"雄性鲑鱼……射出蓝灰色的精液"。两周后，成鱼死亡。这就是刘易斯和克拉克在1805年看到的：鲑鱼的尸体为熊、水獭、鹰以及洛佩兹所说的"鲑鱼群体中的其他食肉成员"提供了必不可少的食物。没有被吃掉的尸体为岸边的植物赖以生长的土壤以及鲑鱼鱼苗生长所需的水提供了养分。

洛佩兹看到前来产卵的奇努克鲑鱼逐年减少。候鸟更是寥寥

[①] 意大利佛罗伦萨的一座驰名世界的大型美术馆，收藏有大量欧洲文艺复兴时期的绘画珍品。

无几——他听到的候鸟叫声也微乎其微。冬天变得越来越温暖；降雪越来越稀少。然而，在过去的几年里，不知为什么，奇努克鲑鱼的数量却增加了。尽管这种情况令人欣喜，但对于人类活动和气候变化正在干扰奇努克鲑鱼迁徙习惯的理论来说，这种现象很令人尴尬。不过，海洋生物学家说，就目前而言，这只是一种异常现象；只有密切持续的观察和合理的论证才能解决这个问题。

洛佩兹说，这就是问题所在。自私自利和即时满足的文化是对耐心观察和精细计算的诅咒。宗教原教旨主义也是如此，它拥有如此巨大的影响力。既然自然受到的威胁如此之大，以至于反过来也会威胁我们，那么，那些相信上帝利用自然，并在他认为合适的时机将其摧毁的人，又怎能想出补救的办法呢？对洛佩兹来说，还有一个更为巨大的窘境：现代美国人太脱离自然了，太缺乏人类曾经掌握的生存技能和感觉，他们不认为当下写就的是他们正在经历的个人历史中的一章——在这一章里，他说，他家前门外奇努克鲑鱼的异常现象仅只是一个简短的句子。

洛佩兹创作散文、小说和短篇故事。他的作品有时被归于梭罗（Thoreau）风格，但他自我感觉更接近赫尔曼·梅尔维尔。和黄石公园里的年轻游侠一样，我阅读的他的第一本书是《论狼与人》。这本书是他的作品中处理人与自然关系的代表作，可能也是有史以来描写狼的最好的书。来自美国西南部的伟大小说家科马克·麦卡锡的作品在某种程度上也借鉴了梅尔维尔的风格，但比洛佩兹的作品更阴郁，与任何现代作家一样接近《启示录》。麦卡锡创作《穿越》(*The Crossing*)时曾向洛佩兹请教有关狼的知识。

洛佩兹是一位资深的、经验丰富的自然观察者，也是一位描写自然世界的大师。他是一个道德家、一个教师和一个旅行者；他虽

第十二章

然出生在纽约州,但也是一个西部人,或者至少是一个西部作家。他说,西部作家通常被排除在美国万神殿之外;但是,就像传自边疆的连锁反应,他们中的佼佼者往往会超越正统的观点和意识。

1806年,当梅里韦瑟·刘易斯(Meriwether Lewis)回到圣路易斯时,他陷入了抑郁和酒精的深渊。三年后,他死于枪伤,大多数历史记载都宣称是他自己开的枪。在他的衰落中有一些可怕的东西:在东部,我看到刘易斯和克拉克的纪念碑仅仅把他们描绘成孩子,他们的脚步是如此轻巧自如,就像蹦跳着穿过整个大陆一样。巴里·洛佩兹认为,当刘易斯意识到他和克拉克穿越的国家将很快被欧洲人的贪婪所征服时,他很可能变得沮丧起来。以杰斐逊启蒙的名义构想的,以堪称楷模的勇气和仅牺牲两名印第安人的生命来执行的一项使命,只会带来混乱和堕落。

当然,这不仅仅是关于梅里韦瑟·刘易斯的理论。这是一种关于美国的理论:它的发展轨迹是毁灭性的——对生命,对创造。洛佩兹的批评者可能会说,他是在把自己的感情投射到这位抑郁的探索者身上:他是一个试图令人感伤地表达自己思想的说书人,是一个想要开创杰出先例的激进人文主义者。但就像《启示录》中的预言一样,这是一种不太依赖已揭示的真理,而更依赖理念的力量及其表达方式的理论。

倘若忽略了"创造性破坏"是需要同等强调的两个词,那么,任何人都无法在美国旅行,或阅读有关美国的书籍,或观看来自美国的电影和电视。肮脏与富裕共存,粗俗与崇高同在,毁灭与成功并行。没有人会无视解放的或自主的自我与普遍的苟安之间不可简化的悖论。

像许多美国人一样,洛佩兹坚持认为,通过开明的行动,我们可以扭转局面,拯救我们自己。科马克·麦卡锡的小说中充斥着这样一些人,他们认为这些选择并不存在,启蒙是致命的愚蠢之举,他说:"我们是我们自己的旅程。因此,我们也是时间。我们毫无二致。逃犯。神秘莫测。冷酷无情。"如果不像麦卡锡、狼或奇努克鲑鱼那样,你不能接受这样的评价,那么你很可能会像洛佩兹认为的那样,重蹈梅里韦瑟·刘易斯的覆辙。或者,更有可能的是,你将像数百万美国人自始至终坚持的那样:从数以百计的救赎教会中做出选择;国家向那些相信边疆价值观和自由个体的人提供了这些教会,但如果没有宗教的安慰,他们是无法面对灭顶之灾的。

没有人能告诉我们的是如何对付那些假冒的拓荒者,那些被认为是克罗克特家族和布恩家族的后代,他们充斥着媒体。杰斐逊认为民主取决于"有节制思想"的显著性。那么,当全国有一半的人生活在电台演播室里那些职业放荡汉的奴役之下时,该将如何?而那时,即使是总统,虽然只是虚构的美国人形象的一个苍白的影子,也会用他的狂妄自大来购买这个国家的灵魂吗?在返回波特兰的路上,我听到了政治评论员乔治·威尔(George Will)与肖恩·汉尼蒂的广播对话。他们几乎在所有事情上都达成了一致:什么是好的,什么是可鄙的,什么是美国的,什么是有损这个国家的品质的。可能因为乔治·威尔是一个近乎传奇的保守派人物,所以当他对自己阵营中的小小不言的事进行批评时,肖恩顺从了他。

那天是周六,美国国家橄榄球联盟的年度冠军赛"超级碗"(Super Bowl)将于周日举行,节目结束时,肖恩问乔治要去哪里看球赛。乔治说他要去欧文·克里斯托尔(Irving Kristol)家,查尔斯·克劳萨默(Charles Krauthammer)也要去。肖恩很感动,乔治也说他很期待。肖恩说,"你是一个伟大的美国人",而乔治似

第十二章

乎同时也说了一些非常类似的话作为回报,一时间二人听起来有点像埃弗利兄弟(Everly Brothers)[①]。

波特兰已连续下了38天大雨。我在酒店里看了一集《朽木》,故事发生在19世纪70年代。在那之前60年,梅里韦瑟·刘易斯的圣路易斯肯定也具有一些同样的邪恶;或者,如果你愿意,同样的创造性破坏。

---

① 美国流行音乐史上极受欢迎的兄弟二重唱。

第十三章

这些演员

真的很爱自己。

詹姆斯·M. 凯恩（James M. Cain），
《双重赔偿》（*Double Indemnity*）

俯穿洛杉矶上空的薄雾——科学家们称之为"海洋层"——看到清晨的阳光下，车流开始涌入街道。20年前，这个城市在一年中会发布100次烟雾警报。多亏了催化转化器，烟雾已经变得非常罕见，但加州大学洛杉矶分校（UCLA）的一位专家表示，新浓度的超细颗粒正在导致数千人死亡或衰弱。在一些地方，一片比一颗豌豆大不了多少的空气里就含有100万种甚至更多的此类物质。无论怎样，飞机还是要着陆。乘坐出租车半小时就能到达圣莫尼卡——或者像共和党人有时所说的"圣莫尼卡人民共和国"。

洛杉矶出租车后座的指示牌上写着，乘客有权享受"会讲且听得懂英语的司机……并了解主要目的地的情况"。然而，人们并不是为了享受这些福利才乘坐出租车的。如果你在意你的权利，你会担心指示牌没有提到司机的驾驶能力和精神稳定状况。人们之所以打车，是因为在洛杉矶，通常没有其他到达目的地的方法。

第十三章

人们乘坐出租车或许是为了了解一些地方,这些地方虽然在美国的集体意识中令人吃惊地缺席,但仍然是数千万美国人的家园和生计所在。

"你知道土耳其人(Turkish)屠杀亚美尼亚人(Armenian)的事吗?"司机问道。

我说:"是的。"

他又问:"你认为这是真的?"

"是的。"我说。

"但土耳其人说不是真的。"他说。

"确实。"我说。

"死了多少亚美尼亚人? 100万,还是150万?"

我说:"我想大概有100万吧。"

"好吧,"他说,"大约100万。"

他告诉我有40万亚美尼亚人住在格伦代尔(Glendale),是那里郊区居民的两倍。他迷路了,打电话给其中的一员问路,但他给我们指错了路。

清晨,在海洋大道的棕榈树下,途经老66号公路起止的码头上的游乐园,随着太阳升起,无家可归的人醒来,卷起铺盖卷儿。他们把自己的东西装在塑料袋里,将其拖着或者用超市的手推车推着在马路上走。在微风拂面的日子里,裹着垃圾袋,在你看到他们从小巷里冒出来之前,会先听到塑料袋发出的沙沙声:他们低着头在人行道上拖着步子走着,像帆船一样嗖嗖作响。

如果恰巧是星期三或周末,海洋和购物中心之间的街道上则会

冷观静思美利坚

遍布具有丰富生物多样性的农贸市场。农业综合企业拥有数量惊人的、完美的——但完全没滋味的——农产品；农贸市场里的化肥、杀虫剂、防腐剂、转基因和廉价的墨西哥劳动力是被赶出菜园的恶魔。如果农业综合企业满足了美国人做大、战胜所有竞争对手、实现"全方位统治"的愿望，那么农贸市场和蓬勃发展的有机食品运动就会转向向善的愿望。他们甚至可能会去找清教徒的创始人。吃农业综合企业产品的人会变大；吃有机食品的人把自己的身体当作自然所赐的小寺庙，并获得一种美德感。

在美国，你可以花很多时间考虑你的身体。在一个如此容易发胖的国家，人们也很容易沉迷于保持相对苗条的身材。食品是美国最大的分歧之一，而圣莫尼卡人的身材明显属于偏瘦型。这里的玉米糖浆比较少。美国快餐饮食的可怕之处——脂肪、果糖和自由基——还没有被消除，但它们并非完全得逞。在离海滩仅几条街远的一家有机超市里，身体焕发着健康光芒的年轻店员在货架间穿梭，帮助那些不知道哪种抗氧化剂适合自己的顾客。只见牌子上写着："生活不是寻找自己，而是创造自己。"也许美国人只是似乎比其他国家的人更能创造自己，但我不这么认为。对我来说，他们是唯一明显在进化的人；始终如此，就像显微镜下的有机体。

如果你不幸变成了一个有点害羞的人，那么现在你可以"重塑"自我，成为一个自信的人。第一步，不要把此品质看成是害羞——更不要把它看作是一种可接受的，甚至是有吸引力的人类特质——而是一种"社交焦虑障碍"。密集的政治游说、卫生组织的渗透以及数十亿美元的支出，让制药公司得以说服数千万美国人，让他们相信情况确实如此，下一步是用左洛复（Zoloft）等"选择性血清素再摄取抑制剂"来治疗这种疾病。

- 296 -

第十三章

20世纪80年代,与罗纳德·里根的美国理念背道而驰,圣莫尼卡市在自由主义者、绿党、民主党和左倾基督徒的联合控制下,制定了一个全面的城市规划。制定发展上限和租金管制;在滩头修建人行道、自行车道和其他便利设施。《华尔街日报》(*The Wall Street Journal*)宣布整个计划是一场灾难,里根总统也基本同意。于是有人把它叫作人民共和国。然而,该人民共和国成了国际城市发展的典范,而且让《华尔街日报》做出的自由主义者会扼杀这个地方的预测彻底化为泡影——这里蓬勃发展。房地产价格一路飙升,中产阶级蜂拥而至,美好生活在南加州温和的空气中繁华绽放。

当然,他们没有建立任何东西,哪怕是社会主义的影子。自由企业驱动着这个地方,尽管有一些监管。圣莫尼卡的救世主是美国中产阶级自由主义者,他们遵从经久而高尚的社群主义本能,将这座城市从人们熟悉的发展之兽——去人性化的购物中心、丑陋而昂贵的摩天大楼——的手中拯救出来。想想新英格兰的城镇广场,想想中央公园。就此而言,想想新政或"伟大社会"(Great Society);但要小心你倾吐的对象是谁,因为一直有美国人认为新政是美国自由这个活命器官上的一个肿瘤,他们现在狂热的程度就像他们生活在罗斯福时代一样。

战争期间,道格拉斯公司在圣莫尼卡建造了DC-3型运输机,很多工人的房子仍然在那里,其中大多数都已经翻新,每幢价值约100万美元。同样坐落在这座城市的还有HBO电视网的总部*,这家媒体公司曾为人们带来了《黑道家族》《六尺之下》(*Six Feet*

---

* 据原书译出即如此。HBO电视网的总部设于纽约。——编者注

Under)、《欲望都市》(*Sex and the City*) 和《朽木》。《辛普森一家》(*The Simpsons*) 是在不远处的一家旅馆里虚构出来的。这个地方宣称其在现代意识的发明中起着非同一般的重要作用。

圣莫尼卡的商业中心是现代企业的楷模。这里有所有常见的品牌和商店：所有这些品牌和商店都按照自己的商业计划行事，它们的战略目标与它们的价值观和宗旨说明相一致；它们都发展到了现代管理的最高阶段。奇怪的是，商业总是抗拒规划的概念，因为世界历史上没有什么比现代商业计划得更周密了。在圣莫尼卡的主要购物区，有五六家店总在竞争，似乎就连街头艺人也有自己的商业计划。这是一场有序的竞争，但同时也是激烈的竞争——大多数情况下是良性竞争：以至于有时一对吉他演奏家周围的观众会比任何一家商店里的人都多，他们售出的唱片数量和苹果商店售出的音乐播放器一样多。

在所有这些活动的边缘都有乞丐，他们把自己的宗旨说明涂写在纸板上："请帮帮我，我的双手和肘部都有关节炎"；"我无家可归"；"我在努力存钱"；"我想回学校上学"。社会上的异常现象依然存在，但它们是得以良好管理的异常现象。他们在社会上扮演着没有话语权的角色，也不会对剧情产生任何影响，但穷人似乎得到了认可，并在剧中获有一席之地。

威尔·罗杰斯曾在圣莫尼卡生活过，人们不禁会想，圣莫尼卡购物中心的艺术大师们一定是他的接班人。他自称"套索诗人"（poet lariat）。1922年，他拍摄的默片《套绳傻瓜》(*The Ropin' Fool*) 捕捉到了这个男人质朴、简洁的优雅，并用慢动作摄影展示了他可套住任何移动或吸引他注意力的东西的惊人能力——从奔驰的马到帽子、狗、老鼠和猫。他的技能是从家庭农场的一个

第十三章

解放了的奴隶和牛仔那里学来的;《套绳傻瓜》的开篇幻灯片上说"这部影片展示了多年执着于一件事并坚持不断地实践和应用,终将有所成就"。这是一种深刻的美国式说教,一种重要的边疆智慧,而且已证明比一个人成功从简陋小木屋走向白宫的说教更持久。

在威廉斯堡,一座修复的19世纪中期的疯人院讲述了约翰·高尔特医生(Dr John Galt)的故事,他施以病人的治疗方法比当时的其他方法更加适用。他让病人按常规剂量服用鸦片酊,但他也要求他的工作人员观察病人的行为并记录下每一个细节。高尔特医生认为,在认真关注小事的过程中,他贯彻了进步和成功所依赖的伟大原则。在美国旅行,你会看到规模宏大的建筑景观,以及无数彰显人类雄心、能量和发明的了不起的纪念碑。去看看曼哈顿或休斯敦,开车穿越巴尔的摩,坐火车穿越连绵的高山,耳朵里塞着音乐播放器——所有的石破天惊都是建立在独立思考、认真应用和注重细节的原则之上的,这些原则也曾指引过威尔·罗杰斯和高尔特医生。对"渺小"自我的普遍迷恋创造了无限。

为了保证圣莫尼卡人口的多样性,保护老年人和其他有固定收入的人,20世纪70年代末的进步人士提出了控制房租的近乎非美国的想法——人们为此投了赞成票。尽管愤怒的州政府强加了一些修改,并向加州最高法院提出了几次挑战,那些措施仍然存在,一如美国唯一的房租管控委员会(Rent Control Board)。

在威尔希(Wilshire)和第十一区,一家名为西区租赁(Westside Rentals)的公司提供了一个免费的企业版。这是一个看起来不起眼的地方,很容易被误认为是网咖。但实际上它是一家非

- 299 -

常成功的企业，也是现代资本主义，甚至是开明资本主义的典范。在西区，他们把潜在的房客和潜在的房东联系起来。从这个意义上说，它是一家房地产中介公司，但利用互联网将其业务规模推向了另一个维度。自开业9年以来，它签署了17.8万份租赁协议。这样的成交量阻止了租金上涨，让西区租赁公司的老板马克·弗奇（Mark Verge）富甲一方。

每个想要通过西区租赁租房的人都必须支付60美元的入会费，经理们说这样可以节省房东要求的信用检查成本。所有处理西区租赁业务的人都用信用卡支付。这是最方便的筛选方式：没有信用卡的人在租赁市场上会跌到另一个层次，即在圣莫尼卡或邻近郊区不太可能租到房子的层次。

西区租赁雇用了大量学生来运营它的业务。他们每天8个小时戴着耳机坐在电脑前，每小时能得到9到10美元的报酬。他们有半个小时的午餐时间，5个小时后给他们提供一瓶红牛能量饮料。奖金按季度发放。操作员并行坐成一排。一名配电脑的监工坐在一边，他可以通过电脑监控员工拨打的每一个电话，他也可以用手机监听。计算机不断地记录每个员工的活动，监工可以随时以数字或饼状图的形式调出这些信息。每一个词和每一个反应都被观察和估量；每一个员工都可能在任何时候被要求对自己的行为做出解释。操作员所能看到、听到和恢复的一切，老板都能在足不出户的情况下掌握。

西区租赁已经近乎垄断。根据一个博客的说法，没有他们，你在圣莫尼卡连套公寓都租不到；在洛杉矶其他很多地方也租不到。网上有很多人讨厌西区租赁。一位作家称他们为"人渣"。另一位作家说，"西区租赁及其所有者马克·弗奇的商业行为比安然

第十三章

（Enron）[1]更糟糕"。正如批评者所言（其中还包括一份洛杉矶的商业调查，该调查给他们的评级为"F"，即不及格），原因可能是他们的服务，或者是他们收取的费用，或者是他们对个人信息的利用。或者，在西区租赁运营的现代管理中，其员工感受到与前几代人类似的工作体验，即他们就职的企业是按照弗雷德里克·温斯洛·泰勒（Frederick Winslow Taylor）[2]、亨利·福特（Henry Ford）和约瑟夫·斯大林（Joseph Stalin）的原则经营的。"查克"（Chuck）2006年8月在一个网站上写道，"一半的帖子……关于西区租赁的信息都是西区租赁公司的员工发布的"。

但这是在加州，要说该公司对员工的尖端微观管理实际上只是新潮的泰勒主义（Taylorism）[3]，听起来有点像古老的费边主义（Fabian）[4]。商业催生了更多的商业创意，而更多的商业意味着更多的就业机会——是的，还有更多的创意。商业还能产生与社会进步而非与商业本身更加相关的创意。西区的首席天才是一个年轻的民主党人，他认为，如果他告诉石油公司他想为公司数据库中所有的租客和房东购买500万加仑的汽油，它们便可能会同意降价：尤其是如果他把写给《华尔街日报》、加州州长和他在麻省理工商学院（MIT Business School）的老教师们的信件抄送过去的话。如果石油公司不同意，他就会揭发它们操纵价格。

他还有其他了不起的想法。特别是，他想用体育来改变美

---

[1] 该公司成立于1930年，曾是世界上最大的能源公司之一。然而，这家拥有上千亿资产的公司于2002年在几周内破产，因其财务造假丑闻而臭名昭著。
[2] 美国古典管理学家。
[3] 弗雷德里克·泰勒创造的旨在最大限度地提高生产效率的企业管理方法。
[4] 英国费边社的思想理论，主张进化的社会主义。其得名自古罗马大将费边。

冷观静思美利坚

国——他称之为"改变话语"。他希望政府在很少使用的体育场上少花些钱,而在公共泳池和健身房上加大投入,由于缺乏资金,这些公共设施每年都要关闭半年。他希望学生们每年享受三次专业的牙齿清洁。在我看来,这些都是好主意。他认为,美国迫切需要一位开明的、有魅力的领导人——另一个肯尼迪。

在古老的香格里拉酒店(Shangri La Hotel),微风直接从太平洋吹进房间。阿肯色州州长比尔·克林顿来人民共和国拜访朋友(并会见好莱坞明星)时,晚间和下午时光都喜欢在那里度过——一名男子在电视上宣称,约翰·韦恩(John Wayne)[①]死的时候身体里有44磅粪便。他说:"这是医生发现的。瞧,我们吃下的毒素是我们祖父母的100倍。"他的双效清肠胶囊恢复了"结肠的自然波动功能",并清除了这些毒素。

在另一个频道,一名生产海藻胶囊的男子表示,美国食品和药物管理局(Food and Drug Administration)正试图把癌症变成一种"可控制的慢性疾病"。美国食药局一直在为美国"猖獗"的退化性疾病"把关"。他说,海带的营养是陆地植物的60倍。日本人吃海带,所以他们的平均寿命比美国人的长7年。

他说:"我们的血浆与海水基本相同。海洋生活在我们体内。上帝创造我们时,在我们的系统里创造了大海。"上帝给予我们同样的pH值——要是我们能认识到这一点就好了。

---

① 美国电影演员,以演绎富有英雄主义色彩的硬汉而著称。曾获第42届奥斯卡最佳男主角奖。

第十三章

在另一个频道，28岁的斯蒂芬妮·施瓦茨（Stephany Schwarz）谈论了她到目前为止的生活。她23岁时买了第一套住房，一生最渴望的是自己事业成功。她出生在科罗拉多州的韦特莫尔（Wetmore），与千百万人的做法如出一辙，她也选择去加州追逐财富。像所有严父慈母一样，斯蒂芬妮的父母也在督促她。她母亲是她公司的销售主管。她的继父是一名信奉卫理公会的保守派共和党，两次当选科罗拉多州立法机构委员，两次被任命为州假释委员会（Parole Board）委员。他自称是"财政保守派"，"绝不会放弃自力更生、减税和个人自由的共和党理想"。他也支持斯蒂芬妮。

斯蒂芬妮的长相与莫妮卡·莱温斯基（Monica Lewinsky）有几分相似。她是巫术宗教"以地球为中心的新异教"信徒——这听起来很有趣："该信仰人畜无害，随心所欲。"这与她继父的信仰并非大相径庭，他认为在打猎和钓鱼时比在教堂更接近上帝。就像巫术宗教网站上说的那样："巫术宗教充满了隐喻，可以与你当前的宗教或科学观点共存。"

斯蒂芬妮的艺名是朱厄尔·德奈尔（Jewel De'Nyle）。她是美国色情界的名人之一。霍华德·斯特恩在电视演播室对她访谈。霍华德·斯特恩是美国名流圈中享有至高威望的"大咖"。他连线了朱厄尔居住在韦特莫尔的父母。他们表示，"我们始终如一地支持她"。

为了回报家人的关爱，朱厄尔在银幕上尽其所能。斯特恩播放了她在色情电影中的一段录音，问她父母是否能辨听出他们的女儿在经历或佯装性高潮时的尖叫声。她的父母听着，微笑着说："噢，那也许是她吧。"

2005年5月，当西南酋长号把我们带到具有艺术装饰风格的洛杉矶联合车站时，福克斯新闻正在致力于报道一个真实"深喉"（Deep Throat）①的突发事件。于是乎它醒目地出现在所有广告牌上。三天来，真诚的男男女女议论着这些问题：只有一个深喉事件吗？深喉是对还是错？深喉在美国历史上有多重要？有人该问口交有多重要。色情作品有多重要？50岁以上的人都知道，"深喉"是一部早期的色情电影的名字。

　　如今，美国色情产业价值120亿美元：其中25亿美元是通过互联网实现的，有4000万美国成年人定期访问色情网站，在所有网站中，色情网站的比例为百分之十二。在加州，色情产业雇用了1.2万名员工，并支付了3600万美元的税收。这一需求是如此之大，以至于一些《财富》500强企业，像许多保守的布道者和政客一样，已经无法抵御诱惑，正（在其对企业社会责任的承诺范围内）以不起眼的某些方式满足这一需求。例如，大型连锁酒店舍不得放弃色情片——百分之五十的客人会付费观看"成人"电影，而这带来了百分之七十的客房利润。

　　你可以住在圣莫尼卡，像世界上其他人一样，只通过电视和电影了解洛杉矶，而这些电影的制作地只需搭乘出租车即可到达。在市中心有公共汽车全程行驶，但圣莫尼卡的居民很少乘坐公共汽车。如果他们想看真正的洛杉矶，音像店里有的是电影。或者他们可以只看电视。我先去观看了一部《暴力史》（*A History of Violence*）。我去看《撞车》（*Crash*）的时候还没完全从前一部影片的震撼中缓过神来。《撞车》结束后，我和其他20个观影者从影院散去，天很黑，仅剩的最没本事的街头表演者试图在一天结束前多

---

① "水门事件"中关键告密者的化名。

第十三章

赚几美元。只见四个白人在唱赞美耶稣的歌。一个大胖子中午在大商场里演奏爵士乐，现在正在拼命演奏古典音乐，看上去似要一命呜呼了。这个地方好像自己翻了个底朝天——露出了混沌未开的众生。一个开着敞篷越野车的男人对着另一辆车上的两个女人喊出歧视亚洲人的字眼。

在小学毕业之前，平均每个美国孩子在电视上看过8000起谋杀案。超过四分之一的被判暴力犯罪的公民说，他们模仿了在电视上看到的东西。在过去的10年里，有5万名美国儿童死于枪杀。每两小时就有一个孩子被杀害。美国的谋杀案件是日本的11倍，是英国的9倍。每天有4名妇女死于家庭暴力。每年强奸案和强奸未遂案的数量约为13.2万起，据估计，尚有6倍于该数字的强奸案没有上报。美国有676个仇恨组织。每个州至少有一个：佛罗里达有38个，加利福尼亚有36个，得克萨斯有31个，宾夕法尼亚有27个。在这676个组织中，403个拥有互联网网站。

这些统计数字几乎让人难以置信，但如果你花时间浏览当地的报纸，就不会有如此感觉了。每天，到处都有关于暴力事件的报道。在我访问密西西比州杰克逊之前的5天里，有5名居民被谋杀；当地法院正在就一名12岁女孩被其父母强奸、折磨和勒死一案举行听证会。在盐湖城，一名参加过伊拉克战争的老兵在一家购物中心枪杀了几个人。新奥尔良的一则讣告称："11月15日是乔伊丝·弗雷勒·雷德在地球上的最后一天。她被谋杀了，她已投入上帝的怀抱。"

只要宪法保障携带枪支的权利，相当一部分人就会认为这就意味着使用枪支的权利。有些人会把它理解为配枪使得人之所以为人；对另一些人来说，真正的自由取决于它们；还有一些人认为，

冷观静思美利坚

复仇和先发制人的权利应与枪支一样被载入宪法。

美国电视上每天都会播出一集《法律与秩序》(*Law & Order*),剧中,善与恶、秩序与混乱,理性、客观的法律与主观冲动和妄想展开较量。在《法律与秩序》中,邪恶是难以摆脱且无休无止的:被施暴儿童成为施暴者,受虐者成为施虐者。正如西方国家造就了给边疆带来文明的坚韧而诚实的公民,街头也造就了警察和律师,他们有勇气阻止邪恶、疯狂和软弱的人,否则这些人就会横扫一切。

但这不是西部片或黑色电影中的神秘暴力。它不是经由神话美化后变得让人可以忍受的那种恐怖。正如报纸上所报道的那样,它是普遍的日常暴力,这部剧的所有故事都来源于这些报道。它是有明确原因的犯罪,可以通过缜密的调查加以确认,并由法律以具体的、切实可行的补救措施加以处理。虽然正义并非每次都得以完美伸张,但《法律与秩序》始终申明了共和国的一切希望所依赖的原则:金科玉律和仁人志士为自由企业民主保驾护航。《法律与秩序》中的"法律"需要信念的飞跃:你必须相信市政厅的诚实、警察队伍的正直、官僚机构的合规运作、司法体系的公正和顺畅运行。事实上,《法律与秩序》的每一集都要求我们不要相信美国长期存在的社会无能、腐败和功能失调。就好像那即是我们想要做的。托克维尔150年前曾这样写道,"在我看来,人类社会,如同个体,只有在自由中才能有所成就",他还总结了美国生活的戏剧性。

一个月以来,我几乎每天都在收看《法律与秩序》,这让我认识到为什么你遇到的那么多美国人都很理智、礼貌、善良。在各种各样的怪诞、无知和残忍之中,人们很容易忽视的一点是,在日常

- 306 -

第十三章

生活中,美国是最文明的地方:你有多经常在美国人的相处之道中看到你希望在你自己和你的同胞身上看到的风度。我认为,他们之所以更文明,正是因为野蛮即便不是附着在每个人身上,也是潜伏在每个角落里,因此他们必须超越野蛮并时刻警惕。沉着冷静才是硬道理。

奥斯卡会说一切都是相对的。自从46年前离开洪都拉斯那天起,他就一直在洛杉矶开出租车。他有四个成年的女儿和多个孙辈在美国各地生活,他们都过得很好。他的妻子几年前去世了。现在他又有了四个不到7岁的孩子和他们的母亲——他的第二任妻子——一起生活,他们都在洪都拉斯。

他说:"对于一个66岁的人来说,我知足了。你多大了?你也可以做到的。"

他说愿带我去洪都拉斯。他用开那辆破旧出租车挣来的钱寄给家里,每年他都会坐五天车回洪都拉斯,和家人待上几个月。他说洛杉矶有时很糟糕,但洪都拉斯一直都很糟糕。"假如你在洪都拉斯去了不该去的地方,如果他们想要你脱下短裤,你最好脱下来,否则他们会开枪打死你。他们会因为一条短裤而杀了你。"

他给了我他的名片。当我再次见到奥斯卡的时候,他给我看了他的新生宝宝和所有其他孩子的照片,照片上,他们站在环绕他们家房子的安全围栏前,这些护栏是为阻止帮派分子闯入而装的。

洛杉矶有700万人口,占总人口百分之七十以上的人属于"少数族裔"。他们中很多人是出租车司机。其中的一个司机对我说:"犹太人永远是犹太人,巴勒斯坦人永远是巴勒斯坦人。犹太人走到哪里都能兴旺发达,巴勒斯坦人也一样。我们是犹太人的表亲。"他似乎完全没有偏见,但他相信战争永远不会结束,因为以色列永远不会离开巴勒斯坦的土地。

他认为入侵伊拉克对美国来说是一场灾难。他鄙视美国政府——既鄙视美国政府的政策，也鄙视他眼中美国政府的愚蠢。他和他的巴勒斯坦同胞一直处于监视之下，但他既不怨恨也不害怕。他的同胞们的长期经验使美国情报人员很难潜入。奇怪的是，他对这件事出奇地平静。他说，如果那些跟踪洛杉矶的巴勒斯坦人并窃听其电话的人能够明了他们所听到的内容，那么，当哈马斯（Hamas）赢得巴勒斯坦选举时，他们可能就不会那么震惊了。

他在洛杉矶生活了16年，在此之前在科威特（Kuwait）生活了17年。洛杉矶比中东任何地方都好。他将永远是巴勒斯坦人，但在中东的任何地方，他都不可能像在洛杉矶那样自由。他说，在洛杉矶，他可以"做自己"。

第二天早上，一个朋友把我送到一家书店，据说瑞安·奥尼尔（Ryan O'Neal）①曾在那里喝过咖啡。当我在一个柜台附近浏览时，听到一个女人向书商询问他脸上的皮疹。是什么引起的呢？他吃了什么东西呢？他看过皮肤科医生吗？这些问题可能会让一些人心情不佳，但却让书商情绪高涨。是的，他去看过皮肤科医生。医生说了什么？给他开药膏了吗？说是什么引起的吗？不，他没说，书商说。

"你是说他不知道？皮肤科医生怎么会不知道病因呢？"

他是个合格的皮肤科医生吗？难道是书商"吃了什么不好的东西"引起的吗？接着，另一位顾客问维果·莫滕森（Viggo

---

① 美国著名男演员。主演过《爱情故事》等影片。

第十三章

Mortensen）①是否会在周六来做读书会，结果两人都把皮疹的事抛到九霄云外了；很遗憾，我还想多长点见识来着。

我第一次去威尼斯海滩（Venice Beach）②是将近30年前的事了。旱冰鞋成了新的必需品，人们一边来回滑行，一边观看身躯硕大的男子在笼子里健身的怪诞秀，那笼子就像老式动物园里用来关大猩猩的一样。健美运动员仍在锻炼，但在露天健身房，效果并不那么惊人。在健身房旁边的网球场上，男男女女都洋溢着麦肯罗式（McEnroe-like）③的激情和狂热。交锋持久且扣人心弦，更多是因为死亡似乎是可能发生的。没有人笑。没有人让步。似乎没有人愿意承认这不是温布尔登（Wimbledon），也不是真正的网球。

圣莫尼卡的社会主义者从威尼斯开始沿着海滩修了一条小路。我走过那些对着海鸥讲着真话和雄辩的人们。一个看起来和加里森·凯勒（Garrison Keillor）④一样普通的男人骑着独轮车，在一英寸宽的混凝土路缘上经过。人们纷纷离开码头。在海滩和海洋大道之间的草地上，棕榈树下，一些无家可归的人铺开行李准备过夜。那些有家的人聚集在栏杆旁，他们身着马球衫，将运动衫搭在肩上，注视着血色残阳沉入太平洋。

---

① 美国著名男演员。代表作有《指环王》三部曲、《绿皮书》等。
② 洛杉矶的著名景点，具有浓郁的文艺气息。
③ 约翰·麦肯罗，美国网球名将，曾三获温布尔登网球锦标赛单打冠军。
④ 美国演员、编剧。

后　记

我经过了斯利姆格林、摩根矿
塞科营地和腐烂的矿脉。
一排排黑漆漆的糖松——，
还有我离开那条路的地方

我把自己抛在后面；

菲利普·莱文（Philip Levine），
《大山的孩子》（*Sierra Kid*）

感恩节前后，我从俄克拉何马城坐火车南下。我本来打算去埃尔帕索，但是家中有人过世，我不得不在奥斯汀（Austin）下车，返回澳大利亚待两周。俄克拉何马州正处于干旱之中，土地和草坪呈暗棕色。河床干涸、淤塞，侵蚀殆尽。

我们经过了几个小镇，那里有熟悉的塔楼和教堂的尖顶，其余的建筑看起来就像是被随意撒落在地上。马场和油泵似乎是主要活动发生地。一如往常，蔚蓝的天空点缀着飞机留下的水汽尾迹，就连一扇半月也仿佛是飞机抛下的景物。

火车在一个炼油厂中间停了下来，这时火车里弥漫着油烟。我

后　记

旁边的一个年轻人穿着牛仔靴，脚顶在前面的墙上睡着了。牛仔裤和牛仔衬衫脏兮兮的，毛线帽子使劲儿向下拉遮住眼睛。他不时醒来，跟我谈他的生活。他不辞劳苦，尽心竭力。无论贫穷还是富贵，宗教还是世俗，美国人都在拼命地工作。年轻人称之为"永不停歇"。

他说他是在一个"有点像锥形筒"的环境中长大的，从来没见过别人是怎样生活的。但他在学习。他花了很多时间与沃思堡（Fort Worth）和达拉斯那些无家可归的人在一起，并与他们一同乘坐货运列车前往科罗拉多和其他地方。他说，"他们很酷。他们不会挨饿。慈善机构会照顾他们。在得克萨斯州，你不会死于饥饿，却可能死于寒冷，或者有人会因为你的鞋子而杀了你"。然后他又接着睡。他时醒时眠，就像一个行将死去的人。

我们又上路了，当我们离沃思堡不远的时候，乘务员用斯利姆·皮肯斯（Slim Pickens）[①]般的声音提醒我们注意火车左侧的一个巨型结构："那是新的得克萨斯高速公路。下一个小镇是得克萨斯州的黑兹利特（Hazlitt）。下一站，得克萨斯州的黑兹利特。"

果不其然，火车来到了黑兹利特，我们在一个新的住宅区停了下来。房子的面积都很大，外观朴实简洁，屋顶呈炭灰色，院落宽敞，篱笆上有白色的横杆，好像主人想把纯种马当宠物来养。洒水器开着，草地是绿色的，但没有树、灌木和花。没有鸟或鸟池存在的迹象。我第一百次想知道为什么美国人不设花园。亚当被安排在花园里"装点它，打理它"。天堂常被比作花园。"在他被钉上十字架的地方有一个花园。"

---

① 美国电影演员。其嗓音沙哑刺耳，带着拖腔，颇具特色。

- 311 -

冷观静思美利坚

我们在那儿坐了将近半个小时，我旁边的年轻人再次醒来，告诉我他是基督徒。大多数星期天他都会去大城市外的各种各样的无教派基督教教堂。他说他在研究其他宗教，包括摩门教，他也想"理解"天主教徒。他告诉我，和他一起在公园、火车调车场和桥下过夜的许多无家可归者都是中年人和中产阶级，在破产或婚姻失败之前，他们都事业有成。他说，不幸可以发生得很容易，也很突然。其他人，他坚称，只是选择离开他们循规蹈矩的生活。他们就这样放弃了原有的生活，走进了另一个世界。

我们在沃思堡外1.5英里的地方又停了下来。大约半小时后，小吃店的女人告诉我们，前面轨道上的货运列车司机已经回家了。她说，司机这样做没什么问题，因为他已经完成了12小时的轮班。窗外是一片墓地。一名男子在电话中对他的朋友说："现在我们什么都做不成，只能观赏墓地。"

斯利姆·皮肯斯般的嗓音从广播中传出："对不起，伙计们，我们对前面这列货运列车无能为力。"他建议大家拨打1800致电美国铁路公司。一时间，车厢内怨声四起，人们嚷嚷着已经看了两小时的墓地了，现在要求退款。

下午4点我们驶入沃思堡；同时，去往奥斯汀的火车即将发车。还好，美铁等了几分钟，正好够我手忙脚乱地登上另一辆火车。我发现自己坐在一个头戴棒球帽、身形巨大的得州人旁边，除了他自己的座位，他还占了我的座位的四分之一。听见我告诉乘务员要在奥斯汀下车，他阴阳怪气地拖着长腔问我那是不是我的家乡。

我说："不是，我在澳大利亚的墨尔本生活。"

他说："我还以为你住在德里平斯普林斯（Dripping Springs）呢。"

后 记

"不是。"我说。

然后他说:"德里平斯普林斯离奥斯汀大约20英里。你走那条路,哪条来着……?"

他越过我的头顶,朝过道另一侧头戴格子棒球帽的男人喊道:"从奥斯汀去德里平斯普林斯的那条路是多少号?"

"我想是3-10。"那人说道。

"对,3-10!我想你可能住在那儿。"

"我说的不一定对,"戴棒球帽的男人说,"但我想应该没错。"

"是这样,3-10。你就走3-10公路就会到了,"他告诉我,"准没错。"

我们经过韦科,这里是1993年大卫教派全军覆没之地,是胡椒博士软饮料的诞生地,也是总统前往家族牧场的中途停留点。原来,坐在我旁边的这个男人是这条线路所属的货运公司的司机,另外两个是他的司闸员和乘务员。他不是普通的司机——他被派来把在沃思堡外阻塞我们道路的货运火车开走。之前他在我们后面的火车上。虽为一名火车司机,但在某些基本方面,他也可以做美国的总统。

那个从穷人和宗教中寻求人生意义的年轻人,和那个对他驾驶的列车两侧20英里以外的世界一无所知的火车司机,都以各自不同的方式表达了美国的"例外论"。托克维尔创造了这个词,他在1831年就发现了类似的人。也就是说,在某种程度上,从清教徒先辈到乔治·W. 布什,他们都认同美国人的观点,即美国不同于其他国家,因为美国是唯一一个受上帝祝福的国家。

这一理念对于反恐战争背后的信条,对于宗教的强大,对于社会保障体系的薄弱,对于国旗和其他国家象征的普及;对其暴力,

冷观静思美利坚

其自欺和虚伪,其解决自身矛盾的无能,其幼稚的恐惧和偏执,以及其令人头脑麻木的排外主义,都是至关重要的。这也很可能是美国力量、创造力、自我更新能力、无数英雄榜样以及世界各地人民渴望生活在美国的缘由。

一天晚上在萨凡纳,我走在一个男人后面,他看起来50岁上下,穿着得体,干净利落。但即使他背对着我,我仍能看出他有些忐忑不定,当他停下来向街对面望去时,我能看到他脸上的恐慌。他发疯似地向四周张望。这一切仅发生在片刻间,当我从他身边走过时,我想或许他在那一天失去了一切,因此走上了漂泊之路。夜幕降临,现实也随之降临。他看起来并不像爱德华·G.罗宾逊(Edward G. Robinson),但我确实莫名地想到了爱德华——好莱坞为我们的各种想象场景提供了蓝本。有很多种可能性。他丢掉了工作?他的妻子带着孩子离开了他?他的银行取消了抵押品赎回权?也许是飓风或首都"创造性破坏的无休止的大风"把他吹到了大街上?

那种情况就像是,在美国,你很容易突然间发现自己身处一个陌生的、充满敌意的地方,你会看到一些迹象,表明你脚下的土地很快就会崩塌。这个人看起来好像刚走进地狱。不管他失去了什么——他的妻子和孩子,他的钱,他的心智——最明显的是他的尊严。他好像被剥光了衣服,赤裸裸地向世人展示。

在自然界中,爪子上的一根刺或折断的肢体都可能意味着死亡,因为你再也无法捕捉猎物或逃脱捕食者的追捕。这意味着你失去了竞争力。在我看来,这就是那个人惊慌失措的原因:他感觉到自己的日子屈指可数了。生活是不确定的,灾难永远不会远离我们——它来袭时总是令人猝不及防。是否因为美国人相信这是世界

后 记

的自然方式或上帝赐予的方式,所以他们的立法者才勉为其难地去减少灾难造成的损失?或者,对立法者而言,这个世界之所以看起来是自然的,是因为他们长期的得过且过?"乌鸦之雏因无食物飞来飞去,哀告神。那时,谁为它预备食物呢?"在美国,这个问题的答案常常和上帝给约伯的答案相同:一切由上帝提供,只要他愿意。

可能一个社会越是"自然",就越需要宗教;越是虔诚,部落的象征和仪式就越强大。我可能会在经济工厂里被搅得一败涂地,永远得不到机会,无足轻重,但我不能被抛弃。凡降临于我的,必照耶和华的旨意。至少我有这样的保证。我有国旗。这面旗帜是我的,也是别人的。自由是我的。我和其他美国人一样自由,而且和其他美国人一样,我只对上帝负责。

自由是美国人过于老生常谈的花言巧语,以至于没有给外界留下应有的印象。总统说得越多,它就越无谓。当他说"我们的敌人因我们的自由而憎恨我们"时,我们退缩了,尽管我们知道,多年来,成千上万的美国人为此牺牲。无论如何,我们认为,他们不是因为自由而憎恨你,而在于你施加的影响。"我们的敌人憎恨我们的实力、我们的霸权"将是一个更真实的说法,如此表达,大家即可会意。

然而,当你在美国旅行时,"自由"这个陈词滥调部分地显露出其真面目。你会发现,对美国人来说,自由意味着一些我们这些不可救药的集体主义者不太能理解的东西;他们认识自由的方式与我们的不同。自由是国家的神圣状态。自由是必须受到保护的。无论在何处,人们都会告诉你美国哪里出了问题,但唯有自由的正确性无可置疑。无论我的社会民主意识受到了怎样的冒犯,这就是我对这个地方无法抗拒的东西——一种几乎有罪的、青涩的感觉，即在这个地方，一个人可以做他想做的事。他可以变得出奇地富有；他可以猎杀美洲狮；他可以怀有最奇妙的想法；他可以向人开枪。他可以与上帝或自然交流，购买任何他想要的东西，因任何服务支付任何人任何费用。他可以是社会的弃儿，甚至是囚犯，但作为美国人，他相信自己是自由的。

如果我是美国人，我便是一个尽享自由的人。如果我是自由的，我可以做——或者梦想着去做——所有在我天性中应该做或梦想做的事情；置身于地球上任何其他地方之事外。只要保证我得到这种自由，我就会原谅我的国家所做的一切与我的本性或梦想不相符的事情。当然，除非我的国家或其他地方威胁到自由。否则，我将高枕无忧。

有时在美国，当你在看电视的时候，或在街上看到一个场景，或在咖啡店或火车上看到有人"自创"时，你会想，是否许多美国人会认为自己生活在某种剧院纱幕的反面，这浮膜是如此缥缈，其开启几乎不被察觉。这几乎是不可能的：但它确实存在，如果你保持希望并发奋工作，有朝一日你终将走出阴霾，发现自己置身神奇的名人王国——不久之后，你会告诉电视节目主持人，这一切都是命中注定的，就像天启。谁能说这一切只是水中捞月呢？

正如信徒所想：你不知道那一刻何时到来，你会从另一个世界悄然醒来。你不知道你会看到什么。耶稣的脸，还是戴维·莱特曼的脸？你不知道，而正是因为你不知道，你认为一定有一个计划。

这也许看起来很粗鲁、幼稚、狭隘。从托克维尔时代起，在到访者眼中似乎就是如此。但在这种不谙世故之中，人们也看到了惊人的、自然的体面和慷慨的行为，只有在这个地方的精神里还保留

后　记

着童真的、原始的东西时，这才有可能。根据角度和光线的不同，许多在美国看起来非现世或未成形的东西，不久之后，就会在我们的本性中显现出更古老、更美好的特质。

在从亚利桑那州的温斯洛（Winslow）至洛杉矶的火车上，我坐在一位庄重的黑人妇女和她的两个侄子旁边。他们彻夜未眠，疲惫不堪。她要求这个10岁的孩子在吃饭前感谢上帝。当他喃喃自语时，她用温柔的声音说："请说出声来，让我们听得到。"男孩照做了。

致　谢

在很多方面，我要感谢苏茜·卡尔顿（Susie Carleton）和海伦·史密斯（Helen Smith）、萨迪·克里斯曼（Sadie Chrestman）、梅雷迪思·柯诺（Meredith Curnow）和爱丽丝·特鲁瓦克斯（Alice Truax）；感谢兰登书屋（Random House）的朱利安·韦尔奇（Julian Welch）内行的编辑工作；感谢简·帕尔弗里曼（Jane Palfreyman）当初对这个项目的鼓励。

同时也要深深感谢在美国的许多人，他们慷慨地提供了时间和建议。感谢罗伯特·亨利（Robert Henry）、弗朗西斯（Francis）和约翰·奥布莱恩（John O'Brien）、休·托伊戈（Sue Toigo），特别是德里克·希勒（Derek Shearer）的热情款待和指导。

已尽一切努力确认并联系版权所有人，获得了复制本书所含材料的许可。因无心之失而未在此处进行感谢和确认的版权所有人，请与出版商联系；疏漏之处将在后续版本中予以纠正。

谨感谢允许引用下列来源的材料：

E. Cummings (edited by George J. Firmage), *Complete Poems 1904–1962*. New York: W. W. Norton & Company. Copyright © 1991 by the Trustees for the E. E. Cummings Trust and George James

致 谢

Firmage

Simone de Beauvoir (trans. Carol Cosman), *America Day By Day*. Berkeley: University of California Press, 1999

Rick Moody, *The Diviners*. New York: Little, Brown and Company, 2005

John Steinbeck, *Travels with Charley: In Search of America*. New York: Penguin, 1997. Copyright © John Steinbeck 1962

Richard Wright, *Black Boy*. New York: HarperCollins, 2005. Copyright © 1937, 1942, 1944, 1945 by Richard Wright; renewed © 1973 by Ellen Wright

还向以下材料来源表示感谢:

Henry Adams, *Democracy: An American Novel*. New York: Modern Library, 2003

James M. Cain, *Double Indemnity*. London: Pan, 1983

Jimmy Carter, *Our Endangered Values: America's Moral Crisis*. New York: Simon & Schuster, 2005

Bill Clinton, *My Life*. London: Hutchinson, 2004

Angie Debo, *A History of the Indians of the United States*. University of Oklahoma Press, 1983

Angie Debo, *Oklahoma, Footloose and Fancy Free*. University of Oklahoma Press, 1987

Andrew Delbanco, *The Real American Dream: A Meditation on Hope*. Cambridge, Massachusetts: Harvard University Press,

1999

Paul Laurence Dunbar, 'We Wear the Mask', in *The Norton Anthology of African American Literature*. New York: W. W. Norton & Company, 2004

Barbara Ehrenreich, *Nickel and Dimed: On (Not) Getting By In America*. New York: Henry Holt & Co., 2001

William Faulkner, *Go Down, Moses*. New York: Random House, 1942.

Richard Ford, 'Elegy for my city'. *The Observer*, 4 September 2005

Eric Hobsbawm, 'Only in America'. *The Chronicle Review*, vol. 49, no. 43, 4 July 2003

Lewis Lapham, *Waiting for the Barbarians*. London: Verso Books, 1997

Françis, Duc de La Rochefoucauld (trans. S. D. Warner and S. Douard), *Maxims*. South Bend: St Augustine's Press, 2001

David Lavender, *The Penguin Book of the American West*. Harmondsworth: Penguin, 1969

Philip Levine, 'Sierra Kid', in *On the Edge*. Iowa City: Stone Wall Press, 1963

Barry Lopez, *Of Wolves and Men*. New York: Scribner, 1978

Barry Lopez, 'Waiting for Salmon'. *Granta*, Summer 2005

Cormac McCarthy, *Blood Meridian: Or, the Evening Redness in the West*. New York: Random House, 1985

Frank McLynn, *Wagons West: The Epic Story of America's*

致 谢

Overland Trails. London: Jonathan Cape, 2002

N. Scott Momaday, *The Man Made of Words*. New York: St Martin's Press, 1997

William Least Heat Moon, *Blue Highways, A Journey into America*. London: Secker & Warburg, 1983

Joyce Carol Oates, *Them*. New York: Vanguard Press, 1969.

Anne Rice, 'Do you know what it means to lose New Orleans?'. *The New York Times*, 4 September 2005

Marilynne Robinson, *Gilead*. London: Virago, 2005

Richard Rodriguez, *Brown*: *The Last Discovery of America*. New York: Penguin, 2003

Theodore Roosevelt, *An American Mind*: *A Selection from his Writings*. New York: Penguin, 1995

William Tecumseh Sherman, *Memoirs*. New York: Penguin, 2000

David K. Shipler, *The Working Poor*: *Invisible in America*. New York: Vintage, 2004

Wallace Stegner, 'The Wilderness Letter', in *The Sound of Mountain Water*: *The Changing American West*. New York: Penguin, 1997

Jim Thompson, *Roughneck*. New York: Mysterious Press, 1989

Alexis de Tocqueville, *Democracy in America*. New York: Penguin, 1984; London: Penguin, 2003

Alexander Trocchi, *Cain's Book*. New York: Grove Press, 1992

Mark Twain, *A Connecticut Yankee in King Arthur's Court*. New York: Bantam, 1981

Mark Twain, *Life on the Mississippi*. New York: Penguin, 1986

Gore Vidal, *Collected Essays*. London: Heinemann, 1974

Booker T. Washington, *Up From Slavery: An Autobiography*. New York: Penguin, 1986

Thomas Wolfe, *Look Homeward Angel: A Story of the Buried Life*. New York: Scribner, 2006

在幽暗心灵的幽暗森林里
他们会发现谁?

菲利普·莱文
《大山的孩子》

译 后 记

在美国旅行的游客中还有众多文学界的宗师。几个世纪以来，游客们都在努力了解美国，他们被美国的活力吸引，对美国的公民文化既顶礼膜拜又惴惴不安。查尔斯·狄更斯（Charles Dickens）曾在1841年和1867年两次造访美国，并将他的观察记录在《游美札记》（1842年）中。他在美国的经历使他成了一名政治上的激进分子。与之相反，小说家弗朗西丝·特罗洛普（Frances Trollope）赴美之前是自由主义者，归来之后俨然保守党员一名。美国总是能让游客看到自由的可能性，但也会看到市场社会的后果，私人财富和公共污秽并存。

"9·11"事件之后，广受赞誉的澳大利亚作家唐·沃森乘坐火车和汽车，行程3.9万多公里，历时半年有余，完成了横跨美国大陆的腹地之旅。通过敏锐的观察、灵性的对话和深入的思考，沃森探索了这个对他影响最大的国家，透析了美国文化的根髓，并时而与澳大利亚的民主、自由等价值观相比照。全书共13章。有评论认为，唐·沃森的《冷观静思美利坚》绝对可以与亚历克西斯·德·托克维尔的《论美国的民主》相媲美，堪称后者在21世纪的后记。

亚历克西斯·德·托克维尔从法国来到美国，为的是研究美国的监狱，但他在1835年出版的《论美国的民主》第一卷中却记述

冷观静思美利坚

了更为广泛的内容，至今仍是对于美国的最具影响力的反思。托克维尔欲探究的是新世界是如何维持一个充满活力且实用的民主的。他观察到，美国人在开拓广阔新疆土、缺失一个强大中央政府的支持、强调自力更生和努力工作的价值观的过程中，形成了一种鲜明的个性。由此产生的紧张关系使他们的社会充满活力：除了对社区的依恋之外，还有对个人自由的热爱；对政府怀疑的同时却又对国家大加颂扬。沃森丈量了这片在托克维尔看来通过勤奋即可获得财富、确保大致平等、不受限制的资本主义土地。

卡特里娜飓风发生6个月后，沃森美国之旅的第一站始于新奥尔良，这是个以黑人工人阶级为主要居民的城市，政府的无能导致该市被彻底摧毁，使之成为一个早期种族主义的象征。为了"制止政府滥用权力"，蒂莫西·麦克维在美国政府大楼下引爆了一枚炸弹，导致168人死亡，800多人受伤。在一个卡车停靠站，沃森遇到了一个小伙子，他收取500美元帮助卡车司机避开限速监控。

对许多人而言，美国存在于他们的想象之中。当沃森驱车前往俄克拉何马州时，那首"Oh, What a Beautiful Morning"的歌词闯入了他的脑海。沃森想知道，为什么小时候第一次听到的歌曲会如此深刻地扎根在记忆之中并与现在看到的画面如此容易地交汇于脑海？同样的事情也发生在圣安东尼奥，阿拉莫所在地，这让人回想起"荒野边疆之王"戴维·克罗克特的童年。

然而，虽然这些熟悉而又奇怪的画面令人欣慰，作者还是在密西西比的一家餐馆里遭遇了尴尬。无意中沃森听到一位黑人长者告诉他的年轻伙伴关于"上帝为我们制定的计划"，说话的方式就像人们谈论即将到来的假期或领取养老金时的愉悦；听到这里，一个年轻的女服务员也谈笑风生地加入了对话。沃森向我们展示了：美

译后记

国绝对不完全是想象中的那个国家。

在译作付梓之际，致谢是由衷的。

首先要感谢原著作者唐·沃森先生对我的信任，请我翻译此书，并且在百忙之中认真解答我在翻译中遇到的难题。这是我们第二次合作，虽不是我的处女作，但整个翻译过程仍然磕磕绊绊。沃森先生不仅是一位历史学家、作家，他还是一位顶级的语言大师，曾做过工党领袖保罗·基廷的演讲撰稿人，他旁征博引，常令我应接不暇，有时翻译一个句子需要数日打磨。由于疫情原因，我无法像翻译《丛林》那样赴澳面对面地与沃森先生交流，以准确把握他的真正意图和深刻寓意，而只能通过邮件交流或线上答疑。总之，"痛"并快乐着！我的翻译水平在此过程中得以历练和成长。

还要感谢的是商务印书馆，尤其是教育编辑室始终对作品和我本人给予信任和支持，才使译作最终得以顺利完成。为此，向他们致以深深的谢意，衷心感谢他们成全了我儿时的梦想——在商务印书馆出版我的作品。如今，梦想成真。谢谢"助梦人"。

翻译这部《冷观静思美利坚》也是对我和我的爱人在美国学习和从事研究的经历的总结。为此，以某种文字形式纪念这段难忘的记忆是我们共同的夙愿。于是，我的爱人抽时间帮我校对全书，在此，谢谢这片永远的"绿叶"。

本书也是以下项目的阶段性成果：

2021年哈尔滨工业大学混合式教学模式改革项目：走进澳新文化：走近世界大变局中的大学英语教改研究210A10；

2021年四川省国别与区域研究重点课题：盟友还是憎友？这是个问题：澳大利亚和美国"大文化"差异研究AXYJ2021-001；

2020年度黑龙江省高等教育教学改革研究项目"后疫情

背景下引进CDIO理念的'新工科'大学英语教学实证研究SJGY20200241";

哈尔滨工业大学第八批课程思政项目"走进澳新文化"。

李景艳

2021年6月于哈尔滨溪树庭院

图书在版编目（CIP）数据

冷观静思美利坚/（澳）唐·沃森著；李景艳译.—北京：商务印书馆，2022
ISBN 978-7-100-21166-6

Ⅰ.①冷… Ⅱ.①唐… ②李… Ⅲ.①政治制度—研究—美国 Ⅳ.① D771.221

中国版本图书馆 CIP 数据核字（2022）第 085962 号

权利保留，侵权必究。

冷观静思美利坚
〔澳〕唐·沃森 著
李景艳 译

商 务 印 书 馆 出 版
（北京王府井大街36号 邮政编码100710）
商 务 印 书 馆 发 行
北京市十月印刷有限公司印刷
ISBN 978-7-100-21166-6

2022年8月第1版　　开本 880×1230　1/32
2022年8月北京第1次印刷　印张 10½
定价：58.00元